纪念俄罗斯词翻译家巴斯曼诺夫诞辰 100 周年

语言服务书系·翻译研究

东曲西吟

汉语特有文体词的俄译研究

罗颖 著

暨南大学出版社
JINAN UNIVERSITY PRESS

中国·广州

图书在版编目（CIP）数据

东曲西吟：汉语特有文体词的俄译研究/罗颖著 . —广州：暨南大学出版社，2018.12

（语言服务书系 . 翻译研究）

ISBN 978 - 7 - 5668 - 2498 - 1

Ⅰ.①东… Ⅱ.①罗… Ⅲ.①俄语—翻译—研究 Ⅳ.①H355.9

中国版本图书馆 CIP 数据核字（2018）第 284553 号

东曲西吟——汉语特有文体词的俄译研究

DONGQU XIYIN——HANYU TEYOU WENTI CI DE EYI YANJIU

著 者：罗 颖

出 版 人：徐义雄
责任编辑：姚晓莉
责任校对：陈俞潼 曾小利
责任印制：汤慧君 周一丹

出版发行：暨南大学出版社（510630）
电 话：总编室（8620）85221601
     营销部（8620）85225284 85228291 85228292（邮购）
传 真：（8620）85221583（办公室） 85223774（营销部）
网 址：http：//www. jnupress. com
排 版：广州市天河星辰文化发展部照排中心
印 刷：佛山市浩文彩色印刷有限公司
开 本：787mm×960mm 1/16
印 张：16.25
字 数：351 千
版 次：2018 年 12 月第 1 版
印 次：2018 年 12 月第 1 次
定 价：49.80 元

（暨大版图书如有印装质量问题，请与出版社总编室联系调换）

序

　　罗颖博士将她倾注了 6 年心血完成的专著《东曲西吟——汉语特有文体词的俄译研究》清样稿送到我手上，让我为该书的正式出版写个序，交稿期限仅有 4 天。美意难却，下笔亦难，只好勉为其难。

　　就我有限的知识所及，诗歌是人类以文字的形式记录留存至今的最古老、最经典、最普遍的一种文学体裁。世界各国各民族都有用自己的语言吟唱并流传下来的经典古诗，例如：中国的《诗经》，巴比伦的《吉尔伽美什》，古埃及的《亡灵书》，古希腊的《荷马史诗》，古印度的《吠陀》《摩诃婆罗多》和《罗摩衍那》，波斯的《列王记》，日本的《万叶集》，意大利的《神曲》，等等。

　　《说文解字》释道："诗，志也。""志，意也，从心之声。""意，志也，从心察言而知意也，从心从音。""歌，咏也。""咏，歌也。"在古代汉语里，"诗"和"歌"单独成词，诗是有韵律、可歌咏的文，歌是能唱的诗。现代汉语将"诗"与"歌"合并成词，泛指各种体裁的诗。简言之，诗者，歌也；歌者，诗也。目有所察，心有所动，兴至颠端，情达深处，则情不自禁，心脱缰羁，歌之咏之。正如刘勰《文心雕龙》的《明诗》篇所说："人禀七情，应物斯感，感物咏志，莫非自然。"故此，诗作为人类无形情感的有形表达而被视为珍贵的文明价值留存并世代传承下来也就顺理成章了。

　　世界各民族都有诗，而汉民族除诗之外还有"词"这一"汉语诗文学发展的最高形式"。词这一衍生于诗的文学体裁为汉语所特有。如果说，各语言中的诗彼此还可以实现"以诗译诗"的话，那么，汉语所特有的词则难以在其他语言中做到"以词译词"。不能"以词译词"，那又如何将词翻译转换为作者所熟悉的俄语呢？以什么形式转换？转换的效果又如何？罗颖博士此书的立论和阐述紧扣着这些问题展开。书中的文献调查和分析结果表明，作者选择了一个比较新颖的切入点进行并完成了自己的研究，做了一件前人所未做或做得还很不够的事情，颇具新意。

　　词乃我中华国粹，词学在我国早已成硕学，有着浩如烟海的典籍文献。在我们的邻国俄罗斯，词也流传已久，积累了相当规模的词译作和大量词研究著述文献。能否在全面、充分的文献调查基础上占有真正有价值的中俄文第一手资料，直接关系到研究工作的成败。令我欣赏和信服的是，作者的文献收集和整理工作做得很扎实。书中所展示的分析考证过程、所附的"参考文献"和"汉语词作与译本对照索引"足可证明这一点。

正如书名所示，该书的着力点是"词的俄译研究"。作者通过文献调查发现并指出：在俄罗斯，既有相当规模的词译作，也有数量不小的词研究著述。但是，"词研究不同于词译研究"；而在我们国内，"词的俄译研究"又尚未从"诗词的俄译研究"中独立出来。罗博士这一判断的背后，显然隐含着"诗词有别，译诗译词有异"的意思和识见。周汝昌先生曾说："广义的'诗'（今习称'诗歌'者是），包括了……但词作为唐末宋初时代新兴的文学体制，又有它自己的很多很大的特点特色。"特在何处呢？特在它是衍生于诗而又高于诗的"汉语诗文学发展的最高形式"，特在它有着比诗更为复杂、更为精细、更为严密的格律体系。诗可以按照诗律相对自由地"写"，而"词"则只能按相应的词谱去"填"，不能增减一字，也不能错用平仄，故而有"写诗填词"的说法。通览全书，应该说，作者对"词的俄译"这一核心问题的探讨是下了功夫的。她从汉俄语诗歌基本构成元素的对比中找到了诗的共有特质以及诗歌在各语言间可以互相翻译转换的理据，从形式和内容两个层面借助丰富的实例分析了汉词俄译的转换方式、转换效果等具体问题，得出的结论总体上是客观可靠的。书中专门劈出"汉语词与俄罗斯的浪漫曲"一章，介绍、比较和分析了词在形式、内容、韵味等方面转换为浪漫曲的问题，并给出了自己的结论性意见。据我所知，在国内俄语界乃至翻译界，如此提出并探讨词与浪漫曲的关系对比和翻译转换问题此前尚未闻见，值得关注。

客观地说，对于现阶段的一名俄语语言文学专业背景的研究者而言，选择并担负起"汉语词的俄译研究"这一任务是颇具挑战性的。所幸罗颖博士自幼就受到了较好的古汉语诗文的启蒙和熏陶，硕士阶段又曾接受过较为系统的汉语言文学教育，古汉语诗文的积累和功底明显优于她的很多同辈人。得益于此，当然也还得益于的她的坚韧努力，"汉语词的俄译研究"这一任务才得以顺利完成，为汉词俄译乃至汉词外译进行了很有益的探索，贡献了翔实的文献资料和颇具借鉴参考价值的研究经验及意见。诚然，书中也还有一些不尽完善甚至存有缺憾的地方，例如，对词的译例分析还可以更丰满一些，对附着于词这一文学体裁形式的内容层面的研究还大有文章可做，基于材料研究和分析的理论思考也还有相当的提升空间，等等。不过，正如作者在"结语"中所说，"一项系统的研究不是一个人或一代人可以完成的"。进入了一个"系统"，在这个"系统"的过程链条中留下来一个坚实牢固的环节，使下一个环节得以顺利并牢靠地衔系上，这不正是我们在每一个生命阶段中所孜孜以求的吗？所以，我完全有信心期待着罗颖博士在这个"系统"链条上的下一个以及再下一个牢靠环节的接驳和延续。

所识有限，匆匆数语，聊以为序。

詹德华
2018 年 12 月 2 日
于广外云溪陋斋

目　录

引　言

在中国久远的历史长河里，文言文作为文字记录工具占据了绝对优势的地位，而白话文运动迄今不过百年。因此，谈及中国的诗歌传统，脑中条件反射般浮现的往往是唐诗宋词那样有韵律的诗歌。说出一个写格律诗的诗人的名字比说出一个写现代诗歌的诗人的名字要容易得多。

随着时间的推移，人们对个性的追求更加彰显，对情感表达的追求也日趋强烈。使用口语化的语言和音乐伴生使在抒情方面有独特优势的词脱颖而出，成为中国古代四大韵文"诗""词""曲""赋"中使用较为广泛的体裁，在电影、电视剧、小说、歌曲、绘画等文艺作品中频繁出现。

词是汉语韵文的璀璨明珠。周汝昌在《唐宋词鉴赏辞典》的序言中写道："唐诗宋词，并列对举，各极其美，各臻其盛，是中外闻名的；而喜爱词的人，似乎比喜欢诗的人更夥，从写作和诵读来说，都是如此。"① 《读词常识》中指出："词是一种抒情诗体，是配合音乐可以歌唱的乐府诗，是唐宋时代主要的文学形式之一。唐宋词是中国文学发展的新阶段，是唐宋文学的光辉成就。"② 词的诞生要比诗晚得多，却后来居上，与诗一起成为中国文学中的韵文双峰。

词谱出现之后，复杂的格律被固定下来。词的格律达到了汉语言诗歌精细程度的极致。此外，词的语言经历代诗人锤炼，达到了极其优美的境界。词对于内容和形式都有很高的要求，即使是母语为汉语的人驾驭这一体裁也颇有难度，而且词这一体裁缺失于包括俄语在内的其他语言，故而，词译为外语时存在着体裁、格式、韵律、形象等方面转换的困难。不过，词虽然如此特殊，却实实在在被俄罗斯人所喜欢，传世的唐宋词名篇大部分被译成了俄语，积累了大量译本。

中国和俄罗斯是邻国，从 17 世纪俄罗斯使团访问中国开始，随着彼得大帝（Петр Ⅰ，1672—1725）、伊丽莎白女王（Елизавета，1709—1761）

---

① 唐圭璋，等. 唐宋词鉴赏辞典·唐五代北宋卷［M］. 上海：上海辞书出版社，2011：序言（二）.

② 夏承焘，吴熊和. 读词常识［M］. 北京：中华书局，2009：3.

和叶卡捷琳娜二世（Екатерина II，1729—1796）三位帝王对中国文化的关注，"中国热"在俄罗斯出现。伴随"中国热"，汉学在俄罗斯也不断发展，比丘林（Бичурин Н. Я.，1777—1853）、瓦西里耶夫（Васильев В. П.，1818—1900）和阿列克谢耶夫（Алексеев В. М.，1881—1951）成为俄罗斯汉学史上三个划时代的人物。① 普希金（Пушкин А. С.，1799—1837）和列·夫·托尔斯泰（Толстой Л. Н.，1828—1910）也对中国文化格外青睐，列·夫·托尔斯泰甚至参与了诸子经典的翻译。汉学家和大文豪的推动为后世汉语诗歌典籍的翻译做了铺垫。

《诗经》《楚辞》以及陶渊明、李白、杜甫、苏东坡等著名诗人诗作的各种刻本、石印本和早期铅印本在俄罗斯流传已久。《石头记》列藏本为我国已知的 12 种《红楼梦》抄本外的第 13 种抄本。俄罗斯汉学家对词这一体裁的接触由来已久，但对词这一体裁的单独研究与译介却要晚得多。

被誉为"阿翰林"的阿列克谢耶夫的汉学研究贯通古今，他的成名之作和最重要的作品之一是发表于 1916 年的论文《Китайская поэма о поэте. Стансы Сыкун Ту（837—908）》（《关于诗人的中国诗论——司空图的诗》）。② 司空图（837—908）的《诗品》又称《二十四诗品》，是继钟嵘《诗品》之后，中国古典诗论中一部十分重要的、极具特色的著作。同是"诗品"，其"品"字的含义却不相同。《二十四诗品导读》中记载："钟嵘《诗品》之'品'，是'品评'之意，探讨其源流，区分其高下，考评其等级；《二十四诗品》之'品'，是指诗歌的'品格'，也就是境界、风格之意。"③ 司空图的《二十四诗品》是中国古典诗学风格论承前启后的重要著作，通过"境界"阐释"风格"，把境界分为二十四种类别，生动形象地描述了每种境界的情景。词这一体裁脱胎于诗，而"境界"对于诗和词都是重要的。"阿翰林"选择翻译评注司空图的《二十四诗品》，足见其对中国诗歌的深入了解。这部著作为苏联 20 世纪中期的汉语诗歌翻译高潮做了理论准备，也让汉语诗学理论的俄语外译居于世界领先地位。

俄罗斯 20 世纪后半叶研究中国诗歌的汉学家多出自"阿翰林"门下，对词的翻译和研究颇有建树的费德林（Фёдоренко Н. Т.，1912—2000）、艾德林（Эйдлин Л. З.，1910—1985）、克立夫佐夫〔Кривцов В. А.，克

---

① 李明滨. 中国文学俄罗斯传播史〔M〕. 北京：学苑出版社，2010：36.

② Алексеев В. М. Труды по китайской литературе. Кн. 2〔M〕. Москва：Восточная литература РАН，2003：5.

③ 郁沅. 二十四诗品导读〔M〕. 北京：北京大学出版社，2012：前言.

立朝（汉语名），1914—1979］、缅什科夫［Меньшиков Л. Н.，孟列夫（汉语名），1926—2005］和谢列布里亚科夫（Серебряков Е. А.，1928—2013）皆出自"阿列克谢耶夫学派"。①

　　汉语特有体裁词的大规模译介兴起于苏联 20 世纪 50 年代的经典翻译运动。当时由苏联政府组织，有计划大规模地翻译世界各国的经典，投入了相当大的人力物力。也就是在这次翻译运动中，中国的四大名著及经典诗歌被系统地翻译成俄语。之后大放异彩的词翻译家也在 20 世纪 50 年代的经典翻译运动中崭露头角，巴斯曼诺夫（Басманов М. И.，1918—2006）、戈鲁别夫（Голубев И. С.，1930—2000）、孟列夫等当时皆处于少壮之年。之后的五十年中，他们的词译作迭出，在中苏关系紧张的年代亦不曾中断。

　　这种大规模的翻译运动还带来了一种新的现象：中国古典诗歌的英译方面，中国译家的作品较多，而俄译却是俄罗斯译家的作品较多，且中国国内对俄罗斯词的翻译研究在中苏关系紧张的年代趋于停滞，以至于今天俄罗斯汉学家译介了哪些词人的哪些词作，词译本的种数，他们的词研究和词译研究的程度等，国内均无全面的统计和分析。

　　词作为汉语格律诗的最高形式，沉淀了本民族深沉的文化气质，俄罗斯汉学家对词的翻译和研究是对中华民族文化的深度解析。任何文化交流都应该是双向多维的，中国作为词的原产地，国内学界对词的俄译文本、俄译特征以及俄罗斯的词论负有不可推卸的研究责任。

　　汉语词作已经拥有大量俄译本，传世的唐宋词名篇基本上都被俄罗斯翻译家译成了俄语。从汉语角度看，词是诗歌四大体裁之一，如果仅把词的翻译归入诗歌大类的翻译来研究，无疑是难以深入的。以词在汉语诗歌中的地位，完全有必要将其作为独立的翻译研究对象。从俄语角度看，虽然没有与汉语词直接对应的诗歌体裁，但俄罗斯翻译家已经出版了专门的词译本集，而不仅仅是和汉语其他诗歌体裁合集的诗歌译本集，即词在俄罗斯已经是独立的翻译品种。

　　翻译既是活动，也是结果。后者为静态，前者为动态。我们的研究拟通过静态的结果去考察和探讨动态的活动。研究将涉及一系列具体问题，如：汉语词和俄语诗的基本组成要素是什么？它们之间可以相互对应和转换吗？如果可以，那又是如何转换的？转换的效果如何？汉语词在俄罗斯的译介情况如何？俄语中有无比较接近汉语词的文学体裁可资译者借鉴？

　　①　李明滨. 中国文学俄罗斯传播史［M］. 北京：学苑出版社，2010：45.

等等。

问题既已设立，便开始搜集研究的材料，材料的搜集经历了三个阶段。第一个阶段，在广州各大学的图书馆及网络搜集。这个阶段有关汉语词俄译的俄语文献收获不大，在广东外语外贸大学图书馆搜索到《Поэзия эпохи Сун》（《宋代诗歌》），以及《三国演义》和《红楼梦》20 世纪 50 年代俄译本中的词作。在俄罗斯的 http：//www.yndex.ru 网站上面搜索，所获信息不全。

这一阶段在知网上搜到了一些有参考价值的关于诗词英译的论文，它们是：《李清照词英译对比研究》①《论词之意境以及在翻译中的重构》②《诗词·翻译·文化》③《毛泽东诗词翻译研究综述》④《林纾翻译研究》⑤《论中国古典诗词英译》⑥ 等文章。

除此之外，这一阶段的主要收获是从广东外语外贸大学图书馆和暨南大学图书馆搜集了大量词籍以及词学论著，为词的原文和译文对比做准备。

第二个阶段：根据李明滨《中国文学俄罗斯传播史》中的线索，向中国国家图书馆文献中心求助，获得了《Цветёт мэйхуа. Классическая поэзия Китая в жанре цы》（《梅花绽放——中国历代词选》）、《Ли Цин-чжао. Строфы из граненой яшмы》（《李清照·漱玉词》）、《СиньЦицзи Стихи》（《辛弃疾词选》）、《Китайская поэзия X-XI веков（жанры ши и цы）》（《中国十至十一世纪的诗歌——诗和词》）四本著作。另外通过校际图书馆文献传递从黑龙江大学图书馆得到了《Голос яшмовой флейты. Из китайской классической поэзии в жанре цы》（《玉笛声——中国历代词选》）的扫描版。除了以上著作外，这一阶段还搜集到一些讨论诗词俄译的论文。

第三个阶段：笔者有幸获得广东外语外贸大学研究生创新培养项目的资助，于 2015 年 2 月至 5 月赴莫斯科大学访学。其间，在莫斯科大学图书馆和俄罗斯国家图书馆检索并找到了 60 余部词作汉译本及与译词相关的文献，并借助《Китайская классическая литература-Библиографический

---

① 冰心. 冰心文集：第五卷 [M]. 上海：上海文艺出版社，1990：101 – 144.

② 吴珺如. 论词之意境以及在翻译中的重构 [D]. 上海：上海外国语大学，2009.

③ 许渊冲. 诗词·翻译·文化 [J]. 北京大学学报，1990 (5).

④ 刘明东. 毛泽东诗词翻译研究综述 [J]. 湖南第一师范学院学报，2011 (2).

⑤ 杨丽华. 林纾翻译研究 [D]. 长沙：湖南师范大学，2012.

⑥ 赵彦春. 论中国古典诗词英译 [J]. 现代外语，1996 (2).

указатель русских переводов и критической литературы на русском языке »① （《中国古典文学俄译及批评文献目录》）等工具书，收集了丰富的俄语相关文献，解决了本书所急需的俄语文献资料问题。

这一阶段汉语文献的搜集分为三类：第一类，由名家注评并由上海古籍出版社、中华书局、岳麓书社等古籍出版社出版的词集、四大名著，以及龙榆生、夏承焘、唐圭璋、叶嘉莹等人的词学著作。第二类，王力、钱锺书、许渊冲、朱光潜等人有关诗歌翻译和研究的作品集。第三类，《现代汉语词典》第6版、《古代汉语词典》第2版、《唐宋词鉴赏词典》等工具书。

经过这三个阶段的搜集，俄语文献和汉语文献均已比较丰富，足以支撑本选题的研究。

俄语研究材料的获得渠道总结起来共有四个：第一个渠道是分别在俄罗斯国家图书馆和莫斯科大学图书馆进行检索后复印。俄罗斯国家图书馆的电子化程度很高，用关键词搜索相关著作效率很高。莫斯科大学图书馆的优势是由检索专家帮助读者人工检索，搜索文学批评类文献和报纸期刊类文献比较便捷。

第二个渠道是在俄罗斯购书网站上购买相关书籍，主要的购书网站有：http：//www. ozon. ru、http：//www. labirint. ru、http：//www. kniga. ru等。俄罗斯购书网站按出版信息编排书目，搜索主题词能很直观地看到同一个类别所有出版过的书，其封面、印量、作者、内容简介均有显示。

第三个渠道是从俄罗斯科学院远东研究所的专家处获取他们提供的资料，主要有打印材料、书目和最新出版的专著。得益于中国驻俄罗斯使馆教育处赵国成公参的支持和帮助，笔者曾两次赴俄罗斯科学院远东研究所就"汉词俄译"这个主题与俄罗斯汉学家进行座谈和研讨。远东研究所负责人、俄罗斯自然科学院院士、俄中友协副主席卢基亚诺夫（Лукьянов А. Е.，1948—　）非常重视这个课题，并专门组织了一次研讨会，会上专家们提供了一些研究材料和线索。由于他们本身就是诗歌翻译方面的行家，因此提供的资料更加贴近主题。

第四个渠道是和已故翻译家的亲属联系，获得了翻译家巴斯曼诺夫先生的女儿塔季亚娜·米哈伊洛芙娜和女婿弗拉基米尔·阿纳托利耶维奇的

---

①　Глаголева И. К. Китайская классическая литература-Библиографический указатель русских переводов и критической литературы на русском языке［M］. Москва：ВГБИЛ，1986.

帮助，他们通过俄罗斯驻广州总领馆副领事阿列克谢·米·杰姆琴科转交了一批与译词相关的文献。

除了搜集词译本和词研究文献之外，还搜集了与诗歌翻译理论、诗歌体裁研究、诗歌分析、译词研究、诗歌批评相关的材料。

获得了大量研究材料之后，材料的筛选分为两个阶段：赴俄访学前和赴俄访学后。赴俄访学前搜集到了文学名著中的词译本和巴斯曼诺夫的部分译本，因此首先把搜集到的词译本作了原文对照。分别对 1300 多首词作进行了与原文的比对，发现词译本十分丰富：有些著名的词家，比如李清照和辛弃疾等，有不同译家的诸多译本；同一首词作、同一个译者在不同时期译本亦有所不同。

赴俄访学后，由于搜集到的材料增加了数倍，整理后分为诗歌翻译理论、译词研究、诗歌体裁研究、诗歌分析、诗歌批评、词译本和词籍共七类，每一类分别进行阅读和摘录。然后对比筛选出主要的分析材料，再进行精细阅读和加工。

诗歌翻译理论方面的材料有：艾特金（Эткинд Е. Г.，1918—1999）的《Поэзия и перевод》（《诗歌和翻译》）、什维策尔（Швейцер А. Д.，1923—2002）的《Теория перевода：статус, проблемы, аспекты》（《翻译理论：地位，问题，角度》）、费多罗夫（Фёдоров А. В.，1906—1997）的《Основны общей теории перевода（лингвистические проблемы）》（《翻译通论基础（语言学问题）》）、托佩尔（Топер П. М.，1923— ）《Перевод в системе сравнительного литературоведения》（《比较文学理论系统中的翻译》）、巴尔胡达罗夫（Бархударов Л. С.，1923—1985）的《Язык и перевод. Вопросы общей и частной теории перевода》①（《语言和翻译：翻译理论的整体和部分问题》），列茨科尔（Рецкер Я. И.，1897—1984）的《Теория перевода и переводческая практика》（《翻译理论和翻译实践》），蔡毅、段京华编著的《苏联翻译理论》，吴克礼主编的《俄苏翻译理论流派述评》，辜正坤的《中西诗比较鉴赏与翻译理论》，郑海凌的《译理浅说》和《文学翻译学》，许渊冲的《西风落叶》，1985 年中国对外翻译出版公司的《翻译理论与翻译技巧论文集》《中西诗歌百年论集》，李磊荣的《论民族文化的可译性——兼论〈红楼梦〉的翻译》等。

关于译词研究的有：费德林的《Грани призвания》（《天赋的极限》）、

---

① Бархударов Л. С. Язык и перевод. Вопросы общей и частной теории перевода [M]. Москва：ЛКИ，2007.

阿列克谢耶夫的《 Труды по китайской литературе 》（《中国文学作品集》）、夏志义的《论中国古典诗词的俄译》、李明滨的《中国文学俄罗斯传播史》、童丹的《中国古典诗词俄译时的意象转换》、冰心的《李易安女士词的翻译和编辑》、茅于美的《中西诗歌比较研究》《诗词翻译的艺术》、许渊冲的《如何翻译诗词——〈唐宋词选〉英法译本代序》等论文和书籍。

汉俄诗歌体裁方面的有：龙榆生的《中国韵文史》《唐宋词格律》《词体之演进》《谈谈词的艺术特征》《选词标准论》《研究词学之商榷》《词学十讲》《词曲概论》、夏承焘的《唐宋词人年谱》《词源注》《月轮山词论集》《唐宋词欣赏》《读词常识》《龙川词校笺》《放翁词编年笺注》《姜白石词编年笺校》《天风阁学词日记》、唐圭璋的《全宋词》《全金元词》《词话丛编》《宋词四考》、叶嘉莹的《唐宋词名家论稿》《词学新诠》、吴梅的《词学通论》、吴丈蜀的《词学概说》、宛敏灏的《词学概论》、王易的《中国词曲史》、吴熊和的《唐宋词通论》以及《词学研究论文集（1911—1949）》和《词学研究论文集（1949—1979）》、塔马尔钦科（Тамарченко Н. Д.，1940—2011）主编的《 Теория литертурных жанров 》（《文学体裁理论》）、沙巴列娃（Соболева Г. Г.）的《 Русский советский романс 》（《俄罗斯苏联浪漫曲》）、巴赫金（Бахтин М. М.，1895—1975）的《 Литературно-критические статьи 》（《文学批评文集》）等文献。

俄汉语诗歌分析方面的有：卡拉乔娃（Калачева С. В.，1926—　）的《 Стих и ритм 》（《诗和韵律》）、张学增的《俄语诗律浅说》、王力的《诗词格律》、洛特曼（Лотман Ю. М.，1922—1993）的《 О поэтах и поэзии 》（《关于诗人和诗歌》）、巴拉硕娃（Балашова Е. А.，1971—　）、卡尔伽什的《 Анализ лирического стихотворения 》（《抒情诗分析》）、王力的《汉语诗律学》、詹德华的《词的非等值现象研究》等文献。

俄汉语诗歌批评方面的有：索洛维约夫（Соловьев В. С.，1843—1900）的《 Стихотворения. Эстетика. Литературная критика 》（《诗·审美·文学批评》）、朱光潜的《诗论》、许均的《文学翻译批评研究》等文献。

以上五类再加上词译本和词籍一共七大类别的研究材料。

从翻译实践看，众多的独家文献及"汉语词作与译本对照索引"等编撰材料也为此后及其他的研究者提供了线索、素材与工具。同时，本研究的结果将有助于提升课堂教学、同声传译、名著翻译中涉及汉语词的翻译质量。

　　在国内汉语诗词俄译的研究领域内，诗词通常是作为一个整体存在的，还少有人把译词作为一个独立的研究对象。在俄罗斯汉学家翻译词和研究词的著作中，有词的定义和发展历史的概述，有诗和词的对比论述，可见俄罗斯人已经把词作为了一个独立的研究对象。词在汉语诗歌体系中属于和诗并立的韵文双峰，词的俄译作为独立的研究对象，能够扩大词研究的范围，完善丰富词研究体系。

　　词是中国古典文学艺术的一座高峰，作为一种形式复杂的特殊文学体裁，词沉淀了中华民族独特的文化气质，理解词有助于深度了解中国。从汉语母语的角度进行词的俄译研究，能够帮助俄罗斯人及俄语使用者加深对中国文化的了解，减少交流中的障碍。同时也能让汉语使用者了解俄语的韵文体裁，增进对俄罗斯及俄罗斯文化的理解。这种双向的研究将为两国人民更加牢固的互信互利奠定心理基础，促进世界文化的发展和融合。

第一章　汉语词与俄语诗

在中国文学史中，诗歌一直占据着重要位置。在古代中国，诗歌不仅是一种文学体裁，还是交际方式和童蒙教材，并一度成为科举考试内容。而在俄罗斯文学史中，诗歌也占据着重要地位，被称为"语言的最高形式"①。

周汝昌指出："至唐末期，诗的音律美的发展既达到最高点，再要发展，若仍在五、七言句法以内去寻索新境地，已不可能。于是借助于音乐曲调艺术的繁荣，便生发开扩而产生出词这一新的诗文学体裁。""从汉语诗文学格律美的发展上讲，元曲并没有超越宋词的高度精度，或者说，曲对词并未有像词对诗那样的格律发展。""词乃是汉语诗文学发展的最高形式。"②

孙康宜在《词与文类研究》中写道："凡是有文学传承的文明，对文学体裁都有一份共同的关怀。"③ 虽然中西方文化差异很大，但是文学体裁的体系构造却颇为相似，尤其大类几乎完全相同。汉语和俄语的文学体裁大类均可以分为诗歌、散文、戏剧三大类别。体裁的发展和人类社会的历史紧密相扣。在原始社会时期，人类衣食尚且艰难，不可能出现几十万字的长篇小说，在劳动和生活中产生的号子则最有可能流传下来。所以世界上各个民族最早的诗歌大都字数精简、声韵古朴，之后篇幅才逐渐变长和追求韵律。

中西方的文学在不同文化背景下产生，也衍生出不同类别的体裁，有些体裁在不同的文学体系中相对缺失。汉语词就是这样一种特殊体裁，在俄语诗歌体系里找不到词谱这样庞大而严密的诗体格式。虽然如此，作为构成诗歌基础的节奏和韵脚，汉语的平仄和俄语的抑扬都记录了声音的变化，有着相似之处。

———————————

① Баевский В. С. История русской поэзии［M］. Москва：Едиториал УРСС，2013：4.

② 唐圭璋，等. 唐宋词鉴赏辞典·唐五代北宋卷［M］. 上海：上海辞书出版社，2011：序言（二）.

③ 孙康宜. 词与文类研究［M］. 李爽学，译. 北京：北京大学出版社，2004：2.

第一节　词的基本要素

一、词的定义

《读词常识》中写道："词是一种抒情诗体，是配合音乐可以歌唱的乐府诗，是唐宋时代的主要文学形式之一。"①

《中国词学大辞典》对词的解释为："随着隋唐燕乐的兴盛，依曲拍为句、用以应歌的燕乐歌辞——曲子词应运而生，并发展成为一种以长短句为主、拥有上千个体调的新型诗体。词有其独特的艺术手段、抒情畛域和审美价值，千余年来与古、近体诗并行共存，各擅胜场。"②

王力则给词下了一个简短的定义："一种律化的、长短句的、固定字数的诗。"③

宛敏灏写道："词，原是配合隋唐以来燕乐而创作的歌辞，后来逐渐脱离音乐，成为一种以长短句为主的诗体，以格律诗的面貌流传至今。"④因此，从词的定义可以看出，词不仅是诗体的一种，而且是格律严密的诗体。而诗歌的要素首先就是韵和律，词也不例外。

二、汉语诗歌韵律的基础——平仄

构成诗歌的基本元素是韵和律，词韵和词律都与平仄密切相关。就词韵而言，同韵的算法并不只是韵母相同，而是不仅要韵母相同，还要声调平仄一致才算押韵，词谱中有五种押韵分类，最主要的有两种：平韵格和仄韵格，属于平韵格的词牌不能用仄声字押韵，反之亦然。填词不注意区分平韵、仄韵，就破坏了曲调的和谐，韵律的美感也有损失。就词律而言，平仄构成了节奏本身，不区分平仄，就没有节奏。

---

① 夏承焘，吴熊和．读词常识［M］．北京：中华书局，2009：1.
② 马兴荣，等．中国词学大辞典［M］．杭州：浙江教育出版社，1996：1.
③ 王力．汉语诗律学：下［M］．北京：中华书局，2015：538.
④ 唐圭璋，等．唐宋词鉴赏辞典·唐五代北宋卷［M］．上海：上海辞书出版社，2011：序言（一）.

1. 平仄和声调

谈论平仄必须先了解声调。《汉语诗律学》中写道："平仄是一种声调的关系。相传沈约最初发现在汉语里共有四个声调，就是平声、上声、去声和入声。"①

随着语言的发展，语音也有变化。声调有古今两个体系，古代的四声为：平声、上声、去声、入声，现代普通话的四声为：阴平、阳平、上声、去声。王力在《诗词格律》②中对比了古今声调的变化，指明了已经消失的入声字汇入普通话的去向。古声调同普通话声调的关系，可以从下面的古今调类比较表③中看出来：

表 1 - 1　古今调类比较表

古调类	古清浊声母		普通话调类			
			阴平	阳平	上声	去声
平声	清声母		夫汤妻诗			
	浊声母	次浊		门难牛油		
		全浊		符糖齐时		
上声	清声母				府短酒纸	
	浊声母	次浊			米老藕有	
		全浊				妇稻旱似
去声	清声母					富对去试
	浊声母	次浊				慢浪岸用
		全浊				附盗汗寺
入声	清声母		哭桌出瞎	革国博节	谷铁北百	客阔必式
	浊声母	次浊				木绿日叶
		全浊		白敌学直		

2. 平仄的划分

王力指出："平仄是诗词格律的一个术语：诗人们把四声分为平仄两

---

① 王力. 汉语诗律学：上 [M]. 北京：中华书局，2015：6.

② 王力. 诗词格律 [M]. 北京：中华书局，2012：7.

③ 黄伯荣，等. 现代汉语：上 [M]. 北京：高等教育出版社，2011：81.

大类，平就是平声，仄就是上、去、入三声。仄，按字义解释，就是不平的意思。"① 对应到普通话中，平就是指阴平和阳平（一声和二声），仄就是上声和去声（三声和四声）。

三、词的韵脚

（一）韵脚的平仄

在词韵中，韵母相同，声调不同，不算同韵，只有少数词牌允许同韵母平仄通用。韵脚分两种，一种是平韵，一种是仄韵。

1. 平韵

用平声字押韵的就是押平韵。《诗词格律》中指出："诗人们把四声分为平仄两大类，平就是平声，仄就是上、去、入三声。"② 对应到现代普通话声调，平声就是阴平和阳平。例如：

阳（yáng）—羊（yáng）—央（yāng）都是平声字，用平声字押韵就是押了平韵。

2. 仄韵

用仄声字押韵就是押仄韵。对应到现代普通话的声调为上声和去声。例如：

样（yàng）—养（yǎng）—仰（yǎng）均为仄声字，用仄声字押韵就是押了仄韵。

（二）韵脚的分布

1. 句句押韵

（1）一韵到底。

词是在五言、七言律诗达到极致时，诗歌发展的新探索。律诗并不要求句句押韵，而在唐朝出现了句句押韵的词，体现了词对格律要求的提升。例如：

---

① 王力. 诗词格律［M］. 北京：中华书局，2012：9.
② 王力. 诗词格律［M］. 北京：中华书局，2012：9.

长相思①

白居易

汴水**流**，泗水**流**，流到瓜州古渡**头**。吴山点点**愁**。
　　　a　　　　　a　　　　　　　a　　　　　　a

思悠**悠**，恨悠**悠**，恨到归时方始**休**。明月人倚**楼**。
　　　a　　　　　a　　　　　　　a　　　　　　a

这首《长相思》每句押了同一个韵 ou，"流"和"休"按照现在普通话标准是押了 iu 的韵，但是按照粤语方言来读，都通押了 [əu] 的韵。粤语方言在很大程度上保留了古汉语的音韵，因此这首词按古代韵部不仅句句押韵，而且一韵到底。

（2）多次换韵。

子夜歌②

李　煜

人生愁恨何能**免**，销魂独我情何**限**。故国梦重**归**，觉来双泪**垂**。
　　　　　　　　a　　　　　　　　a　　　　　　b　　　　　　b

高楼谁与**上**？长记秋晴**望**。往事已成**空**，还如一梦**中**。
　　　　　c　　　　　　c　　　　　　d　　　　　　d

此词换了四次韵，韵式为 aabbccdd，平仄韵交错相押：免（miǎn）、限（xiàn）同押 ian 的仄韵；归（guī）、垂（chuí）同押 ui 的平韵，上（shàng）、望（wàng）同押 ang 的仄韵；空（kōng）和中（zhōng）同押 ong 的平韵。

2. 韵脚疏阔

词到了句句押韵的程度，韵脚上已经没有进一步发展的余地，词的押韵要想有新的突破，就必须另辟蹊径，韵脚疏阔甚至几近无韵体现了对词的进一步探索和新的尝试。柳永对词体的突破有巨大贡献，他的慢词充分体现了韵脚的解放。例如：

---

① 唐圭璋，等. 唐宋词鉴赏辞典·唐五代北宋卷 [M]. 上海：上海辞书出版社，2011：25.

② 李煜. 李煜词集 [M]. 上海：上海古籍出版社，2014：12.

浪淘沙①

柳 永

梦觉、透窗风一线，寒灯吹息。那堪酒醒，又闻空阶，夜雨频滴。

　　　　　　　　　　　　a　　　　　　　　　　　　　　　　　a

嗟因循、久作天涯客。负佳人、几许盟言，便忍把、从前欢会，陡顿

翻成忧戚。

愁极。再三追思，洞房深处，几处饮散歌阑，香暖鸳鸯被。岂暂

　　a

时疏散，费伊心力。殢云尤雨，有万般千种，相怜相惜。

　　　　　　　　　　　a　　　　　　　　　　　　　　a

恰到如今，天长漏永，无端自家疏隔。知何时、却拥秦云态。愿

低帏昵枕，轻轻细说与，江乡夜夜，数寒更思忆。

　　　　　　　　　　　　　　　　　　　　a

《浪淘沙》这一词牌有单调、双调、三叠三种格式，这首是三叠慢曲，共135字。27个句读，只有7处押韵。韵脚相距较远，数量较少，属于韵脚疏阔的类型。

3. 同字押韵

格律诗不能够用相同的字押韵，甚至一首诗中出现相同的字也是不美的，词中却可以用相同的字押韵。例如：

武陵春②

李清照

风住尘香花已尽，日晚倦梳头。物是人非事事休，欲语泪先流。

　　　　　　　　　　　a　　　　　a　　　　　　a

闻说双溪春尚好，也拟泛轻舟。只恐双溪舴艋舟，载不动、许多愁。

　　　　　　　　　　　a　　　　　a　　　　　　a

---

① 柳永. 柳永词集［M］. 上海：上海古籍出版社，2014：44.
② 柯宝成. 李清照全集［M］. 武汉：崇文书局，2010：67.

此词押了 ou 的平韵，其中两个"舟"字属于同字相押。同字相押并不少见，唐五代以来有不少同字相押的佳作。

4. 句中暗押

词谱上不会把句中押韵计算为正式的押韵位置。然而这种押韵方式能够增加韵律的美感。宛敏灏指出："句中韵谓之'暗协'，又称'短韵'。"① 词句中暗藏"短韵"的有很多，有的属于偶然巧合，有的属于作者有意安排。例如：

醉花阴·重阳
李清照

薄雾浓云愁永昼，瑞脑消金兽。佳节又重阳，玉枕纱橱，半夜凉初透。
　　　　　　a　　　a　　　　　　　　a　　　　　　　　　　　　　a
东篱把酒黄昏后，有暗香盈袖。莫道不消魂，帘卷西风，人比黄花瘦。
　　　　a　　　a　　　　　　a　　　　　　　　　　　　　a

此词押 ou 的仄韵，一韵到底。"愁"和"酒"的韵母在粤语中读 [əu] 的音。上阕第一句的"愁"和"昼"，下阕第一句的"酒"和"后"，这四个字都是句中暗押的短韵，出现在相同的位置，巧合的可能性很小。

5. 多韵转换

（1）多韵替换。

菩萨蛮②
温庭筠

凤凰相对盘金缕，牡丹一夜经微雨。明镜照新妆，鬓轻双脸长。
　　　　　　　a　　　　　　　a　　　　b　　　　　b
画楼相望久，栏外垂丝柳。音信不归来，社前双燕回。
　　　　c　　　　c

此词用了三个韵替换，分别是 a 韵 ü，"缕"和"雨"；b 韵 ang，

① 宛敏灏. 词学概论 [M]. 北京：中华书局，2009：203.
② 温庭筠，韦庄. 温庭筠词集·韦庄词集 [M]. 上海：上海古籍出版社，2010：23.

"妆"和"长"；c 韵 iu，"久"和"柳"。韵式为 abc 型。

（2）多韵交错。

钗头凤①
陆　游

红酥**手**，黄縢**酒**，满城春色宫墙**柳**。东风**恶**，欢情**薄**，一杯愁绪，
　　　　a　　　　　a　　　　　　　　　a　　　b　　　b

几年离**索**，**错**、**错**、**错**。
　　　b　b　b　b

春如旧，人空**瘦**，泪痕红浥鲛绡**透**。桃花**落**，闲池**阁**，山盟虽在，
　　　a　　　　　a　　　　　　　　　a　　　b　　　b

锦书难**托**，**莫**、**莫**、**莫**。
　　　b　b　b　b

此词上阕有两韵，a 韵："手""酒""柳"押 ou 韵；b 韵："恶""薄""索""错"押 o 韵。下阕也是与上阕相同的两韵，a 韵："旧""瘦""透"押 ou 韵；b 韵："落""阁""托""莫"押 o 韵。上下阕合起来呈现 aaabbbbbbaaabbbbb 型韵，也就是 a 韵和 b 韵交错。

（3）多韵环抱。

定风波②
苏　轼

莫听穿林打叶**声**，何妨吟啸且徐**行**。竹杖芒鞋轻胜**马**，谁**怕**？一
　　　　　　　　a　　　　　　　　a　　　　　　　　b　　b

蓑烟雨任平**生**。
　　　　a

料峭春风吹酒**醒**，微**冷**，山头斜照却相**迎**。回首向来萧瑟**处**，归
　　　　　　　　a　　a　　　　　　　a　　　　　　　c

去，也无风雨也无**晴**。
c　　　　　　　a

---

① 陆游. 陆游词集 [M]. 上海：上海古籍出版社，2011：1.
② 苏轼. 苏轼词集 [M]. 上海：上海古籍出版社，2014：83.

此词用了三种韵：用字母标记为：aabbaaaacca。这是一种多韵环抱的押韵方式：起于 a 韵，终于 a 韵，中间夹着 b 韵、a 韵和 c 韵。也可以看作两个环抱韵 aabba 和 aaacca，第一阕 a 韵环抱 b 韵，第二阕 a 韵环抱 c 韵。

6. 一韵平仄通押

按照诗韵，平仄声调不同，哪怕韵脚字母相同也不算同韵，但在词中，有一些词牌只规定韵脚字母相同，平仄韵都可用来押韵，《唐宋词格律》① 中称之为"平仄韵通叶"。例如：

西江月·夜行黄沙道中
辛弃疾

明月别枝惊鹊，清风半夜鸣蝉。稻花香里说丰年，听取蛙声一片。
　　　　　　　　　　 a1　　　　　　 a1　　　　　 a2

七八个星天外，两三点雨山前。旧时茅店社林边，路转溪桥忽见。
　　　　　　　 a1　　　　　　 a1　　　　　 a2

此词上下两阕押了 a 韵——an 韵。上阕先押平韵 a1：蝉（chán）、年（nián），后押仄韵 a2：片（piàn）；下阕也是先押平韵 a1：前（qián）、边（biān），后押仄韵 a2：见（jiàn）。

（三）词韵韵部

了解韵部是填词的基础，古籍上记载："唐无词韵，凡词韵与诗皆同。而三百年作者如云，亦无词韵。间或参以方音，但取歌者顺吻，听者悦耳而已矣。"② 这段话的大意为：很长时间没有归纳总结出词的韵部，唐五代以来，大都参照诗韵，有的时候还参照方言。

关于词韵部的书，影响较大的有清朝仲恒的《词韵》和戈载的《词林正韵》，以及现代罗常培的《唐宋金元词韵谱》。王力先生指出："今天我们如果写旧诗，自然不一定要依照韵书来押韵。不过，当我们读古人诗的时候，却又应该知道古人的诗韵。"③ 也就是说，我们现在创作古诗词，用的是现代的普通话声调押韵，但是我们也要了解古代的诗韵。现代汉语音韵学著作也对了解词韵大有帮助，如罗常培的《中国音韵学导论》和《罗

---

① 龙榆生. 唐宋词格律 ［M］. 上海：上海古籍出版社，2010：215.
② 王力. 汉语诗律学：下 ［M］. 北京：中华书局，2015：560.
③ 王力. 诗词格律 ［M］. 北京：中华书局，2012：6.

常培语言学论文集》，李新魁的《汉语音韵学》，王力的《汉语音韵学》
《汉语语音史》和《汉语音韵·音韵学初步》，杨剑桥的《汉语音韵学讲
义》，赵诚的《中国古代韵书》等。汉语音韵学和词学同样经历了古今变
迁而焕发新彩。

四、词的节奏

1. 节奏的概念

节奏的释义为："音乐或诗歌中交替出现的有规律的强弱、长短的现
象。"① 关于词的节奏，在《汉语诗律学》中王力主要讨论的是"词字的
平仄"②，平仄是汉语字音有规律的强弱、长短的现象。从一字句到十一字
句，王力逐一讨论句中平仄的排列。

诗也有节奏，律诗的节奏不复杂，格式也不多，古体诗的节奏比较自
由。掌握诗的节奏对创作诗的指导意义很大。词却不同，吴梅说："调有
定格，字有定音。"③ 词的节奏，也就是句中字的平仄关系，由词谱固定
了。讨论词句中平仄关系对于学术研究具有意义，但是对于词的创作实
践，熟记词谱是更为直接的方法。因为无论怎样研究，也不能超越词谱规
定，词的节奏已经固定在词牌里了。

2. 词谱

戈载在《词林正韵·发凡》中说："古无词韵，古人之词，即词韵
也。"④ 如果把词的节奏规律作为词律，词律也是自古就没有的，可以按照
诗律来写诗，却没有词律可以依照来写词，或者把词律放在更大的视角
中，词律就是词谱，所以清朝万树编的词谱就叫《词律》。创作词叫"倚声
填词"或"按谱填词"，⑤ 必须严格依据词谱来填写。宛敏灏的《词学概论》
把清朝万树的《词律》和龙榆生的《唐宋词格律》等收在章节"词谱通用
的编次与标注"⑥ 中讨论。可见，《词律》和《唐宋词格律》是词谱。

---

① 中国社会科学院语言研究所词典编辑室. 现代汉语词典［M］. 6 版. 北京：
商务印书馆，2012：611.

② 王力. 汉语诗律学：下［M］. 北京：中华书局，2015：588.

③ 吴梅. 词学通论曲学通论［M］. 上海：上海古籍出版社，2013：3.

④ 吴熊和. 唐宋词通论［M］. 上海：上海古籍出版社，2010：385.

⑤ 龙榆生. 唐宋词格律［M］. 上海：上海古籍出版社，2010：1.

⑥ 宛敏灏. 词学概论［M］. 北京：中华书局，2009：226.

以《唐宋词格律》为例，这本词谱按照韵脚把格律分为：平韵格、仄韵格、平仄韵转换格、平仄韵通叶格和平仄韵错叶格五种类别。每种类别收录了多种词牌及词牌的变体：平韵格 52 种词牌，仄韵格 75 种词牌，平仄韵转换格 12 种词牌，平仄韵通叶格 6 种词牌，平仄韵错叶格 8 种词牌。共计 153 种词牌，加上一些词牌的变体，共有 196 种格式。

王力指出："凡举一首词为例，注明字数、押韵的地方，以及某字可平可仄等等，叫做词谱。"① 例如：

渔歌子②

又名《渔父》。唐教坊曲，《金奁集》入"黄钟宫"。二十七字，四平韵。中间三言两句，例用对偶。

```
＋｜——｜｜—（韵）　＋——｜｜——（韵）—｜｜（句）
1 2 3 4 5 6 7　　8 9 10 11 12 13 14　　　 15 16 17
｜——（韵）——｜｜｜——（韵）
18 19 20　　21 22 23 24 25 26 27
```

```
西 塞 山 前 白 鹭 飞，桃 花 流 水 鳜 鱼 肥。青 箬 笠，
　　　　　　　　　　a　　　　　　　　　a　　　　·
1 2 3 4 5 6 7 8 9 10 11 12 13 14　15 16 17
绿 蓑 衣，斜 风 细 雨 不 须 归 。
　　a　　　　　　　　a
18 19 20　21 22 23 24 25 26 27
```

——张志和

以上是词牌《渔歌子》的词谱。分为三部分：第一部分，文字介绍词牌的概况，包括词牌的来源、字数、用韵数量、修辞手段等；第二部分，用符号标记平仄用韵的位置，其中符号"—"代表平韵，符号"｜"代表仄韵，符号"＋"代表可平可仄，（韵）代表押韵的位置，（句）代表前后两部分合为一句；第三部分，词牌例作，符号"a"表示押韵的位置，符号"·"表示句。1－27 的数字为本书作者添加，以标示每个韵律固定

———————————

① 王力 . 诗词格律概要·诗词格律十讲 [M]. 北京：北京联合出版公司，2013：194.

② 龙榆生 . 唐宋词格律 [M]. 上海：上海古籍出版社，2010：3.

的位置。

五、词牌

1. 词牌的概念

诗和词有一个非常明显的区别：除了正文之外，诗只有题目，而词除了题目以外还有词牌，词可以没题目，但必须有词牌。王力说："词牌是词调的名称。所谓词调，包括词的字数、韵数以及平仄格式。"①

2. 词牌和诗歌内容的关系

词牌是词调的名称，词调和诗歌内容是有关系的。夏承焘指出："选一个最适合表达自己创作感情的词调，是填词的第一步工序。各个词调有它特定的声情——音乐所表达的感情，如《满江红》《水调歌头》一类词调，声情是激越雄壮的，一般不用它写婉约柔情；《小重山》《一剪梅》等是细腻清扬的，一般不宜写豪放感情。"② 因此，词重在抒情，这也是词可以没有题目，却一定有词牌的原因。

黄清士也指出："初期的词，调名往往与内容相应，如《女冠子》咏女道士，《渔歌子》咏渔父、隐士，《忆江南》怀江南景物等。"③ 随着时间的推移，词牌名和内容不直接对应了，而词牌的声情与内容还有关系。词牌声情和词牌名是两回事，有少量词的词牌名是喜庆的，但词调声情却是悲伤的，如《千秋岁》《寿楼春》属于凄怨的词调，有人根据词牌的名称选来写贺寿的词就不合声情了。应根据内容选择词牌声情而不是根据词牌名，选词牌时要参考前人多用这种词牌抒发哪一类的情感。

六、词段

《读词常识》中写道："词的段落有专门的名称，一段叫做一'片'，一片就是一遍，就是说，音乐已奏过了一遍。乐奏一遍又叫做一'阕'（乐终曰阕），所以片又叫做阕（一首词也可叫做一阕）。"④

---

① 王力．诗词格律概要·诗词格律十讲［M］．北京：北京联合出版公司，2013：194.

② 夏承焘．唐宋词欣赏［M］．北京：北京出版社，2011：149.

③ 唐圭璋，等．唐宋词鉴赏辞典·唐五代北宋卷［M］．上海：上海辞书出版社，2011：66.

④ 夏承焘，吴熊和．读词常识［M］．北京：中华书局，2009：97－98.

宛敏灏指出："词，如果就分段情况去区别，可分为：单调、双调、三叠、四叠、叠韵五种。一段的叫单调，两段的叫双调，三叠、四叠也就是指分三段、四段的。至于叠韵，就是将寻常双调的词，用原韵再叠一倍成为四叠。"①

1. 单调

单调只有一段，而且字数比较少。例如：

忆仙姿②
李存勖

曾宴桃源深洞，一曲清歌舞凤。长记欲别时，和泪出门相送。如梦！如梦！残月落花烟重。

这是唐庄宗李存勖作的一阕单调词，共 33 个字。

2. 双调

双调长短差别很大，但只要是两段的，就属于双调。双调分为上下片相同和上下片不同两种。

（1）上下片相同。

踏莎行③
秦 观

第一段：29 字。

雾失楼台，月迷津**渡**，桃源望断无寻**处**。可堪孤馆闭春寒，杜鹃
                  a   a

声里斜阳**暮**。
          a

第二段：29 字。

---

① 宛敏灏. 词学概论［M］. 北京：中华书局，2009：91.

② 唐圭璋，等. 唐宋词鉴赏辞典·唐五代北宋卷［M］. 上海：上海辞书出版社，2011：65.

③ 秦观. 秦观词集［M］. 上海：上海古籍出版社，2010：63.

驿寄梅花，鱼传尺素，砌成此恨无重数。彬江幸自绕彬山，为谁
　　　　　　　　　　 a　　　　　　　　　 a

流下潇湘去！
　　　a

上下片相同的双调，不仅字数相同，而且韵律和句式也相同。

（2）上下片不同。

念奴娇·赤壁怀古①
苏　轼

第一段：49 字。

大江东去，浪淘尽、千古风流人物。故垒西边，人道是、三国周郎赤
壁。乱石崩云，惊涛裂岸，卷起千堆雪。江山如画，一时多少豪杰。

第二段：51 字。

遥想公瑾当年，小乔初嫁了，雄姿英发。羽扇纶巾，谈笑间、强虏灰
飞烟灭。故国神游，多情应笑我，早生华发。人间如梦，一尊还酹江月。

3. 三叠

写三叠的词牌并不多，属于长调。三叠分为双拽头和非双拽头两种。

（1）双拽头。

《读词常识》中写道："双拽头就是三段中前两段字句全同的。这字句
全同的前两段总比第三段来的短，好像是第三段的双头，所以称为双拽
头。双拽头的词有《瑞龙吟》《绕佛阁》《剑器近》等调。"② 例如：

---

① 苏轼. 苏轼词集［M］. 上海：上海古籍出版社，2014：93.
② 夏承焘，吴熊和. 读词常识［M］. 北京：中华书局，2009：99.

剑器近①
袁去华

第一段：19 字。

夜来雨，赖倩得、东风吹**住**。海棠正妖娆**处**，且留**取**。
　　　　　　　　　　a　　　　　　　a　　　a

第二段：19 字。

悄庭户，试细听、莺啼燕**语**。分明共人愁**绪**，怕春**去**。
　　　　　　　　　　a　　　　　　a　　　a

第三段：58 字。

佳树，翠阴初转午。重帘未卷，乍睡起、寂寞看风絮。偷弹清泪寄烟波，见江头故人，为言憔悴如许。彩笺无数，去却寒暄，到了浑无定据。断肠落日千山暮。

此词第一、第二段各有 19 字，且韵律句式相同。第三段 58 字，因此前两段像第三段的开头引导。由此可见，《读词常识》中"双拽头就是三段中前两段字句全同的"，这句话中"字句全同"容易引起误解，不是字词相同，而是句式、声韵相同。

（2）非双拽头。

前两段字句不同的是非双拽头三叠词。例如：

戚　氏
柳　永

第一段：73 字。

晚秋天。一霎微雨洒庭轩。槛菊萧疏，井梧零乱惹残烟。凄然。望乡关。飞云黯淡夕阳间。当时宋玉悲感，向此临水与登山。远道迢递，行人

---

① 唐圭璋，等. 唐宋词鉴赏辞典·南宋辽金卷 [M]. 上海：上海辞书出版社，2011：1312.

凄楚，倦听陇水潺湲。正蝉吟败叶，蛩响衰草，相应喧喧。

第二段：55 字。

孤馆度日如年。风露渐变，悄悄至更阑。长天净，绛河清浅，皓月婵娟。思绵绵。夜永对景，那堪屈指，暗想从前。未名未禄，绮陌红楼，往往经岁迁延。

第三段：84 字。

帝里风光好，当年少日，暮宴朝欢。况有狂朋怪侣，遇当歌、对酒竞留连。别来迅景如梭，旧游似梦，烟水程何限。念名利、憔悴长萦绊。追往事、空惨愁颜。漏箭移、稍觉轻寒。听呜咽、画角数声残。对闲窗畔，停灯向晓，抱影无眠。

4. 四叠

四叠的词很少，无争议的四叠词是吴文英的《莺啼序》。《唐宋词鉴赏辞典·南宋辽金卷》收录了两首《莺啼序》词。现取一首为例：

莺啼序①
吴文英

第一段：49 字。

残寒正欺病酒，掩沈香绣户。燕来晚、飞入西城，似说春事迟暮。画船载、清明过却，晴烟冉冉吴宫树。念羁情、游荡随风，化为轻絮。

第二段：51 字。

十载西湖，傍柳系马，趁娇尘软雾。溯红渐、招入仙溪，锦儿偷寄幽素。倚银屏、春宽梦窄，断红湿、歌纨金缕。暝堤空，轻把斜阳，总还鸥鹭。

---

① 唐圭璋，等. 唐宋词鉴赏辞典·南宋辽金卷 [M]. 上海：上海辞书出版社，2011：1965.

第三段：71 字。

　　幽兰旋老，杜若还生，水乡尚寄旅。别后访、六桥无信，事往花委，瘗玉埋香，几番风雨。长波妒盼，遥山羞黛，渔灯分影春江宿，记当时、短楫桃根渡。青楼仿佛，临分败壁题诗，泪墨惨淡尘土。

第四段：69 字。

　　危亭望极，草色天涯，叹鬓侵半苎。暗点检：离痕欢唾，尚染鲛绡，馻凤迷归，破鸾慵舞。殷勤待写，书中长恨，蓝霞辽海沉过雁，漫相思、弹入哀筝柱。伤心千里江南，怨曲重招，断魂在否？

　　这首《莺啼序》共有 240 个字。篇幅很长，近似辞赋的风格。

5. 叠韵
　　宛敏灏指出："按照某调原有曲谱长度的两倍去填写一首词，称为叠韵。"① 《读词常识》中写道："至于叠韵，就是把双调的词用原韵再叠一倍。"② 例如：

梁州令·永嘉郡君生日③
晁补之

第一段：27 字。

　　二月春犹**浅**，去年樱花开**遍**。今年春色怪迟迟，红梅尚早，未露
　　　　　　　　a　　　　　　　　a
胭脂**脸**。
　　a

第二段：25 字。

---

① 宛敏灏. 词学概论 [M]. 北京：中华书局，2009：96.
② 夏承焘，吴熊和. 读词常识 [M]. 北京：中华书局，2009：99.
③ 宛敏灏. 词学概论 [M]. 北京：中华书局，2009：96.

东君故遣春来缓，似会人深愿。蟠桃新镂双盏，相期似此春长远。
　　　　　a　　　　　　　a　　　　　　a　　　　　　　　a

梁州令叠韵①
晁补之

第一段：27 字。

田野闲来惯，睡起初惊晓燕。樵青走挂小帘钩，南园昨夜，细雨
　　　　a　　　　　　a

红芳遍。
a

第二段：25 字。

平芜一带烟光浅，过尽南飞雁。江云渭树俱远，凭阑送目空肠断。
　　　　　　a　　　　　a　　　　　　a　　　　　　　　a

第三段：27 字。

好景难长占，过眼韶华如箭。莫教鹈鸠送韶华，多情杨柳，为把
　　　　a　　　　　　a

长条绊。
a

第四段：25 字。

清樽满酌谁为伴？花下提壶劝。何妨醉卧花底，愁容不上春风面。
　　　　　a　　　　　a　　　　　　　　　　　　　　　a

　　从上面《梁州令·永嘉郡君生日》和《梁州令叠韵》的对比可知，
《梁州令叠韵》的声韵和句式是第一、第三段相同，第二、第四段相同。

---

① 宛敏灏. 词学概论 [M]. 北京：中华书局，2009：96.

恰好是同一格式重复两次。

七、诗、词、曲的异同

综合《词学概说》中"词与诗的区别"的章节①和《中国词曲史》的"词曲之界"②的观点，可以从协乐性、内容取向、字句、节奏、押韵、声调和结构七个方面来区别诗、词、曲：从与音乐的关系上讲，诗基本上不配乐演奏，词和曲是配乐演唱的，曲倾向于表演，所以协乐性最高；从内容上讲，有"诗言志、词缘情"的说法，但实际上自从宋代词体扩张之后，词也可以抒写抱负，诗和词在内容上区别不大，曲却不同，创作曲的主要是优伶乐师，主要目标是娱乐大众；从语言上讲，诗的语言是雅正的书面语，词的语言是高雅的口语，曲的语言则是通俗的口语；从外形上看，诗的外形是整齐的，五言或七言，而词和曲是长短句；从节奏上讲，近体诗和词的要求严格，而曲的节奏是自由的，因为创作曲是先有歌词，再根据歌词配乐；从押韵上讲，近体诗要求最严，不能转韵还只能用平韵，词的押韵受词谱限制，曲只要韵脚字母相同即可，属于平仄通押。从声调上讲，诗和词的声调依照古音《唐韵》，而曲则用接近普通话的《中原音韵》。从结构上讲，诗一般不分段，词有1~4段，曲则可以单调叠加成套数，段落数量不受限制。

表1-2 诗、词、曲的比较

项目	诗	词	散曲
协乐性	低	中	高
内容取向	抒发志向	表达感情	娱乐大众
语言	雅正（书面语）	高雅（口语化）	通俗（口语化）
字句	整齐	长短句、字数固定（词谱规定）	长短句，可以增减字，不限字数
节奏	严格	严格（词谱规定）	自由

① 吴丈蜀. 词学概说［M］. 北京：中华书局，2009：191-197.
② 王易. 中国词曲史［M］. 北京：团结出版社，2005：7-8.

（续上表）

项目	诗	词	散曲
押韵	近体诗只能用平韵，且不能转韵，古体诗较宽	分平韵格、仄韵格，可转韵（押韵位置受词谱约束）	平仄通押 不可转韵
声调	平上去入 《唐韵》	平上去入 《唐韵》	阴平、阳平、上声、去声 《中原音韵》
结构	不分段	单阕、双阕、三叠、四叠	单调和套数

第二节　俄语诗歌的基本要素

　　构成俄语诗歌的基本元素是节奏（ритм）和韵脚（рифма），节奏的基本单位是诗步（стопа）。

一、诗步

（一）诗步的概念

　　奥日科夫《俄语词典》第 25 版对"стопа"（诗步）的解释为："В стихосложении: повторяющаяся единица стиха, состоящая из двух и более слогов."[1] 意为：在诗体中，由两个或两个以上音节构成的重复的诗行单位。

　　《俄语诗律浅说》中的解释为："诗步是重音音节和非重音音节在一定序列中的组合。它是构成俄文格律诗的最小的节奏单位。简而言之，一组音节，其中重音占有固定的位置，并在诗行中重复出现，就叫作诗步。"[2]

---

　　[1]　Ожегов С. И. Словарь русского языка［M］. Москва：ОНИКС；Мир и образование，2008：756.

　　[2]　张学增. 俄语诗律浅说［M］. 北京：商务印书馆，1986：26.

第一章 汉语词与俄语诗 029

（二）诗步的基本格式

1. 双音节诗步

（1）扬抑格诗步（Хорей）。

Хорей：Двухсложная стихотворная стопа с ударением на первом слоге.① 扬抑格诗步是重音在第一个音节的双音节诗步。"－"为扬，标记重音音节。"∪"为抑，标记非重音音节，扬抑格记为（－∪）。例如：

诗句：Спи, мла/де́нец /мой пре/кра́сный,
诗步：∪∪/－∪/∪∪/－∪
诗句：Ба́ю/шки－ба/ю́.
诗步：－∪/∪∪/－
诗句：Ти́хо /смо́трит /ме́сяц/ я́сный
诗步：－∪/－∪/－∪/－∪
诗句：В колы/бе́ль тво/ю́.
诗步：∪∪/－∪/－

这四行诗句取自莱蒙托夫（Лермонтов М. Ю.，1814—1841）的《 Казачья колыбельная песня 》②（《哥萨克摇篮曲》）第一段。其中"Ти́хо /смо́трит /ме́сяц /я́сный"（－∪/－∪/－∪/－∪）是标准的四诗步Хорей（扬抑格）。

（2）抑扬格诗步（Ямб）。

Ямб：Двухсложная стихотворная стопа с ударением на втором слоге.③ 抑扬格诗步是重音在第二个音节的双音节诗步，抑扬格记为（∪－）。例如：

诗句：Сыны́/снего́в, /сыны́/славя́н,
诗步：∪－/∪－/∪－/∪－
诗句：Заче́м /вы му́/жеством /упа́/ли?

① Ожегов С. И. Словарь русского языка［M］. Москва：ОНИКС；Мир и образование，2008：849.
② 殷涵. 莱蒙托夫诗文选［M］. 北京：商务印书馆，1983：120－121.
③ Ожегов С. И. Словарь русского языка［M］. Москва：ОНИКС；Мир и образование，2008：894.

诗步：∪–/∪–/∪∪/∪–/∪

诗句：Зачéм? …/Погиб/нет ваш /тирáн,

诗步：∪–/∪–/∪∪/∪–

诗句：Как все /тирá/ны по/гибá/ли! …

诗步：∪–/∪–/∪∪/∪–/∪

这四句诗取自莱蒙托夫的《 Новгород 》①（《诺夫哥罗德》），采用的是四诗步 Ямб（抑扬格），除第一句外，其他三句的第三个诗步都用了变格抑抑格（∪∪）。

2. 三音节诗步

（1）扬抑抑格诗步（Дактиль）。

Дактиль：трёхсложная стихотворная стопа с ударением на первом слоге。② 扬抑抑格诗步是重音在第一个音节的三音节诗步，标记为（–∪∪）。例如：

诗句：Тýчки не/бéсные, /вéчные/ стрáнники!

诗步：–∪∪/–∪∪/–∪∪/–∪∪

诗句：Стéпью ла/зýрною, /цéпью жем/чýжною

诗步：–∪∪/–∪∪/–∪∪/–∪∪

诗句：Мчúтесь вы, /бýдто, ка/к я же, изг/нáнники,

诗步：–∪∪/–∪∪/–∪∪/–∪∪

诗句：С мúлого/ сéвера /в стóрону /ю́жную.

诗步：–∪∪/–∪∪/–∪∪/–∪∪

这是标准的四诗步扬抑抑格的诗句，是完整的四诗步扬抑抑格，取自莱蒙托夫诗作《Тучи》③（《游云》）的第一诗节。

（2）抑扬抑格诗步（Амфибрахий）。

Амфибрахий：трёхсложная стихотворная стопа с ударением на

---

① 殷涵. 莱蒙托夫诗文选 [M]. 北京：商务印书馆，1983：4.

② Ожегов С. И. Словарь русского языка [M]. Москва：ОНИКС；Мир и образование，2008：148.

③ 殷涵. 莱蒙托夫诗文选 [M]. 北京：商务印书馆，1983：126.

втором слоге.① 抑扬抑格诗步是重音在第二个音节的三音节诗步，标记为（∪ − ∪）。例如：

诗句：Сижу́ за/ реше́ткой/ в темни́це /сыро́й.
诗步：∪ − ∪/∪ − ∪/∪ − ∪/∪ −
诗句：Вскормлённый /в нево́ле /орёл мо/лодо́й,
诗步：∪ − ∪/∪ − ∪/∪ − ∪/∪ −
诗句：Мой гру́стный /това́рищ, /маха́я /крыло́м,
诗步：∪ − ∪/∪ − ∪/∪ − ∪/∪ −
诗句：Крова́ву/ю пи́щу /клюёт под/ окно́м,
诗步：∪ − ∪/∪ − ∪/∪ − ∪/∪ −

这四句诗行取自普希金《 Узник 》②（《囚徒》）的第一诗节。这里用了四诗步 Амфибрахий（抑扬抑格诗步），最后一个诗步不完整，属于截短型诗步。

（3）抑抑扬格诗步（Анапест）。

Анапест：трёхсложная стихотворная стопа с ударением на последнем слоге.③ 抑抑扬格诗步是重音在最后一个音节的三音节诗步，标记为（∪ ∪ −）。例如：

诗句：Неую́т/ная жи́д/кая лу́/нность
诗步：∪∪ −/∪∪ −/∪∪ −/∪
诗句：И тоска́/бесконе́/чных равни́н, −
诗步：∪∪ −/∪∪ −/∪∪ −
诗句：Вот что ви́/дел я в ре́/звую ю́/ность,
诗步：∪∪ −/∪∪ −/∪∪ −/∪
诗句：Что , любя́, /проклина́л/ не оди́н.
诗步：∪∪ −/∪∪ −/∪∪ −

---

① Ожегов С. И. Словарь русского языка [M]. Москва：ОНИКС；Мир и образование，2008：26.

② 普希金. 普希金诗选［M］. 刘文飞，译. 北京：中国宇航出版社，2014：150.

③ Ожегов С. И. Словарь русского языка [M]. Москва：ОНИКС；Мир и образование，2008：26.

这部分诗句摘自叶赛宁（Есенин С. А.，1895—1925）《 Неуютная жидкая лунность 》① （《凄迷的淡月临照当头》），诗步的格式是一、三句相同，为三诗步加长型；二、四句相同，是完整的三音节诗步，用了 Анапест（抑抑扬格诗步）。

（三）诗步的辅助格式

1. 抑抑格诗步（Пиррихий）

Пиррихий：в силлабо-тонич. стихосложении пропуск ударения в стопе ямбаили хорея.② 抑抑格诗步是在音节重音诗体中，由于抑扬格和扬抑格诗步缺失重音而形成的，标记为（∪∪）。例如：

诗句：Беле́/ет па́/рус о/динно́/кий
诗步：∪ -/∪ -/∪∪/∪ -/∪
诗句：В тума́/не мо́/ря го/лубо́м…
诗步：∪ -/∪ -/∪∪/∪ -

这是莱蒙托夫的诗作《Парус》③（《帆》）的开始两句。这是带了一个抑抑格的四诗步 Ямб（抑扬格），其中每句的第三个诗步是抑抑格。

2. 扬扬格诗步（Спондей）

Спондей：Стопа из двух долгих слогов（в метрическом стихосложении）или из двух ударяемых слогов（в тоническом стихосложении）.④ 扬扬格诗步是音节诗体中由两个长音构成的诗步或者在重音诗体中由两个重音音节构成的诗步，标记为（- -）。例如：

诗句：Шве́д, ру́/сский ко́/лет, ру́/бит, ре́/жет,⑤
诗步：- -/∪ -/∪ -/∪ -/∪

---

① 张建华. 叶赛宁诗选［M］. 顾蕴璞，译. 北京：外语教学与研究出版社，2006：218－219.

② Большой российский энциклопедический словарь［M］. Москва：Научное издательство，2009：1184.

③ 殷涵. 莱蒙托夫诗文选［M］. 北京：商务印书馆，1983：16.

④ Ожегов С. И. Словарь русского языка［M］. Москва：ОНИКС；Мир и образование，2008：743.

⑤ 张学增. 俄语诗律浅说［M］. 北京：商务印书馆，1986：32.

这句诗出自普希金的长诗"Полтава"(《波尔塔瓦》)。扬扬格诗步是由于在扬抑格或抑扬格诗步中出现了多余的格律重音造成的。

(四) 诗行末尾的诗步

1. 完整诗步(полномерная стопа)

完整诗步指行末的音节数量和前面诗步的音节数量相等的诗步。例如:

诗句:Тýчки не/бéсные, /вéчные/ стрáнники!①
诗步:– ∪∪/ – ∪∪/ – ∪∪/ – ∪∪

这句诗是由完整的 4 个扬抑抑格诗步组合而成的。

2. 截短诗步(усечённая стопа)

截短诗步指行末诗步的音节数量较前面诗步的音节数量短缺的诗步。短缺的是 1~2 个无重音音节。例如:

诗句:Сижý за/ решéткой/ в темнúце /сырóй. ②
诗步:∪ – ∪/∪ – ∪/∪ – ∪/∪ –

这句诗由三个完整的抑扬抑格诗步和一个缺了无重音音节的抑扬抑格诗步组成。

3. 加长诗步(наращённая стопа)

加长诗步指行末诗步的音节数量较前面诗步的音节数量增多的诗步。但增多的只能是无重音音节。例如:

诗句:Неуют/ная жúд/кая лý/нность③
诗步:∪∪ –/∪∪ –/∪∪ –/∪

这句诗由 3 个抑抑扬格诗步外加一个无重音音节构成。

---

① 殷涵. 莱蒙托夫诗文选 [M]. 北京:商务印书馆,1983:126.
② 普希金. 普希金诗选 [M]. 刘文飞,译. 北京:中国宇航出版社,2014:150.
③ 张建华. 叶赛宁诗选 [M]. 顾蕴璞,译. 北京:外语教学与研究出版社,2006:218 –219.

（五）三音节诗格的变体（Дольник）

Дольник：① это стих, допускающий сокращение безударных промежутков в трехсложном силлабо-тоническом стихе. ② стих, в котором промежуток между ударными слогами колеблется от одного до двух слогов.① 三音节诗格变体有两层意思：①在三音节的音节重音诗中省去不带重音的音节。②重音间的音节会有 1～2 个变动。这种变动既可以增加也可以减少。最后的结果像不同的三音节诗步组合。最早的三音节诗格变体出现在 1901 年 12 月 29 日布洛克的诗中，例如：

诗句：Мы, два ста́рца, в су́мрак тани́ственный
诗步：U U – U – U U – U U
诗句：Бреде́м, а в о́кнах свет.
诗步：U –／U –／U –
诗句：И дрожи́м мечто́ю еди́нственной,
诗步：U U – U – U U – U U
诗句：Искуше́нные му́дростью бед. ②
诗步：U U –／U U –／U U –

这里第一句和第三句属于三音节诗格变体的诗行，而且这种诗行的节奏组成了一种新格式，整体重复了。

二、诗韵

俄语诗韵的释义为："рифма—Созвучие концов стихотворных строк."③ 诗韵指的是诗行末尾的谐音。

---

① Калачева С. В. Стих и ритм ［М］. Москва：Знание，1978：72 – 73.

② Калачева С. В. Стих и ритм ［М］. Москва：Знание，1978：73.

③ Ожегов С. И. Словарь русского языка ［М］. Москва：ОНИКС；Мир и образование，2008：669.

（一）诗韵的种类

1. 按照诗尾重音的位置

（1）阳韵（мужские рифмы）。

对于阳韵，《Стих и ритм》（《诗和韵律》）中认为是"重音落在押韵单词的最后一个音节上的诗韵类型"①。例如：

Руса́лка плыла́ по реке́ голуб**о́й**,	а/м
Озаря́ема по́лной лун**о́й**	а/м
И стара́лась она́ доплесну́ть до лун**ы́**	b/м
Серебри́стую пе́ну волн**ы́**.	b/м

这四句诗选自莱蒙托夫的《Русалка》（《美人鱼》）②，用了重音韵（阴韵、阳韵、三重韵，用ж，м，д标记）和谐音韵（词尾相同，用 а、b 标记）两种韵式，其中，重音韵用了阳韵，谐音韵则用了毗邻韵。

（2）阴韵（женские рифмы）。

《Стих и ритм》（《诗和韵律》）指出："诗行末尾倒数第二个音节上带有重音叫二重韵或阴韵。"③ 例如：

По́мнишь ли, мой брат поча́ше,	а/ж
Как в отра́дной тишин**е́**	b/м
Мы топи́ли го́рен**а́ше**	а/ж
В чи́стом, пе́нистом вин**е́**?	b/м

这四句诗取自普希金的《Воспоминание к Пущину》④（《回忆·致普辛》），也使用了重音韵和谐音韵两种韵式。其中第一句和第三句重音落在倒数第二个音节上，属于阴韵；第二句和第四句重音落在最后一个音节上，属于阳韵。重音韵使用的是阴阳韵交错的韵式，谐音韵用的也是交错韵的韵式。

---

① Калачева С. В. Стих и ритм［М］. Москва：Знание，1978：26.

② 殷涵. 莱蒙托夫诗文选［М］. 北京：商务印书馆，1983：8.

③ Калачева С. В. Стих и ритм［М］. Москва：Знание，1978：26.

④ 普希金. 普希金诗选［М］. 刘文飞，译. 北京：中国宇航出版社，2014：53.

（3）三重韵（дактилические рифмы）。

《Стих и ритм》（《诗和韵律》）中写道："Рифмы, в которых ударение падает на третий слог, называются дактилическими."① （由诗行末尾倒数第三个音节上带有重音的诗尾构成的韵脚叫三重韵，用字母"д"来标记）例如：

Нет, вам наску́чили ни́вы беспло́дные…　　　　　　　　а/д

Чу́жды вам стра́сти, и чу́жды страда́ния　　　　　　　b/д

Ве́чно холо́дные, ве́чно свобо́дные,　　　　　　　　　а/д

Нет у вас ро́дины, нет вам изгна́ния.　　　　　　　　b/д

这四句诗取自莱蒙托夫的诗作《Тучи》②（《游云》）的最后一个诗节。这四句诗的重音韵都用了三重韵，重音落在押韵单词的倒数第三个音节上。谐音韵用的是交错韵。

2. 按照诗尾辅音和元音的组合方式

（1）严韵（точная рифма）。

卡拉乔娃指出："所有诗尾自重读元音起，以后的音完全相同的韵，叫做严韵。"③ 例如：

Любви, надежды, тихой сла**вы**

Недолго нежил нас об**ман**,

Исчезли юные заб**авы**,

Как сон, как утренний ту**ман**;④

此处的隔行韵 славы 与 забавы，обман 与 туман 就是严韵。

（2）宽韵（неточная рифма）。

殷涵认为："……只在语音中相谐的韵脚。这种韵脚称为 неточная（或者 неполная）рифма。"⑤ "只在语音中相谐"，也就是指韵的外形并不

————————

① Калачева С. В. Стих и ритм［М］. Москва：Знание, 1978：28.

② 殷涵. 莱蒙托夫诗文选［М］. 北京：商务印书馆, 1983：128.

③ Калачева С. В. Стих и ритм［М］. Москва：Знание, 1978：26.

④ 普希金. 普希金诗选［М］. 刘文飞, 译. 北京：中国宇航出版社, 2014：102.

⑤ 殷涵. 莱蒙托夫诗文选［М］. 北京：商务印书馆, 1983：128.

一致，只是语音谐音。

诗韵的另外一种释义为："рифма—это повторение звуков в конце стихотворной строки。"① 指的是诗行末尾重复的字母。重复的字母不仅包括元音还包括辅音，因此宽韵又可分为元音和谐韵与辅音和谐韵两类。

元音和谐韵："ассонанс—повторение гласных звуков。"② 指的是元音字母重复。例如：

Забу́дь меня, безу́мец исступлённый,

Поко́я не гу́би：

Я со́здана ду́шой твое́й влюблённой,

Ты при́зрак не лю́би！③

诗句单词中所含有的 у 和 ю 就是元音和谐韵，它们可以与其他韵脚同时存在，比如这首诗的韵脚 - ный（исступлённый）、 - ной（влюблённой）、губи、люби 中的 би。

辅音和谐韵："аллитерация—повторение согласных звуков。"④ 指的是辅音字母重复。例如：

Распахни́ мне объя́тья твои,

Густоли́стый， развеси́стый лес！⑤

（3）富韵（богатая рифма）。

《俄语诗律浅说》中写道："不仅重读元音和后面语音都和谐一致，而且重读元音前面的一些音也和谐一致，则叫做富韵。""刚刚符合诗韵规定和要求的韵脚，叫做贫韵（бедные рифмы）。"⑥ 例如：

① Калачева С. В. Стих и ритм［М］. Москва：Знание，1978：23.

② Калачева С. В. Стих и ритм［М］. Москва：Знание，1978：23.

③ Калачева С. В. Стих и ритм［М］. Москва：Знание，1978：23.

④ Калачева С. В. Стих и ритм［М］. Москва：Знание，1978：23.

⑤ Калачева С. В. Стих и ритм［М］. Москва：Знание，1978：23.

⑥ 张学增. 俄语诗律浅说［М］. 北京：商务印书馆，1986：110.

诗句：Область рифм-моя **стихия**,

译文：诗韵的领域——我的本原，

诗句：И легко пишу **стихи я**;

译文：因此我擅于写诗；

诗句：Без раздумья, без **острячки**

译文：没有思考，就没有爱说俏皮话的人

诗句：Я бегу к строке **от строки**,

译文：我在诗行间奔忙，

诗句：Даже к финским **скалам бурым**

译文：甚至用芬兰的俏皮话

诗句：Обращаясь **с каламбуром**. ①

译文：来展示双关的趣味。

这是一首幽默的双关诗，韵脚的语音几乎相同，是典型的富韵。然而如果为了追求富韵而舍弃内容，则得不偿失。富韵要以不影响内容表达为度。

（二）韵式（рифмовка）

рифмовка 在词典中的解释为："порядок, система чередования рифм в стихе."② 意为诗韵的交替系统和规则。

1. 毗邻韵（смежные рифмы）

张学增指出："毗邻韵，是指同毗邻的上一行押韵。如在四行诗节中，第二行和第一行同韵，第四行和第三行同韵，韵式为：aabb。""两行两行成对的韵，也叫对偶韵（парные рифмы）。然而毗邻韵却不一定都是对偶韵，因为它也可能三行同韵、四行同韵，甚至通篇或整节用一个韵，即一韵到底。"③ 例如：

---

① 郭天相. 俄罗斯诗学研究［M］. 郑州：河南大学出版社，1999：67.

② Ожегов С. И. Словарь русского языка［M］. Москва：ОНИКС；Мир и образование，2008：670.

③ 张学增. 俄语诗律浅说［M］. 北京：商务印书馆，1986：111.

Да, были люди в наше время,　　　　　　　　　a

Могучее, лихое племя:　　　　　　　　　　　　a

Богатыри не вы!　　　　　　　　　　　　　　b

Плохая им досталась доля:　　　　　　　　　　c

Немногие вернулись с поля...　　　　　　　　　c

Когда б на то не божья воля,　　　　　　　　　c

Не отдали б Москвы!　　　　　　　　　　　　b

这是莱蒙托夫的诗«Бородино»① (《波罗金诺》) 的最后一个诗节。这里出现了两行同韵 (aa) 和三行同韵 (ccc) 的毗邻韵。

2. 交错韵 (перекрёстные рифмы)

《俄语诗律浅说》中对交错韵的解释为"隔一行交错押韵"。② 韵式为 abab 的为双交韵, 韵式为 abcb 的为单交韵。例如:

双交韵:

Я помню чудное мгнове**нье**:　　　　　　　　　a

Передо мной явилась **ты**,　　　　　　　　　　b

Как мимолётное виде**нье**,　　　　　　　　　　a

Как гений чистой красо**ты**. ③　　　　　　　　b

单交韵:

Тихо дремлет ре**ка**.　　　　　　　　　　　　a

Тёмный бор не шум**ит**.　　　　　　　　　　　b

Соловей не по**ёт**,　　　　　　　　　　　　　c

И дергач не крич**ит**. ④　　　　　　　　　　　b

---

① 殷涵. 莱蒙托夫诗文选 [M]. 北京: 商务印书馆, 1983: 34.

② 张学增. 俄语诗律浅说 [M]. 北京: 商务印书馆, 1986: 111 – 112.

③ 普希金. 普希金诗选 [M]. 刘文飞, 译. 北京: 中国宇航出版社, 2014: 178.

④ 张建华. 叶赛宁诗选 [M]. 顾蕴璞, 译. 北京: 外语教学与研究出版社, 2006: 26.

3. 环抱韵（охватные или опоясанные рифмы）

张学增指出："环抱韵，是指首行和尾行押韵，把中间环绕包围起来。"① 如四行诗节 abba 的韵式和三行诗节 aba 的韵式。例如：

Зачем из облака выхо**дишь**,	a
Уединённая лу**на**,	b
И на подушки, сквозь ок**на**,	b
Сиянье тусклое наво**дишь**?②	a

三、诗节

（一）诗节（строфа）的定义

《俄罗斯诗学研究》中写道："诗节又称诗段，是俄罗斯诗歌中复杂的、富有节奏的单位，是周期循环的诗行的组合形式，是完整的语调节奏整体，也是完整的句法部分。"③

（二）几种常见的诗节和韵式

这里讨论的诗节和韵式的关系不包括杂糅了数种诗节的诗歌，仅以一首诗中只有一种同等行数的诗节作为参照。

1. 两行诗节

Клен ты мой опавший, клен заледенелый,	a
Что стоишь нагнувшись под метелью белой?	a
Или что увидел? Или что услышал?	b
Словно за деревню погулять ты вышел. ④	b

---

① 张学增. 俄语诗律浅说［M］. 北京：商务印书馆，1986：111 – 112.

② 普希金. 普希金诗选［M］. 刘文飞，译. 北京：中国宇航出版社，2014：70.

③ 郭天相. 俄罗斯诗学研究［M］. 郑州：河南大学出版社，1999：97.

④ 张建华. 叶赛宁诗选［M］. 顾蕴璞，译. 北京：外语教学与研究出版社，2006：260.

相邻的两行诗节必须同韵，可以两行一韵一直换下去。格式如 aabbccddeeff……

2. 四行诗节

（1）交错韵四行诗节。

Вчера мне Маша приказала	a
В куплеты рифмы набросать	b
И мне в награду обещала	a
Спасибо в прозе написать. ①	b

（2）毗邻韵四行诗节。

Что тут писано, писал совсем не я, —	a
Оставляла за собою жизнь моя	a
Это - куколки от бабочек былых,	b
След заметный превращений временных. ②	b

（3）环抱韵四行诗节。

Нисходят в душу лики чуждых сил	a
И говорят послушными устами.	b
Так вещими зашелестит листами	b
Вселенской жизни древо, Игдразил. ③	a

四行诗节使用比较广泛，所以类型较多，如交错韵 abab 型、毗邻韵 aabb 型、环抱韵 abba 型。

---

① 普希金. 普希金诗选［M］. 刘文飞，译. 北京：中国宇航出版社，2014：76.

② Фарберова Л. И. Поэзия-дело седых. Антология русской поэзии от Тредиаковского до наших дней［M］. Москва：Арт Хаус медиа, 2011. 254.

③ Фарберова Л. И. Поэзия-дело седых. Антология русской поэзии от Тредиаковского до наших дней［M］. Москва：Арт Хаус медиа, 2011. 275.

3. 六行诗节

（1）aabccb 型。

Поэт зима – аукает,	a
Мохнатый лес баюкает	a
Стозвоном сосняка.	b
Кругом с тоской глубокою	c
Плывут в страну далекую	c
Седые облака. ①	b

（2）ababab 型。

Любимец моды легкокрылой,	a
Хоть не британец, не француз,	b
Ты вновь создал, волшебник милый,	a
Меня, питомца чистых Муз，–	b
И я смеюся над могилой,	a
Ушед навек от смертных уз. ②	b

使用的诗节类型越多，形态就越丰富，六行诗节最常用的韵式就是上面诗行所用的 aabccb 型，其他的如 ababab 型、aabbcc 型、abbacc 型也使用较多。

4. 八行诗节

Октябрь уж наступил – уж роща отряхает	a
Последние листы с нагих своих ветвей	b
Дохнул осенний хлад – дорога промерзает.	a
Журча еще бежит за мельницу ручей,	b
Но пруд уже застыл сосед мой поспешает	a
В отъезжие поля с охотою своей,	b
И страждут озими от бешеной забавы,	c
И будит лай собак уснувшие дубравы. ③	c

---

① 张建华．叶赛宁诗选［M］．顾蕴璞，译．北京：外语教学与研究出版社，2006：10.

② 普希金．普希金诗选［M］．刘文飞，译．北京：中国宇航出版社，2014：228.

③ 普希金．普希金诗选［M］．刘文飞，译．北京：中国宇航出版社，2014：300.

八行诗节也是俄语诗中使用较多的诗行类型，除了上面诗的 ababbbcc 型外，还有 aaabcccb 型，还可以看成两个四行诗节的组合，比如 ababcdcd 型、ababcddc 型和 abbacdcd 型。

俄语诗中也有单数行的诗节，但是较少使用。《俄罗斯诗学研究》指出："对称排列的韵脚或同类词尾紧密联系着，诗行往往成对。这种对称性在许许多多自然现象中，通常具有特殊的意义。将其运用在诗歌语言结构中，同样能够发挥重要作用，而在奇数诗行的诗节中，那些导致不平衡的'多余的'诗行出现，恰恰破坏了这种对称性。"① 这种现象并不是俄语诗独有，汉语诗大多数也对称，词和曲中虽然也有奇数的句子，但是有的不在本诗节对称，也可以和下个诗节对称，真正落单的句子很少。

5. 几种特殊的诗节

（1）颂诗诗节。

《俄罗斯诗学研究》中写道："古典的十行颂诗诗节产生于 16—17 世纪的法国，这种诗节的结构，实际上等于押交叉韵的四行诗节 abab 加上一个押韵格式为 ccdeed 的六行诗节。"② 例如：

Убийство! Кто твой первый чита**тель**?	a
Кто жизнь свою тебе об**рек**?	b
Не дебри кровожадный жи**тель**,	a
Не лев, не тигр, – но чело**век**. –	b
О чудо! о преврат ужасн**ой**!	c
В деснице твари сей прекрасн**ой**,	c
Сего подобия Твор**ца**,	d
Орудье смерти свиреп**ело**,	e
И первую убийство зр**ело**	e
Свою в нем жертву и жре**ца**. ③	d

颂诗在 18 世纪曾经风靡一时，因此也出现了很多格式。十行颂诗诗节并不止上面这一种诗节形式，还有 aabccbdede 型、ababccdede 型和 aabcbcdeed 型等变格。

---

① 郭天相. 俄罗斯诗学研究 ［M］. 郑州：河南大学出版社，1999：113.

② 郭天相. 俄罗斯诗学研究 ［M］. 郑州：河南大学出版社，1999：119.

③ Фарберова Л. И. Поэзия-дело седых. Антология русской поэзии от Тредиаковского до наших дней ［M］. Москва：Арт Хаус медиа，2011：69.

（2）十四行诗节。

①商籁。

《中西诗歌比较研究》中写道："十四行诗（sonnet，又译作商籁）首创于 14 世纪的意大利。"①《俄罗斯诗学研究》中记载："俄罗斯第一首十四行诗出现在 1732 年，是一首翻译作品，19 世纪 30 年代曾风行一时。"②

十四行诗是一种有着严格韵律结构的诗歌类型，传到俄罗斯后，为适应俄语的语言特点，产生了新的十四行诗变体。俄罗斯十四行诗的典型结构是：

行：1 2 3 4　　5 6 7 8　　9 10 11　　12 13 14
韵：a b a b　 a b a b　 c c d　 e d e

Суровый Дант не презирал сон**ета**;　　　　　　　　a

В нем жар любви Петрарка излив**ал**;　　　　　　　b

Игру его любил творец Макб**ета**;　　　　　　　　a

Им скорбну мысль Камоэнс облек**ал**.　　　　　　b

И в наши дни пленяет он по**эта**:　　　　　　　　a

Вордсворт его орудием избр**ал**,　　　　　　　　b

Когда вдали от суетного св**ета**　　　　　　　　a

Природы он рисует иде**ал**.　　　　　　　　　　b

Под сенью гор Тавриды отдален**ной**　　　　　　c

Певец Литвы в размер его стеснен**ный**　　　　c

Свои мечты мгновенно заключ**ал**.　　　　　　　d

У нас еще его не знали де**вы**,　　　　　　　　　e

Как для него уж Дельвиг забыв**ал**　　　　　　　d

Гекзаметра священные нап**евы**.　　　　　　　　e

这是普希金的诗《 Сонет 》③（《商籁》），用的是典型的十四行诗结构：

---

①　茅于美．中西诗歌比较研究 [M]．北京：中国人民大学出版社，2012：188．

②　郭天相．俄罗斯诗学研究 [M]．郑州：河南大学出版社，1999：121．

③　郭天相．俄罗斯诗学研究 [M]．郑州：河南大学出版社，1999：121－122．

abab + abab + ccd + ede。

②奥涅金诗节。

《俄罗斯诗学研究》指出："奥涅金诗节是普希金在《 Евгений Онегин 》（《叶甫盖尼·奥涅金》）中创造的一种特别的十四行诗节形式。分别由一个交错韵 abab + 一个毗邻韵 ccdd + 一个环抱韵 effe + 两行彼此押韵 gg 构成。"① 这种诗节在实践中也有变格。例如：

Прости мне, боже, прегрешенья	a
И дух мой томный обнови,	b
Дай мне терпеть мои мученья	a
В надежде, вере и любви.	b
Не страшны мне мои страданья:	c
Они залог любви святой	d
Но дай, чтоб пламенной душой	d
Я мог лить слезы покаянья.	c
Взгляни на сердца нищету,	e
Дай Магдалины жар священный,	f
Дай Иоанна чистоту	e
Дай мне донесть верец мой тленный	f
Под игом тяжкого креста	g
К ногам Спасителя Христа.	g

这首诗是科兹洛夫（Козлов И. И., 1779—1840）的《 Молитва 》②（《祈祷》），用了两个交错韵诗段，而没有用 ccdd 的毗邻韵诗段，变体为环抱韵 cddc，结构大致和奥涅金诗节相同。这是奥涅金诗节的一种常用变格。汉语词和俄语诗都常常有变格。

---

① 郭天相. 俄罗斯诗学研究 [M]. 郑州：河南大学出版社，1999：122 - 123.

② Фарберова Л. И. Поэзия-дело седых. Антология русской поэзии от Тредиаковского до наших дней [M]. Москва：Арт Хаус медиа, 2011. 99.

第三节　汉语词和俄语诗的异同

一、诗韵比较

（一）韵脚

1. 韵脚类型

（1）汉语词的韵脚和俄语诗的韵脚。

韵脚的类型和语言有着必然的联系。汉语的声母对应俄语的辅音，汉语的韵母对应俄语的元音。一个汉字就是一个音节，俄语的单词音节很多，韵脚方面似乎是没有对应关系，但是却存在一种原理相同的对应：汉语词的韵脚按照声调可以分为平韵和仄韵，俄语诗的韵脚按照重音位置可以分为阳韵、阴韵和三重韵。汉语诗歌与俄语诗歌的韵脚有一个分类标准比较相似：汉语词的韵脚以声调类型作为分类标准，俄语诗的韵脚根据重音的位置（表格中俄语诗句加粗部分）来区分。而声调和重音是表示声音高低轻重变化的，属于同一性质的事物。例如：

表1-3　汉语词和俄语诗韵脚对比

汉语词的韵脚	俄语诗的阳韵	俄语诗的阴韵	俄语诗的三重韵
乌夜啼① 李煜 林花谢了春红（hóng）， 太匆匆（cōng）。 无奈朝来寒雨晚来风（fēng）， 胭脂泪（lèi）， 留人醉（zuì）， 几时重（chóng）？ 自是人生长恨水长东（dōng）。	Русалка② Лермонтов М. Ю. Русалка плыла по реке голу**бой**, Озаряема полной лу**ной**; И старалась она доплеснуть до лу**ны** Серебристую пену вол**ны**.	***③ Есенин С. А. Матушка в купальницу по лесу ход**ила**, Босая с подтыками по росе брод**ила**.	Тучи④ Лермонтов М. Ю. Тучки небесные, вечные стра́**нники**! Степью лазурною, цепью жемчу́жною Мчитесь вы, будто, как я же, изгна́**нники**, С самого севера в сторону ю́жную.

① 李煜. 李煜词集［M］. 上海：上海古籍出版社，2014：29.

② 殷涵. 莱蒙托夫诗文选［M］. 北京：商务印书馆，1983：8.

③ Есенин С. А. Я, Есенин Сергей：Поэзия и проза［M］. Москва：ЭКСМО-Пресс，2000：32.

④ 殷涵. 莱蒙托夫诗文选［M］. 北京：商务印书馆，1983：126.

（2）严韵和宽韵。

俄语诗中的严韵和宽韵在汉语词中也有类似的概念。俄语诗中的严韵和宽韵的定义为："所有诗尾自重读元音起，以后的音完全相同的韵，叫做严韵"① "只在语音中相谐的韵脚为'неточная рифма'（宽韵）或者'неполная рифма'（不完全韵）"。②

汉语词的用韵也有"尚严"和"从宽"两种主张。按照诗韵的属于"尚严"，格律诗用韵很严，平仄不能互转，也以押邻韵为不工整，必须严格按照韵书的韵部来选韵。《读词常识》指出："词韵比诗韵较宽，因为词韵可以互相同转，又可四声通协和借协方音。"例如：

表 1-4　汉语词和俄语诗的严韵对比

汉语词的严韵	俄语诗的严韵	韵式
渔家傲③ 李清照 雪里已知春信至（zhì）， 寒梅点缀琼枝腻（nì）。 香脸半开娇旖旎（nǐ）， 当庭际（jì）、 玉人浴出新妆洗（xǐ）。 造化可能偏有意（yì）， 故教明月玲珑地（dì）。 共赏金尊沉绿蚁（yǐ）， 莫辞醉（zuì）、 此花不与群花比（bǐ）。	Элегия④ Пушикин А. С. Безумных лет угасшее весéлье, Мне тяжело, как смутное похмéлье, Но, как вино печаль минувших дней В моей душе чем старе, тем сильней. Мой путь уныл. Сулит мне труд и гóре Грядущего волнуемое мóре.	 a a b b c c

这首李清照的《渔家傲》使用的是一韵到底的 i 韵，且声调是三声、四声，属于仄韵，不仅韵母相同而且平仄一致。俄语例句取自普希金的《Элегия》第一诗节，所有诗尾自重读元音起，每种韵的字母完全相同，也是严韵。

---

① 张学增. 俄语诗律浅说 [M]. 北京：商务印书馆，1986：104.
② 殷涵. 莱蒙托夫诗文选 [M]. 北京：商务印书馆，1983：128.
③ 柯宝成. 李清照全集 [M]. 武汉：崇文书局，2010：46.
④ 普希金. 普希金诗选 [M]. 刘文飞，译. 北京：中国宇航出版社，2014：276.

表 1－5　汉语词和俄语诗的宽韵对比

汉语词的宽韵	俄语诗的宽韵
南歌子·八月十八观潮① 苏轼 海上乘槎侣， 仙人萼绿华（huá）。 飞升元不用丹砂（shā）， 住在潮头来处渺天涯（yá）。 雷辊夫差国， 云翻海若家（jiā）。 坐中安得弄琴牙（yá）？ 写取馀声归向《水仙》夸（kuā）。	Памяти Анты② Ахматова А. А. Пусть это даже из другого цик**ла**... Мне видится улыбка ясных г**лаз**, И《 умерла 》так жалостно прини**кло** К прозванью милому, как будто первый**раз** Я слышала его.

　　苏轼的《南歌子·八月十八观潮》押了三种临近的韵 uɑ、ɑ、iɑ，属于宽韵。阿赫玛托娃（Ахматова А. А.，1889—1966）的《 Памяти Анты 》押了 abab 的交错韵，第一句诗尾（**кла**）和第三句诗尾（**кло**）谐音，第二句诗尾（**лаз**）和第四句诗尾（**раз**）谐音。这些只在语音中相协的韵脚，字母并不完全相同，也属于宽韵。

　　（3）同字相押和富韵。

　　张学增指出："不仅重读元音和后面语音和谐一致，而且重读元音前面的一些音也和谐一致，则叫做富韵。""刚刚符合诗韵的规定和要求的韵脚，叫做贫韵（бедные рифмы）③。"俄语的富韵和贫韵在汉语词中也有对应。词中允许同字相押，没有比相同的字更符合富韵标准的了。

---

① 苏轼. 苏轼词集［M］. 上海：上海古籍出版社，2014：1－2.

② Фарберова Л. И. Поэзия-дело седых. Антология русской поэзии от Тредиаковского до наших дней［M］. Москва：Арт Хаус медиа，2011. 373.

③ 张学增. 俄语诗律浅说［M］. 北京：商务印书馆，1986：110.

表1-6 汉语词的同字相押和俄语诗的富韵对比

汉语词的同字相押	俄语诗的富韵
柳梢青① 辛弃疾 莫炼丹**难**。 黄河可塞，金可成**难**。 休辟谷**难**。 吸风饮露，长忍饥**难**。 劝君莫远游**难**。 何处有西王母**难**。 休采药**难**。 人沉下土，我上天**难**。	В Финляндии② Область рифм – моя **стихия**, И легко пишу **стихи я**; Без раздумья, без **острячки** Я бегу к строке **от строки**, Даже к финским **скалам бурым** Обращаясь **с каламбуром**.

　　辛弃疾的这首《柳梢青》就是著名的 "八难之词"，这是一首用同字协韵的词，韵脚一共有8个 "难" 字，讲述道士的日常生活。而俄语诗《В Финляндии》毗邻两行的诗尾单词字母有的完全相同，个别字母不同的发音也十分接近，只是断句不同。词的同字相押和俄语的富韵事实上都有玩文字游戏的倾向，诗歌的音韵是和谐了，但牺牲了意境美和形态的变化。无论是汉语的诗歌还是俄语的诗歌，用富韵来协韵是很少见的。

　　2. 韵脚的疏密

　　俄语诗通常是每句押韵（自由诗除外），而汉语词只需要按照词谱的规定在固定的位置押韵即可：有的词牌要求每句句尾押韵，有的词牌韵脚密，有的词牌韵脚疏，有的词篇幅很长，需要押韵的位置却很少。例如：

---

① 辛弃疾. 辛弃疾词集 [M]. 上海：上海古籍出版社，2010：301.
② 郭天相. 俄罗斯诗学研究 [M]. 郑州：河南大学出版社，1999：67.

表1-7　汉语词和俄语诗的韵脚疏密

韵脚密的词	韵脚疏的词	俄语诗的韵脚密度	韵式
西江月·三山作① 辛弃疾 贪数明朝重九（jiǔ）， 不知过了中秋（qiū）。 人生有得许多愁 （chóu）， 只有黄花如旧（jiù）。 万象亭中啑酒（jiǔ）， 九仙阁上扶头 （tóu）。 城鸦唤我醉归休 （xiū）， 细雨斜风时候 （hòu）。	水调歌头② 苏轼 明月几时有，把酒 问青天（tiān）。 不知天上宫阙，今 夕是何年（nián）。 我欲乘风归去，又 恐琼楼玉宇，高处 不胜寒。 起舞弄清影，何似 在人间（jiān）。 转朱阁，低绮户， 照无眠（mián）。 不应有恨，何事长 向别时圆（yuán）。 人有悲欢离合，月 有阴晴圆缺，此事 古难全（quán）。 但愿人长久，千里 共婵娟（juān）。	Чувство жизни③ Пастернак Б. Л. Существовать не тяжело. Жить – самоое простое дело. Зарделось солнце и взошло И теплотой пошло по телу. Со мной сегодня вечность вся. Вся даль веков без покрывала. Мир Божий только начался. Его в помине не бывало. Жизнь и бессмертие – одно. Будь благодарен высшим силам За приворотное вино, Бегущее огнем по жилам.	a b a b c d c d e f e f

　　表1-7中辛弃疾的《西江月·三山作》，每个句读末尾押了韵，属于韵脚密的。苏轼的《水调歌头》全词有19个句读，只押了7处韵，属于韵脚疏的。而俄语诗，除了自由诗外，是每行押韵的，只是韵脚排列的方式不同，如《Чувство жизни》。

　　3. 句中暗协

　　汉语词中句中暗协的只能是韵母（元音），声母（辅音）是不算做协韵方式的。俄语诗的句中暗协不仅可以是元音，也可以是辅音。俄语诗中的宽韵分为辅音相谐（аллитерация）和元音相谐（ассонанс）两种类型。

---

　　①　辛弃疾. 辛弃疾词集［M］. 上海：上海古籍出版社，2010：188.

　　②　苏轼. 苏轼词集［M］. 上海：上海古籍出版社，2014：49.

　　③　Фарберова Л. И. Поэзия-дело седых. Антология русской поэзии от Тредиаковского до наших дней［M］. Москва：Арт Хаус медиа，2011：385.

表 1-8　汉语词和俄语诗的句中暗协

汉语词的句中暗协	俄语诗的元音相谐	俄语诗的辅音相谐
1. 东篱把酒（jiǔ）黄昏后（hòu）① 　　　　　a　　　　　　　a 2. 才下眉头，却上心头② 　　　　a　　　　　a	1. Ночной порой в пустыне городской. ③ 2. Сыны снегов, сыны славян④	1. Густолистый, развесистый лес!⑤

对于汉语词和俄语诗，元音句中的暗协有两种方式：第一，句中字（词）和押韵字（词）的元音相同或相近。如酒（jiǔ）和后（hòu），порой 和 городской。第二，同字（词）重复。如眉头、心头的"头"，**Сыны** снегов, **сыны** славян 中的"**сыны**"。

汉语拼音可以没有声母（辅音），但必须有韵母（元音），两个声母（辅音）不能相拼，汉语词中不存在辅音相谐的条件，辅音相谐是俄语诗中特殊的谐音情况。

（二）韵式

俄语诗的韵式可以分为毗邻韵（aabb）、交错韵（abab）和环抱韵（abba）等类型。汉语词中也有很多韵脚密的词牌与上述三种押韵方式相近。

---

① 柯宝成. 李清照全集［M］. 武汉：崇文书局，2010：21.

② 柯宝成. 李清照全集［M］. 武汉：崇文书局，2010：16.

③ Фарберова Л. И. Поэзия-дело седых. Антология русской поэзии от Тредиаковского до наших дней［M］. Москва：Арт Хаус медиа，2011，158.

④ 殷涵. 莱蒙托夫诗文选［M］. 北京：商务印书馆，1983：4.

⑤ Калачева С. В. Стих и ритм［M］. Москва：Знание，1978：23.

1. 汉语词的韵式和俄语诗的毗邻韵

表 1 − 9 汉语词的韵式和俄语诗的毗邻韵对比

汉语词的韵式	韵式	俄语诗的毗邻韵	韵式
子夜歌① 李煜 寻春须是先春早（zǎo），	 a	Новое раздумье② Огарёв Н. П. Шибко мысль коренится в мозгу	 a
看花莫待花枝老（lǎo）。	a	Я ее позабыть не могу,	a
		Что привольнее было бы мне	b
缥色玉柔擎（qíng），	b	Умереть на родной стороне.	b
醅浮盏面清（qīng）。	b		
		Хоть в траве на речном берегу,	c
何妨频笑粲（càn），	c	Иль зимой на блестящем снегу…	c
禁苑春归晚（wǎn）。	c	Умирая, узнал бы я тут	d
		Старый , детский, любимый приют.	d
同醉与闲平（píng），	b	Все же старость трудна для меня,	e
诗随羯鼓成（chéng）。	b	Близость смерти видней день от дня,	e
		А уж надо по правде сказать	f
		Всё равно, где придись умирать.	f

　　李煜的《子夜歌》换了三次韵，首先是押了仄声（ɑo）韵，记作 a 韵；然后是押了平声（ing）韵，记作 b 韵；再是押了仄声（ɑn）韵，记作 c 韵；然后又押了平声（ing）韵，eng 算作 ing 韵的同韵，整首词韵脚的排列为 aabbccbb。俄语诗《Новое раздумье》每两行换一次韵，从表1 − 9 可以看出，韵脚的排列是 aabbccddeeff。

　　① 李煜. 李煜词集 [M]. 上海：上海古籍出版社，2014：57.
　　② Фарберова Л. И. Поэзия-дело седых. Антология русской поэзии от Тредиаковского до наших дней [M]. Москва：Арт Хаус медиа, 2011：163.

2. 汉语词的交错押韵和俄语诗的交错韵

表 1 - 10　汉语词的交错押韵和俄语诗的交错韵对比

汉语词的交错押韵	韵式	俄语诗的交错韵	韵式
钗头凤 唐婉		＊ ＊ ＊ Фет А. А.	
世情薄（bó），	a	Учись у них у дуба, у берёзы.	a
人情恶（è），	a	Кругом зима. Жестокая пора!	b
雨送黄昏花易落（luò）。	a	Напрасные на них застыли слезы,	a
晓风干（gān），	b	И треснула, сжимаяся, кора.	b
泪痕残（cán）。	b		
欲笺心事，			
独语斜阑（lán）。	b	Всё злей метель и с каждою минутой	c
难，难，难（nán）！	b	Сердито рвет последние листы,	d
		И за сердце хватает холод лютый;	c
人成各（gé），	a	Они стоят, молчат; молчи и ты!	d
今非昨（zuó），	a		
病魂常似秋千索（suǒ）。	a	Но верь весне. Ее промчится гений,	e
角声寒（hán），	b	Опять теплом и жизнию дыша.	f
夜阑珊（shān）。	b	Для ясных дней, для новых откровений	e
怕人询问，		Переболит скорбящая душа.	f
咽泪装欢（huān）。	b		
瞒，瞒，瞒（mán）！	b		

　　唐婉《钗头凤》上阕的韵脚排列为 aaabbbb，下阕的韵脚排列也是 aaabbbb，如果 A = aaa，B = bbbb，那么这两阕押韵方式为 ABAB，和费特 （Фет А. А.，1820—1892）俄语诗押的 abab，cdcd，efef 韵的交错方式相同，只是放大了篇幅。

3. 汉语词的环绕押韵和俄语诗的环抱韵

表 1 – 11　汉语词的环绕押韵和俄语诗的环抱韵对比

汉语词的环绕押韵	韵式	俄语诗的环抱韵	韵式
		* * * Тарковский А. А.	
定风波①		Тот жил и умер, та жи**ла**	a
苏轼		И умерла, и эти жи**ли**	b
莫听穿林打叶声（shēng）,	a	И умерли; к одной моги**ле**	b
何妨吟啸且徐行（xíng）。	a	Другая плотно прилег**ла**.	a
竹杖芒鞋轻胜马（mǎ）,	b		
谁怕（pà）?	b	Земля прозрачнее стек**ла**,	a
一蓑烟雨任平生（shēng）。	a	И видно в ней, кого уби**ли**	b
		И кто убил: на мертвой пы**ли**	b
料峭春风吹酒醒（xǐng）,	a	Горит печать добра и з**ла**.	a
微冷（lěng）,	a		
山头斜照却相迎（yíng）。	a	Поверх земли мятутся т**ени**	c
回首向来萧瑟处（chù）,	c	Сошедших в землю поколе**ний**;	c
归去（qù）,	c	Им не уйти бы ни**куда**	d
也无风雨也无晴（qíng）。	a	Из наших рук от само**суда**,	e
		Когда б такого же **суда**	e
		Не ждали мы невесть от**куда**.	d

苏轼的词《定风波》每一句都押了韵, 但不是只押一个韵。这首词分为上下两阕。上阕韵的排列为 aabba, a 韵环抱 b 韵; 下阕韵的排列为 aaacca, a 韵环抱 c 韵。塔尔科夫斯基（Тарковский А. А. , 1907—1989）的这首诗②是一首环抱韵的诗, 其韵式为: 第一段, abba; 第二段, abba; 第三段, ccdeed, 共有三处环抱韵。

虽然汉语词和俄语诗的韵式编排并不完全一样, 但不同韵脚环抱的原理是一样的, 同样是一种韵脚被另外一种韵脚包裹在里面, 形成环抱的模式。比如苏轼词的上阕韵 aabba 和塔尔科夫斯基诗的第一段的韵式 abba 就有很高的相似度。

---

①　苏轼. 苏轼词集［M］. 上海: 上海古籍出版社, 2014: 83.

②　Фарберова Л. И. Поэзия-дело седых. Антология русской поэзии от Тредиаковского до наших дней［M］. Москва: Арт Хаус медиа, 2011: 547.

二、诗律比较

（一）平仄和抑扬的概念

汉语词的词律和俄语诗的诗律似乎没有可比性。词律集成在词谱中，所以汉语词的词律就是词谱，而不是几条口诀或者规则。俄语诗的诗律是由诗步及其排列的规则组成的。如果继续细分，词谱之下的节奏要素——平仄和构成俄语诗格律的要素——抑扬在原理上相通。平仄和抑扬都记录了声音的变化，是构成格律的基本元素。

汉语词的平仄和声调有关。古代汉语有四种声调：平声、上声、去声、入声。"平仄"的"平"就是平声，"平仄"的"仄"就是上声、去声和入声。现代汉语也有四种声调：阴平（ˉ）、阳平（ˊ）、上声（ˇ）、去声（ˋ）。"平仄"的"平"对应阴平和阳平，"平仄"的"仄"对应上声和去声。在词谱中"平"用"—"标记，"仄"用"｜"标记。①

俄语诗的抑扬和重音有关。重读的音节为"扬"，非重读的音节为"抑"。"扬"用"–"标记，"抑"用"∪"标记。

---

① 本书汉语和俄语韵律标识如下："—"表示汉语词节奏的"平"；"｜"表示汉语词节奏的"仄"；"＋"表示汉语词节奏"可平可仄"；"∪"表示俄语诗节奏的"抑"；"–"表示俄语诗节奏的"扬"；"／"表示俄语诗步的分隔；"a，b，c，d……"标识汉语词和俄语诗的谐音韵；"м"标识俄语诗的阳韵；"ж"标识俄语诗的阴韵；"д"标识俄语诗的三重韵。

（二）平仄和抑扬在诗歌中的对照

表 1-12　汉语词的平仄和俄语诗的抑扬对比

汉语词的平仄	俄语诗的抑扬
点绛唇① 姜夔 燕雁无心，太湖西畔随云去。 Yàn yàn wú xīn, tài hú xī pàn suí yún qù。 丨 丨 — —, 丨 — — 丨 — — 丨 。 数峰清苦，商略黄昏雨。 Shù fēng qīng kǔ, shāng luè huáng hūn yǔ。 丨 — — 丨, — 丨 — — 丨 第四桥边，拟共天随住。 Dì sì qiáo biān, nǐ gòng tiān suí zhù。 丨 丨 — —, 丨 丨 — — 丨 今何许，凭栏怀古， Jīn hé xǔ, píng lán huái gǔ ， — — 丨, — — — 丨 残柳参差舞。 Cán liǔ cēn cī wǔ。 — 丨 — — 丨 。	Парус ② Лермонтов М. Ю. Белéет пáрус о/динóкий ∪ - / ∪ -/ ∪ ∪/ ∪ -/ ∪ В тумáне мóря голубóм… ∪ - / ∪ -/ ∪ ∪/ ∪ - Чтóищет он/ в странé/ далё/кой? - -/ ∪ -/∪ -/ ∪ -/ ∪ Чтó кинул он/ в краю/ роднóм? … - -/ ∪ -/ ∪ -/ ∪ - Игрáют вóлны - вéтер свú/щет, ∪ -/ ∪ -/ ∪ -/ ∪ -/ ∪ И мáчта гнёíтся и/ скрыпúíт… ∪ -/ ∪ -/ ∪ -/ ∪ - Увы́, / - он счá/стия /неú/щет ∪ -/ ∪ -/ ∪ ∪/ ∪ -/ ∪ И нé/ от счá/стия /бежúт! ∪ ∪/ ∪ -/ ∪ ∪/ ∪ - Под ним/ струя́/светлéй /лазý/ри, ∪ -/ ∪ -/ ∪ -/ ∪ -/ ∪ Над ним/ луч сóл/нца зо/лотóй… ∪ -/ ∪ -/ ∪ ∪/ ∪ - А он, /мятé/жный, прó/сит бý/ри, ∪ -/ ∪ -/ ∪ -/ ∪ -/ ∪ Как бý/дто в бý/рях есть /покóй! ∪ -/ ∪ -/ ∪ -/ ∪ -

从表 1-12 可以看出，无论是姜夔《点绛唇》的平仄，还是莱蒙托夫《Парус》的抑扬都是交替发生的，而且很少见 3 个以上连续的平或仄，抑或扬。用两种符号就可以把诗句的节奏标记出来，平仄和抑扬的排列规则相似。

---

① 姜夔. 姜夔词集［M］. 上海：上海古籍出版社，2010：27.
② 殷涵. 莱蒙托夫诗文选［M］. 北京：商务印书馆，1983：16.

三、诗行比较

汉语词的诗行特点是长短句，从一字句至十一字句不等。王力指出："从一字句到十一字句，平仄都有一定。词的句子，就平仄方面说，大致可分为律句、拗句两种。律句就是普通的诗句，例如仄仄平平仄，拗句就是古风式的句子，例如仄平平平仄。"① 如果把从一字句到十一字句的每一种句式都看作不同的诗步类型，而每一种诗步类型还有多种变体，那么汉语词的诗步类型就非常多。俄语的诗步类型常用的只有 7 种：扬抑格（хорей）、抑扬格（ямб）、抑扬抑格（амфибрахий）、扬抑抑格（дактиль）、抑抑扬格（анапест）、扬扬格（спондей）、抑抑格（пиррихий）。

1. 不完整诗步的诗行

俄语诗诗行末尾的诗步有三种形态：第一，完整诗步；第二，截短诗步；第三，加长诗步。这三种形态在同一首诗中往往会共存。截短诗步和加长诗步属于不完整诗步，这种完整诗步和不完整诗步共存也造成了长短不齐的诗句。例如：

Сыны́/снего́в, /сыны́/славя́н,
∪ -/∪ -/∪ -/∪ -
Заче́м /вы му́/жеством /упа́/ли?
∪ -/∪ -/ - -/∪ -/∪

这是莱蒙托夫《Новгород》(《诺夫戈罗德》) 的开头两句，第一句 8 个音节，第二句 9 个音节，第一句是完整的四诗步抑扬格（∪ -），第二句是加长型四诗步抑扬格（∪ -）。这种完整诗步和不完整诗步交错形成了音节数量不同、形态参差不齐的长短句。

2. 不同诗步的诗行交错

除了不完整诗步造成的长短句，不同类型的诗步交错使用也会造成长短句。《俄语诗律浅说》中写道："俄诗中一个诗行可容纳 1~8 个诗步，即有单步诗行、两步诗行、三步诗行、四步诗行……。在双音节格律中比

---

① 王力. 汉语诗律学：下 [M]. 北京：中华书局，2015：590.

较常见的是四步诗行、五步诗行和六步诗行。在三音节格律中比较常见的
是三步诗行和四步诗行。"① 诗步和音节数量有关联，双音节诗步中：四步
诗行有 8 个音节、五步诗行有 10 个音节、六步诗行有 12 个音节；三音节
诗行中：三步诗行有 9 个音节，四步诗行有 12 个音节。俄语诗常用的诗行
音节数在 2～12 个音节。汉语是单音节文字，1～11 字句就是 1～11 个音
节，汉语词的诗行音节数量为 1～11。如果俄语诗的诗步数量不同且诗行
诗步类型也不同，也会形成形态参差不齐的长短句。例如：

Русáлка ╱плылá по ╱рекé го╱лубóй,
∪ – ∪/∪ – ∪/∪ – ∪/∪ –

Озеря́╱ема пóл╱ной лунóй;
∪∪ –/∪∪ –/∪∪ –

И старáлась╱ онá до╱плеснýть до ╱луны́
∪ – ∪/∪ – ∪/∪ – ∪/∪ –

Серебри́╱стую пé╱ну волны́.
∪∪ –/∪∪ –/∪∪ –

以上是莱蒙托夫《 Русалка 》②（《美人鱼》）第一诗节，用了两种三诗
步格律，1、3 句是四诗步截短型抑扬抑格（амфибрахий），全句 11 个音
节。2、4 句是三诗步抑抑扬格（анапест），全句 9 个音节。从形态上来看
也是长短不齐的句子。

四、诗段比较

在诗段这一部分，汉语词和俄语诗的重点不一样。汉语词的诗段有专
门的名称，由 1～2 个诗段组成的称为"片"和"阕"，由 3～4 个诗段组
成的每段称为"叠"。汉语词的诗段结构不一定相同，虽然也有少数每个
诗段结构一样的词牌存在。

《俄罗斯诗学研究》中写道："诗节（строфа）又称诗段，是俄罗斯
诗歌中复杂的、富有节奏的单位，是周期循环的诗行的组合形式，是完整

---

① 张学增. 俄语诗律浅说 [M]. 北京：商务印书馆，1986：76.
② 殷涵. 莱蒙托夫诗文选 [M]. 北京：商务印书馆，1983：8.

的语调节奏整体，也是完整的句法部分。"① 因此，从诗节的定义来看，俄语诗诗节的语调、节奏、句法结构、诗行组合形式在同一首诗中必须一致，以期做到"周期循环"。俄语诗诗节按照诗行的组合形式可分为：两行诗节、三行诗节、四行诗节、五行诗节等。有种常用诗节行数达到十四行，这种十四行诗在俄语诗歌中有从欧洲传来的商籁体和奥涅金诗节两种格式。

汉语词的诗段中的句子数量由词谱规定，词牌不同诗段的结构也不同，由于词牌种类很多，因此汉语词的诗段的种类也很多。俄语诗的诗段主要依靠内含诗行的数量来分类，常用的诗段种类大约有十种。汉语词的诗段种类比俄语诗的诗段种类丰富。

在逐个分析了汉语词和俄语诗的诗歌基本要素之后，可以发现两者都是金字塔结构，自下而上是音节、韵脚、诗步、诗行、诗节、整首诗，此外还有汉语词的声调和俄语诗的重音。汉语词和俄语诗结构中越处于下层的构成元素，比如音节、韵脚、诗步、诗行等，在功能和使用机制上越相近。而且汉语词转换成俄语诗的难度并不会比汉语诗和曲的转换难度大。

第一，从音节数量上讲，近体诗的五言诗是五音节诗行，七言诗是七音节诗行。俄语诗常用诗行的音节数为 2~12，而汉语词的诗行音节数为 1~11。汉语词比汉语诗的诗行音节数更接近俄语诗的诗行音节数。汉语诗的诗行音节数远远少于俄语诗。

第二，从韵脚上讲，汉语的诗和曲一般不能换韵，近体诗还只能押平声韵，曲可以平仄声通押，但不能换韵。所以俄语中的毗邻韵、交错韵、环抱韵对诗和曲而言无法实现。词虽然不能和俄语诗的毗邻韵、交错韵、环抱韵等格式完全重合，但是词可以实现和毗邻韵、交错韵、环抱韵等韵式相同的押韵机制。

第三，从外形上讲，大部分俄语诗中诗行音节数量不相同，所以就音节数量而言，大部分俄语诗是长短句。按照汉语一字一音节来算，汉语词也是诗行音节数量不同的，本身别名就叫做长短句。所以从诗歌形态来分析，俄语诗的外形通常不整齐，汉语词的外形也不整齐。从诗行的外形来看，汉语词和俄语诗更趋向一致。

在汉俄语诗歌的转换中，音韵、形态和意义是最重要的三点。从音韵上讲，汉语词使用音节数量的幅度和俄语诗常用的音节数量最为接近，汉语词的韵式比起诗和曲也更接近俄语诗的韵式。汉语词的长短句形态则更

① 郭天相. 俄罗斯诗学研究 [M]. 郑州：河南大学出版社，1999：97.

接近俄语诗由于音节数量不一造成的长短不齐的形态。至于词汇意义转换，诗和词难度相当，所以汉语词转换成俄语诗没必要经过汉语诗这一形式来中转。诗和词在汉语诗歌中原本就是并立的，而且转换成俄语诗时，汉语诗也不会比汉语词容易。因此，没有必要把词当做诗一样来转换。

　　虽然词拥有词谱这样庞大精密的格式，具有本身独特个性，但是词仍然是诗歌体裁的一种，具有诗歌的基本特点。在韵脚和节奏层面，汉语诗歌和俄语诗歌有很多共通点。词虽然是汉语特有的诗歌体裁，但它的特点更接近俄语诗的特点，如长短句、韵式等。因此与汉语其他诗歌体裁相比，汉语词转换成俄语诗并不会更难。

第二章　汉语词在俄罗斯的译介情况考察

汉语诗歌中的诗与词自古以来就是并立的韵文双峰，词有别于诗是不争的事实。词在俄罗斯传播已有很长的时间，涌现了一批翻译词和研究词的专家。从 20 世纪 50 年代起，在翻译中国经典四大名著的译本中就有了对词的标志——词牌的翻译，后来又有著名词人别集的译本、历代词总集译本和专门研究诗和词区别的学术论著问世。在这些译本和论著中，俄罗斯汉学家们留下了对汉语特有诗歌体裁词的思考。

第一节　俄罗斯汉学界对词的认识和解释

一、词的俄语解释

1. 词最早的俄语释义

俄语中对词最早的释义出自 1959 年出版的《 Поэзия эпохи Сун 》（《宋代诗歌》）的前言部分："诗歌体裁词和音乐紧密相连，这种体裁的形式特点是由曲调决定的。作品的节奏、行数、每一行的字数都由音乐的曲调来决定。"①

这段话是 1959 年克立朝在《 Поэзия эпохи Сун 》（《宋代诗歌》）的前言中写的。克立朝是俄罗斯较早研究词的学者，也是"阿翰林"的弟子，同时也是 20 世纪 50 年代汉语经典翻译活动的领导者费德林的师弟。这段文字和徐师曾的《文体明辨》中的"调有定格，字有定数，韵有定音"②类似。上文所说的曲调就是词牌。

---

① Кривцов В. А. Поэзия эпохи Сун［М］. Москва：Художественная литература，1959：10.

② 吴丈蜀. 词学概说［М］. 北京：中华书局，2009：3.

　　2. 谢列布里亚科夫译王力词的定义

　　谢列布里亚科夫也是"阿翰林"的学生,他的《Китайская поэзия X-XI веков(жанры ши и цы)》(《中国十至十一世纪的诗歌——诗和词》)中有这样一段文字:"王力指出了诗歌体裁词的三个特点:作品中准确数量的字,不同长度的诗行和固定的平仄声调位序。"①

　　这段文字翻译了王力在《汉语诗律学》中总结的词的三个特点:①全篇固定的字数;②长短句;③律化的平仄。② 谢列布里亚科夫没有直译王力给词下的定义:"一种律化的、长短句的、固定字数的诗。"③ 而是翻译了和这个定义接近的词的三大特点。他的这本著作本来就是讨论诗和词的界限的,而王力是用诗来定义词,考虑到俄语的表达,为了避免产生歧义,在定义上做了上面的取舍是可以理解的。

二、词的种类

　　在俄语文献中词的种类有三种划分方式:一按长短,二按主题,三按段落。

　　1. 按长短

　　谢列布里亚科夫对按长短分类的方法用俄语做了说明:"小令这种字数少于58字的类别在公元 8—10 世纪产生,主要是唐五代时期,而中调(59~90字)和长调(超过90字)在宋朝时出现,长调稍晚于中调。"④

　　2. 按主题

　　俄罗斯汉学家并不按艺术风格——婉约或豪放、密或疏来区分词,而是按照题材和主题来区分,比如介绍王安石、苏轼、辛弃疾的词作时所说的历史、哲学、爱国主义等题材和主题;介绍柳永、李清照的词作是时所说的爱情、风景、浪漫主义等题材和主题。《Духовная культура Китая:энциклопедия в пяти томах》(《中国精神文化大典》)中对王安石的评价是:"王安石把历

---

　　① Серебряков Е. А. Китайская поэзия X-XI веков(жанры ши и цы)[M].Ленинград:Ленинградский университет,1979:15.

　　② 王力. 汉语诗律学:下[M]. 北京:中华书局,2015:538.

　　③ 王力. 汉语诗律学:下[M]. 北京:中华书局,2015:538.

　　④ Серебряков Е. А. Китайская поэзия X-XI веков(жанры ши и цы)[M].Ленинград:Ленинградский университет,1979:16.

史和哲学的新题材引入词中。"①

如果直译"婉约"和"豪放",俄罗斯读者很难理解这些抽象的概念。按照主题来分则是俄罗斯诗歌传统的分法,易于理解。

3. 按段落

按照分段的情况,词可以分为:单调(一段)、双调(两段)、三叠(三段)、四叠(四段)和叠韵(就是把双调的词用原韵再叠一倍)。段落译为俄语是"строфа",单调就是"одна строфа",双调就是"две строфы",以此类推。

三、词的起源

俄罗斯汉学家从社会发展的角度来阐述词的产生,在《 Духовная культура Китая: энциклопедия в пяти томах 》(《中国精神文化大典》)中对词的起源有这样的描述:"十世纪的唐朝,是儒家思想控制较弱的时代,为了表达个人生活尤其是私密的爱情经历的感受,找到了一种源于民歌的诗歌体裁,这种体裁对个人更有意义。当时词获得了作为体裁本身的独特个性:平仄声调位序的准确系统(词谱),取决于曲调的不同长度的诗行(长短句)。词本来是为了歌唱而存在的,几个世纪之后,曲调被丢失,没有音乐伴奏的文本保留了文学意义。"②

俄罗斯汉学家从宏观的时代背景出发,强调词这一文学体裁在那个"儒家思想控制较弱的时代"产生的必然性,指出词这一体裁的特点和时代的需求相关。确实如此,经过魏晋南北朝的民族大融合,隋唐的统治者也不是纯粹的汉族血统,儒家经典学说也没有被统治者重视到如后世般的程度,佛家和道家的学说也受到统治者的推崇,是中国历史上思想比较解放的时代。文学反映时代风貌,长短不拘、更适合抒情的词成了这一思想解放时代的诗歌新品种。

---

① Титаренко М. Л. Духовная культура Китая: энциклопедия в пяти томах [M]. Москва: Восточная литература Ран, 2008: 61.

② Титаренко М. Л. Духовная культура Китая: энциклопедия в пяти томах [M]. Москва: Восточная литература Ран, 2008: 58 – 59.

四、词的发展阶段

（一）词的萌芽

俄罗斯词翻译家巴斯曼诺夫在其收录词译作最多的译本集《Голос
яшмовой флейты. Из китайской классической поэзии в жанре цы》（《玉
笛声——中国历代词选》）和他在世出的最后一本译本集《Китайская
классическая поэзия. в переводах Михаила Басманова》（《中国古典诗
歌——米哈伊尔·巴斯曼诺夫译本集》）的序言中都有同样一段话："词逐
渐在文学界坐稳了位置。当时的诗歌泰斗李白、白居易等诗歌语词大师都
不吝笔墨加以尝试，尽管对于他们而言词还属于第二等的诗歌，市井勾栏
的小歌曲。"①

这段话和当时的时代背景是吻合的，虽然李白被认为是第一位词人，
但是他的词作和诗作相比，只不过是很小的一部分。白居易等人也是如
此，和他们的诗作相比，词作的分量微不足道。这就是词萌芽阶段的真实
状况。

（二）词的初立

俄罗斯汉学家谈论到词这一体裁，必谈《花间集》。《Духовная
культура Китая：энциклопедия в пяти томах》（《中国精神文化大典》）
对《花间集》和温庭筠有这样的评价："就词这一体裁而言第一个成功者
是温庭筠（约812—866）。温庭筠的词已经具备了最初的韵律和音乐的基
础。五朝（五代，907—960）的诗人们把温庭筠视为自己的老师。《花间
集》收录了他的66首词作绝非偶然。《花间集》编于公元940年，收录了
18位词人的500首词，这些词人大部分居于蜀地（现在的四川省）。"②

巴斯曼诺夫对温庭筠和《花间集》有这样的介绍："五代十国期间
（907—959），由于游牧民族的入侵和战乱，经济和商业的中心迁移到了南
方和东南方。就是在这些地方，词被认定为独立的诗歌体裁。第一批词作
是以'花间'的名字分册收集和出版的，主要叙述了贵族的传统、闺阁女

---

① Басманов М. И. Голос яшмовой флейты. Из китайской классической поэзии в
жанре цы［М］. Москва：Художественная литуратура，1988：6.

② Титаренко М. Л. Духовная культура Китая：энциклопедия в пяти томах［М］.
Москва：Восточная литература Ран，2008：59.

儿和爱人间的痛苦别离，以及令人愉快的宫苑旅行。这种诗歌离人民生活很远，是为了满足精英阶层的需要而创作的。晚唐的温庭筠被认为是花间词派的代表人物。他的诗风格优雅、熟练精湛且富于音乐性，被编者定为选择《花间集》其他作者的标准。"①

　　在诸多中国词学著作中，《花间集》的词作者首推"温韦"。温指的是温庭筠，韦指的是韦庄。谢列布里亚科夫是发表词研究文章最多的俄罗斯汉学家。关于《花间集》，谢列布里亚科夫在其专著《Китайская поэзия X-XI веков（жанры ши и цы）》（《中国十至十一世纪的诗歌——诗和词》）中花了整整一章来介绍。谢列布里亚科夫注意到了一些并不十分引人注目的事，1936年元新书局出版的《花间词人研究》统计了《花间集》中温庭筠词作和韦庄词作所用的文字及常用字的重复次数，以此来说明在词学界流传很广的"韦庄用字朴实易懂"的可靠程度。谢列布里亚科夫翻译了这一段并提出了自己的看法："在温庭筠的66篇词作中'花'字重复了33次，'金'字29次，'玉'字18次，'翠'字16次，'月'字18次，'凤'字9次，'钿'字5次，'鸳鸯'5次。而《花间集》中韦庄词作的常用字统计为：'花'字31次，'金'字22次，'玉'字15次，'翠'字10次，'月'字21次，'凤'字6次，'钿'字2次，'鸳鸯'2次。温庭筠共计用字2 471，韦庄共计用字2 082。以上所列字说明唐代作者对文本比值的主观感觉是明显错误的。两位作者的风格不能只靠统计他们诗歌中某些字词的选择来确定。"②

　　以上俄罗斯学者的观点可以体现出词在俄罗斯汉学界的研究程度。他们所研读的词学书籍已经到了相当专业和精细的层面。研究俄罗斯汉学家的汉学论著，首先要了解他们曾经阅读的汉语典籍。

（三）词的兴盛

1. 小令的兴盛

　　李煜被认为是推动令词发展的关键人物。关于李煜对词的发展的贡献，俄罗斯汉学家和中国词学家的认识一致。谢列布里亚科夫对南唐词非常重视，他的专著《Китайская поэзия X-XI веков（жанры ши и цы）》

---

　　①　Басманов М. И. Голос яшмовой флейты. Из китайской классической поэзии в жанре цы［M］. Москва：Художественная литература，1988：6.

　　②　Серебряков Е. А. Китайская поэзия X-XI веков（жанры ши и цы）［M］. Ленинград：Ленинградский университет，1979：23 – 24.

（《中国十至十一世纪的诗歌——诗和词》）总共有七章，讲到词的有四章，四章中有一整章是讲南唐词的。他如此评价李煜："天才词人李煜带给文学实践新的诗歌技术元素，拓宽了范围，用新的诗歌体裁再现了精神生活。"①

费德林如此评价李煜："顶级诗人李煜用富于思想性的内容使得词这一歌唱诗歌体裁达到了一个新的阶段，他能够在诗歌中展现自己丰富的生活经历。"②

2. 慢词的兴盛

关于词体的扩张，国内的词学家们认为有两个关键人物：柳永和苏轼。柳永和苏轼在词体扩张进程中的贡献不同，柳永的主要贡献在于扩张了词这一体裁的篇幅和音乐，使得词的字数更多，曲调更加丰富。而苏轼则致力于扩张词所描写的主题，使得词像诗一样题材广阔。

俄罗斯的汉学家也是以人物为线索来进行研究的。巴斯曼诺夫是这样评价柳永的："柳永（980—1053）在辉煌的北宋诗坛拥有独特的地位，就其生活方式和作品特点而言更趋近于社会底层。与晏殊、欧阳修和范仲淹这些宫廷贵族阶层（士大夫阶层）不同，他经常与音乐家及歌手合作，按照他们的预订填词。柳永用口语化的语言描写个人的日常和感情琐事，使得词回归到原有的大众化民歌风格。他以一种新型词体——慢词或长词的创建者身份进入了中国诗歌史，比起小令，慢词赋予了词本身更自由的表达的可能性。"③

巴斯曼诺夫分别从柳永词的内容取向、语言风格和历史地位三个方面对柳永词进行了评价。这个评价是在阅读了大量史料的基础上完成的，又从西方文化的视角出发，准确又令人耳目一新。

《Духовная культура Китая：энциклопедия в пяти томах》（《中国精神文化大典》）中关于柳永有这样的说明："欧阳修和柳永一起开创了中调（59～90 字）和长调（大部分作品在 90 字以上）。在遭受了科举考试失败之后，柳永成为风月佳人的密友。他的词歌颂无视社会等级的爱情、自由

---

① Серебряков Е. А. Китайская поэзия X-XI веков（жанры ши и цы）［M］. Ленинград：Ленинградский университет，1979：23 – 24.

② Федоренко Н. Т. Китайская классическая поэзия［M］. Мослва：Художественная литература，1956：27.

③ Басманов М. И. Голос яшмовой флейты. Из китайской классической поэзии в жанре цы［M］. Москва：Художественная литурата，1988：7 – 8.

的感觉和天授的幸福，甚至面对离别和羁旅他也不觉得孤单，把旅途的景象和回忆珍藏在内心。城市的生活首先进入了柳永的词：富贾商贩、寺庙僧侣、花苑园林、节日游行、来往行人——现实图景的画卷。柳永的词得到了广泛的流行。12 世纪的文学家曾证言，'有村镇处有柳词'。"①

俄罗斯汉学家对柳永词的内容取向做了分析，并对柳永词的传播效果做了描述。俄罗斯汉学家对柳永的慢词研究较多，对慢词同样有较大贡献的张先则少有人关注。诗的研究也有同样的情况，研究李白、杜甫、白居易、陶渊明的很多，而有些诗人却无人问津，俄罗斯汉学家对中国诗人关注不均衡是客观存在的。

3. 词体的突破

俄罗斯的汉学家认为除了苏轼之外，王安石也是欧阳修之后推动词发展的重要人物。《 Поэзия эпохи Сун 》（《宋代诗歌》）中这样写道："欧阳修的后继者中有两个学者——著名的政治家王安石和诗人苏东坡（苏轼）。"②

中国的词史、韵文史、诗歌史鲜少有人提及王安石对词体突破的贡献。王安石的变法触动了封建地主阶级的利益，引起了颇多争议。王安石的政治对头有很多是当时的文学泰斗，比如苏轼。俄罗斯汉学家对王安石的评价直接来自他的作品。同为唐宋八大家，同是政治历史题材入诗词，王安石的词作和苏轼的词作很难区分高下，只是数量上王安石的词作比苏轼的少很多。一个有趣的现象是，王安石的研究在俄罗斯颇为引人注目，迄今能收集到的唯一一篇单个词人作品的赏析是谢列布里亚科夫的《 Поэтические произведения Ван Аньши （1021 – 1086）в жанре цы 》（《王安石词作》）③，《 Духовная культура Китая：энциклопедия в пяти томах 》（《中国精神文化大典》）中也有一段对王安石的介绍："王安石把历史和哲学的新题材导入词中，围绕佛教思想、专门词汇和术语，致力于发展中调和长调。留给我们1 300首诗和 30 首词。"④ 接下来对苏轼也有一段概

①　Титаренко М. Л. Духовная культура Китая：энциклопедия в пяти томах ［М］. Москва：Восточная литература Ран，2008：61.

②　Кривцов В. А. Поэзия эпохи Сун ［М］. Москва：Художественная литература，1959：14.

③　Серебряков Е. А. Поэтические произведения Ван Аньши （1021 – 1086）в жанре цы ［J］. Ленинград：Востоковедение，1980（7）：127 – 138.

④　Титаренко М. Л. Духовная культура Китая：энциклопедия в пяти томах ［М］. Москва：Восточная литература Ран，2008：61.

述："苏轼为丰富诗和词的题材做了大量的工作并且树立了众多难忘的形象。巨大的天赋、丰富的从政经验，深入的母语文化知识诠释了苏轼诗歌作品中触手可及的轻灵。他的文学遗产由 4 000 首诗和超过 300 首词构成。他的诗歌中就社会题材所表现出来的刚直不阿说明了他对古代儒学思想的偏爱。"①

俄罗斯汉学家关于王安石的研究十分有意义。中国学者很少提及王安石在词体扩张进程中的贡献，而俄罗斯的汉学家就文学论文学，评价直接来自文本，避免了文本以外其他信息的干扰。中国古典诗词的外译，也给我国古典诗词的研究增添了新的视角。

针对词的发展，克立朝对苏轼有这样的评价："苏轼拓宽了诗歌创作的体裁范围，丰富了词的作品内容，他把自己的思想和感情投入这一体裁，使得它突破了音乐形式的限制，不再像浪漫曲小调，而是常规的诗歌体裁。"②

巴斯曼诺夫对苏轼的介绍是："苏轼的文学遗产十分丰富，但是带给他最大声誉的是词。苏轼被认为是不拘泥于曲调风格的开创者。如果说柳永扩张了词在纯风景和私密抒情诗领域的边界，那么苏轼则摧毁了这个边界，因为浪漫主义的热情和深刻的思想，哲学家和政治活动家等形式纷纭的题材并不互相干扰。可以根据一位现代诗人的话来区分柳永词和苏轼词：柳永的词要不满十七岁的姑娘，伴着象牙板敲出来的节奏歌唱'杨柳岸晓风残月'，而苏轼的词则需要健硕的大汉伴着锣鼓来唱'大江东去'。"③

上面对柳永词和苏轼词的评价翻译了"柳郎中词只合十七八岁女郎，执红牙板，歌'杨柳岸晓风残月'。学士词须关西大汉，铜琵琶、铁绰板，唱'大江东去'"。这句名言出自南宋俞文豹的《吹剑续录》④，巴斯曼诺夫的"根据一位现代诗人的话"可能和阅读书籍的版本有关，他可能读到的是王国维的《人间词话》，有些版本确实没有标明话语的出处。但巴斯曼诺夫所做的评点——"如果说柳永扩张了词在纯风景和私密抒情诗领域

① Титаренко М. Л. Духовная культура Китая：энциклопедия в пяти томах ［М］. Москва：Восточная литература Ран，2008：61.

② Кривцов В. А. Поэзия эпохи Сун ［М］. Москва：Художественная литература，1959：18.

③ Басманов М. И. Голос яшмовой флейты. Из китайской классической поэзии в жанре цы ［М］. Москва：Художественная литература，1988：8.

④ 吴熊和. 唐宋词通论 ［М］. 上海：上海古籍出版社，2010：206.

的边界，那么苏轼则摧毁了这个边界"，十分精当。

（四）词的巅峰

龙榆生指出："自苏轼与柳永分道扬镳，而词家遂有'别派''当行'之目"，"收北宋'当行'词家之局，而以'婉约'著称者，为女词人李清照"，"藉'横放杰出'之歌词，以一泄其抑塞磊落不平之气，悲歌当哭，郁勃苍凉"，"并有关怀国家，表现民族精神之作品，而辛弃疾为之魁"。① 这段话指出自苏轼和柳永之后，词分为"别派"和"当行"，"当行"指的是婉约派，因为从《花间词》开始就是婉约风格，"当行"有"本行"的意思，也就是说词最开始的风格是婉约的，而"别派"是后起的，指的是"豪放派"。婉约词里成就最高的是李清照，"豪放派"则是辛弃疾成就最高。

巴斯曼诺夫致力于词的俄译，翻译了两位词家的别集，即李清照和辛弃疾的词集。这绝对不是偶然的选择，可见他对词的发展历史十分了解。李清照和辛弃疾是词的巅峰时期的代表人物。

巴斯曼诺夫对李清照词的特点描述为："她加强了词中所含有的受曲调约束的所有特性。"② 并且给予李清照极高的评价："李清照的诗歌日臻完善，一些研究者把这位女诗人和'诗仙'李白相比不是偶然的。"③

李白的作品在俄罗斯拥有丰富的译本，在莫斯科的旧书市场，李白是书商所熟悉的，很快就能为读者提供很多不同版本的译本供选择，知名度很高。一些俄罗斯研究者把李清照和李白相比，证明李清照在俄罗斯也有很高的知名度。

巴斯曼诺夫对辛弃疾的词有这样的评述："辛弃疾的大部分诗歌是由哲学的、风景的和爱情的抒情诗构成。他的诗歌充满了公民意义并且在最大程度上使韵律和历史、爱国主义的主题相适应。以卓越的表达和思想的深度著称。没有谁比诗人刘克庄更能准确概括辛弃疾的作品：'他的诗作响亮处如雷鸣般的鼓声一样，温柔处像小铃铛叮当作响，诗歌的力量震撼

---

① 龙榆生. 中国韵文史［M］. 上海：上海古籍出版社，2010：89－93.

② Басманов М. И. Голос яшмовой флейты. Из китайской классической поэзии в жанре цы［M］. Москва：Художественная литература，，1988：8.

③ Басманов М. И. Голос яшмовой флейты. Из китайской классической поэзии в жанре цы［M］. Москва：Художественная литература，，1988：8.

世界，并且影响力达到永恒。'"① 这一评述是翻译了刘克庄的："公所作大声镗鞳，小声铿鍧，横绝六合，扫空万古。"② 这句传诵千年的评语用俄语诠释出来让人耳目一新。

五、词的特点

词和诗并立于世，有其独特之处，叶嘉莹的《词之美感特质的形成与演进》③ 专门论述了词的特点的形成和发展阶段。俄罗斯汉学家对词的特点也有很多思考。

（一）内容特点

《История китайской классической литературы с древности и до XIII века：поэзия，проза》（《中国古典文学史从远古至13世纪：诗歌、散文》）中对词的特点有这样的说明："词的唯一特点就是'诗歌的自我'表达，在本质上不再承担原先由部分诗歌承担的非标准的行为规范的任务。"④

这段话可以理解为：诗言志，以一种非标准的方式承担了宣传道德规范的任务，而词缘情，致力于自我的表达。

关于词的内容取向，俄罗斯的汉学家这样描述："起先人们认为词这种体裁只适合在休闲娱乐的时候来表达，然而它逐渐拓宽了表达的可能性，千百年来和诗一起主导着诗坛。"⑤

以上俄罗斯汉学家的观点触及了词内容取向的发展演变，一开始词的功能是"休闲娱乐"，后来题材被拓宽了。词和诗一起主导着诗坛意味着词具有自身的不同于诗的内容特点。此处只是未点明具体是何特点。

---

①　Басманов М. И. Голос яшмовой флейты. Из китайской классической поэзии в жанре цы ［M］. Москва：Художественная литература,，1988：9 - 10.

②　龙榆生. 中国韵文史 ［M］. 上海：上海古籍出版社，2002：99.

③　叶嘉莹. 词之美感特质的形成与演进 ［M］. 北京：北京大学出版社，2007.

④　Алимов И. А.，Кравцова М. Е. История китайской классической литературы с древности и до XIII века：поэзия，проза ［M］. Санкт-Петербург：Петербургское Востоковедение，2014：1004.

⑤　Титаренко М. Л. Духовная культура Китая：энциклопедия в пяти томах ［M］. Москва：Восточная литература Ран，2008：59.

（二）形式特点

俄罗斯汉学家认为："词具有自己的体裁特点：精确的平仄声调系统，取决于曲调的任意长短的诗行。"① 句中"精确的平仄声调系统"对应了"词谱"，"取决于曲调的任意长短的诗行"对应了"长短句句式"。

1. 长短句

关于长短句，谢列布里亚科夫有这样的说明："诗行的字数从二到十一个不等，平行对称相对词而言并不是必需的，如何使用取决于作者的思想。"②

关于长短句，王力在《汉语诗律学》中讨论了从一字句至十一字句的平仄。③ 谢列布里亚科夫说的从二到十一字句出处待考证。句式如何编排也不是取决于作者的思想，而是取决于词谱。俄罗斯汉学家接触到的中国词学典籍很多，有些话的出处需要仔细考证。

谢列布里亚科夫指出："文艺学中诗歌体裁的研究在俄罗斯是有争议的，而关于中世纪中国文学的话题则有更多的困难。"④

汉语诗歌体裁的研究在俄罗斯颇有争议，而聚焦到词上面，则有诸多的理解问题和表述障碍。因此以汉语为母语的学者参加俄罗斯词的研究很有必要。

2. 词牌

在俄语中，词牌被翻译成"мотив"和"мелодия"，早期的词译本把词牌译成"мотив"，但是在研究性的文章中，基本译成"мелодия"。克立朝关于词牌有这样的论述："词是和音乐紧密相连的体裁，这种体裁的特性是由曲调的性质决定的。因此，每一诗行的字数、行数和作品的节奏都由音乐曲调决定。"⑤

这段话出自 1959 年出版的《 Поэзия эпохи Сун 》（《宋代诗歌》）的序

---

① Титаренко М. Л. Духовная культура Китая：энциклопедия в пяти томах［M］. Москва：Восточная литература Ран，2008：58 – 59.

② Серебряков Е. А. Китайская поэзия X-XI веков（жанры ши и цы）［M］. Ленинград：Ленинградский университет，1979：15 – 16.

③ 王力. 汉语诗律学：下［M］. 北京：中华书局，2015：593.

④ Серебряков Е. А. Китайская поэзия X-XI веков（жанры ши и цы）［M］. Ленинград：Ленинградский университет，1979：3.

⑤ Кривцов В. А. Поэзия эпохи Сун［M］. Москва：Художественная литература，1959：10.

言，可见词牌被译作"мелодия"由来已久。

3. 词谱

俄语中是否有"词谱"这个名称和概念呢？关于词谱的来历和作用，谢列布里亚科夫有这样一段说明："作者们有时候先编曲，然后按照曲子写词，有时候就使用已经出名的曲调来编写文本。几百年过去了，音乐的曲调丢失了，而词体的诗却按照精炼的词谱来填写，这些词谱记录了诗行的数量、诗歌的篇幅、句子押韵的特点。直到此时词的诗歌文本才具有了独自的意义和独特的魅力。"①

谢列布里亚科夫把"词谱"译作"ритмико-мелодическая схема"（韵律—曲调的图谱），并且认为有了词谱，词这一诗歌体裁才得以确立。

4. 片、阕、叠

谢列布里亚科夫关于词的段落有这样的说明："作品通常由两个诗节构成，但有时也有三个和四个诗节的。分为两个部分是使用最广的形式，就诗行的数量、次序和篇幅而言的确如此。"②

"片""阕"和"叠"在俄语中都译为"строфа"（诗节）。

（三）修辞特点

陈望道指出：修辞和语言的关系主要表现在两方面：①修辞可利用的是语言文字的习惯及体裁形式的遗产，就是语言文字的一切可能性；②修辞须适合的是题旨和情境。③ 由于汉语和俄语属于不同的语系，因此可利用的语言文字习惯及体裁形式都是完全不同的，但是修辞服务的题旨和情境是可以对比讨论的。谢列布里亚科夫在分析温庭筠的词作时有这样一段关于题旨和情境的论述："温庭筠的词具有温柔的外在表现力的特点。他的作品致力于使用极尽修饰的诗歌语言创造美的情境，表达诗歌女主人和她身边器物独特的极其精致的美。"④

以上这段话或许就是汉语修辞手法"比兴"的俄语式理解。

---

① Серебряков Е. А. Китайская поэзия X-XI веков（жанры ши и цы）［М］. Ленинград：Ленинградский университет，1979：9.

② Серебряков Е. А. Китайская поэзия X-XI веков（жанры ши и цы）［М］. Ленинград：Ленинградский университет，1979：9.

③ 陈望道. 修辞学发凡［М］. 上海：复旦大学出版社，2012：6.

④ Серебряков Е. А. Китайская поэзия X-XI веков（жанры ши и цы）［М］. Ленинград：Ленинградский университет，1979：20.

六、诗词之界

1. 协乐性

关于词和音乐的关系，俄罗斯学者很早就注意到了。克立朝有一段精彩的论述："词和音乐决定性的联系给了一个理由，使得一些研究者认为词是中世纪中国独特的浪漫曲。"①

"романс（浪漫曲）"是欧洲的协乐诗歌体裁，后来划归音乐体系。为了论证词和音乐的关系，克立朝还列举了以下事实："有趣的是，很多杰出的词人，同时也是当时的大音乐家和音乐理论家，比如柳永、周邦彦、姜夔等。"②

以上这段话出自 1959 年克立朝出版的《Поэзия эпохи Сун》（《宋代诗歌》）的前言。说明苏联早在 20 世纪 50 年代的翻译运动中就已经注意到词和音乐的关系，并且开始寻找俄语中类似的体裁。

2. 声韵

俄罗斯汉学家谢列布里亚科夫在他的专著中花了大量的篇幅来讨论诗和词的声韵，以及诗行平仄的排列。平仄声韵系统以古汉语为基础，把这样一套系统介绍过去已经是中俄文化交流中很重大的一步。谢列布里亚科夫对平仄有这样的描述："在诗歌实践中音节词主要分为平声和仄声，仄声由'上声''去声'和'入声'组成。"③

接着他进一步讨论了词的声韵有别于诗的声韵的方面："词可以用平韵，也可以用仄韵。在一首词中有不同声调的韵是很常见的。和古体诗的区别在于韵的顺序和声调的选择，古体诗是自由的，而在词作中，韵的位置和声调取决于和这种或那种曲调相适应的严谨的词谱。甚至和近体诗相比，词的诗行的字数和平仄声调的顺序更加严苛。当然，有的时候部分字可以改变声调，但必须是词谱注明的。最早按照曲调写成的词作被用来作

---

① Кривцов В. А. Поэзия эпохи Сун［М］. Москва：Художественная литература，1959：11.

② Кривцов В. А. Поэзия эпохи Сун［М］. Москва：Художественная литература，1959：11.

③ Серебряков Е. А. Китайская поэзия X-XI веков（жанры ши и цы）［М］. Ленинград：Ленинградский университет，1979：11.

为平仄声调顺序的样板，不能确定的时候就会更加个性化。"①

这段话指明了词谱的功能，声韵、句式都必须是词谱注明的，而词谱来源于早期的词作。这和汉语词学著作中的描述是一致的。

3. 语言

关于词的语言口语化的原因，俄罗斯学者也有所涉及。克立朝有这样的论述："词拥有民间口语化的起源。劳动歌曲很有可能在词的形成中发挥了重要作用。一些词牌的名称就基于这一思路，比如著名的词牌《浪淘沙》《渔父》《采桑子》等——可以想见它们在劳动人民之间产生——渔夫、农民和淘金工人。"② 由此可见，俄罗斯学者认为词起源于民间歌谣，所以使用口语化的语言。

七、词曲之界

《 Духовная культура Китая：энциклопедия в пяти томах 》（《中国精神文化大典》）指出了散曲和词的区别："散曲和词的区别在于能够不按定制增加字数并且往往使用口语词汇。散曲用来排韵和平仄的系统已经是改变了的音韵系统，这个系统是按照当时口语的发音来统计的。散曲也不必遵守诗和词所使用的语法结构，而是广泛地使用口语中的语气助词，使得文本更加具有表现力和贴近自然。"③

以上俄语学者的观点和王易在《中国词曲史》中的观点几乎是一致的。从体制上讲，散曲比词要灵活得多，可以增减字数，不按成例。从音律上讲，散曲的音律遵守的是新的音韵系统，和口语相连，所以繁复，如词的声调遵循的是《唐韵》中的"平上去入"四声，而曲的声调遵循的是北方方言《中原音韵》中的"阴平、阳平、上声、去声"四声。从风格上来讲，散曲属于俚俗口语风格，注重表现力和听众效果，追求大众的品位，不如词高雅。

俄罗斯的词学研究十分全面，吸收了近百年来中国词学研究的成果。

---

① Серебряков Е. А. Китайская поэзия X-XI веков（жанры ши и цы）[М]. Ленинград：Ленинградский университет，1979：15.

② Кривцов В. А. Поэзия эпохи Сун [М]. Москва：Художественная литература，1959：10.

③ Титаренко М. Л. Духовная культура Китая：энциклопедия в пяти томах [М]. Москва：Восточная литература Ран，2008：65–66.

且从西方的文化视角进行评价，令人耳目一新，却又有根有据。

第二节　俄罗斯译词成果概览

一、译本的原作分类

词译本的原文主要分布在古典小说、古代的词籍中。吴熊和在《唐宋词通论》中写道："《四库全书总目》卷一九八集部词曲类，将词籍分为五类：曰别集，曰总集，曰词话，曰词谱，曰词韵。按宋人词籍，尚有丛刻汇刊一类，首当列出。"① 词籍中属于译本原文来源的是总集、别集和丛刻。

关于总集，吴熊和写道："重要的总集，为词开宗传派，影响甚巨。《花间集》宋时被视为'近世倚声填词之祖'。它与《草堂诗余》在明时同是学词的入门之书。即使是名家词，亦往往因载入总集而流传更广。中小词家则更依赖总集而其名其词得以传世。总集的这种作用，不是一般别集所能替代的。"② 总集通常是词集编辑成书之前时代的词的合集，一般由名家操办，印刷精美，所以流传很广，影响力大。

别集是词人的专集。如冯延己的《阳春集》、苏东坡的《东坡乐府》、柳永的《乐章集》、李清照的《漱玉词》、辛弃疾的《稼轩长短句》等。

丛刻即"刻板印刷的丛书"，多为风格相近的数位词家或者同一时代的词家的作品的合集，不像总集那么选择严谨。《唐宋词通论》有记载："陶湘谓：'意当时欲汇为总集，而搜采名流，颇有甄择，非如长沙《百家词》欲富其布帙，多有滥吹者。'这或许是闽刻的《琴趣外篇》有别于长沙《百家词》的地方。"③《百家词》是丛刻的代表作品，被指为"多有滥吹者"。可见丛刻和总集的差异。丛刻一般为某个朝代或某个群体的词作选集。

---

① 吴熊和. 唐宋词通论［M］. 上海：上海古籍出版社，2010：315.
② 吴熊和. 唐宋词通论［M］. 上海：上海古籍出版社，2010：323.
③ 吴熊和. 唐宋词通论［M］. 上海：上海古籍出版社，2010：322.

二、词译作概览

(一) 文学经典中的词译作

1. 《 Троецарствие 》 (《三国演义》)

《 Троецарствие 》 (《三国演义》) 有两个不同版本, 1954 年版①和 1984 年版②, 译者都是帕纳秀克 (Панасюк В. А. , 1924—1990)。最近三年出版的四大名著俄译本都是 20 世纪 50 年代版本的复制版。李福清 (Рифтин Б. Л. , 1932—2012) 在 1984 年版的序言中讲道: "1954 年版是根据毛宗岗的注评本翻译的, 而 1984 年版是 1954 年版的缩写版。"③ 因此 1954 年版的《 Троецарствие 》 (《三国演义》) 中的诗歌比 1984 年版的完整。很多诗歌包括卷首词, 在 1984 年版中都没有出现, 有的被缩略成片段, 不复诗歌原有的规模。目前找到的最早的俄译词是 1954 年版 《 Троецарствие 》 (《三国演义》) 的卷首词。这首《临江仙》出自明朝杨慎《二十五史弹词辑注》卷三④, 以及第八回中的《浣溪沙·貂蝉》⑤。这两首词都没有译词牌名。写貂蝉的词在《三国演义》原著中写的是 "有词赞之曰"。⑥ "有词赞之曰" 被译为 "в таких стихах"。

2. 《 Речные заводи 》 (《水浒传》)

《水浒传》也有两个译本, 1955 年版的《 Речные заводи 》 (《水浒传》) 以金圣叹注评本为原本, 除了卷首的楔子外, 被翻译了七十回, 加上楔子实际上共计七十一章节。⑦ 1959 年版的《 Речные заводи 》 (《水浒传》) 以 1954 年北京作家出版社出版的版本为原本, 作家出版社的《水浒传》也是在金圣叹注评本的基础上整理修订的, 由于当时的政治原因做了

① Панасюк В. А. Троецарствие [M]. Москва: Краснопролетарий, 1954.

② Панасюк В. А. Троецарствие [M]. Москва: Художественная литература, 1984.

③ Панасюк В. А. Троецарствие [M]. Москва: Художественная литература, 1984: 19.

④ 杨慎. 二十五史弹词辑注 [M]. 孙德威, 辑注. 北京: 中国华侨出版社, 2015: 45.

⑤ 郑铁生. 三国演义诗词鉴赏 [M]. 北京: 新华出版社, 2013: 20.

⑥ 罗贯中. 三国演义 [M]. 毛纶, 毛宗岗, 点评. 北京: 中华书局, 2009: 41.

⑦ Рогачев А. П. Речные заводи Т. 1. [M]. Москва: Художественная литература, 1955: 2.

有倾向性的修改。这两个版本的原版并不相同，所以译本也不相同。2008
年版的《Речные заводи》（《水浒传》）是 1959 年版的复制版①，1959 年
版和 2008 年版的译本都把楔子作为第一章，第七十回于是成了第七十一
章。两个译本的译者都是罗加乔夫［Рогачев А. П.，罗高寿（汉语名），
1900—1981］。这两个译本的原本都是以金圣叹注评本（七十回）为基础
的，而不是一百回和一百二十回的版本。

　　《水浒传诗词赏析》中有 14 首描写梁山好汉的词取自一百回的版本。
七十回金圣叹注评本《水浒传》没有包含这 14 首词。只有引首词和第三
十回苏东坡的《水调歌头》。而罗高寿的两个译本都没有翻译引首词，只
翻译了苏东坡的《水调歌头》，分别在 1955 年版《Речные заводи》（《水
浒传》）的卷一第 443 页和 2008 年版《Речные заводи》（《水浒传》）的卷
一第 484 页。它们是两个不同的译本，但都没有翻译词牌名，两个译本中
的《水调歌头》用了同样一句话来引出：“Это была песня，посвященная
осеннему празднику（这是一首献给中秋节的歌曲）。”

　　3. 《Сон в красном тереме》（《红楼梦》）

　　1958 年版的《Сон в красном тереме》（《红楼梦》）和 1995 年版的《
Сон в красном тереме》（《红楼梦》）是两个不同的版本，小说部分由帕
纳秀克翻译，而诗歌部分，1958 年版的由孟列夫翻译，1995 年版的由戈鲁
别夫翻译，2014 年版的《Сон в красном тереме》（《红楼梦》）是 1958 年
版的复制版，只是序言部分不同。因此，《红楼梦》的词实际上只有两个
不同的译本。

　　通过和《红楼梦》原文对比，并参考《红楼梦诗词曲赋全解》，两个译
本各翻译了 9 首词作，分别是第三回中两首“嘲贾宝玉”的《西江月》，第
七十回中的 5 首“柳絮词”和第八十九回中的两首“悼晴雯”的《望江
南》。2014 年版《Сон в красном тереме》（《红楼梦》）第七十回中有 5 首
词，词牌名分别译为：史湘云的《如梦令》—мотив《Мне словно снится》
（意译法），贾探春、贾宝玉的《南柯子》—мотив《Правитель Нанькэ》
（意译法），林黛玉的《唐多令》—мотив《Тандолин》（音译法），薛宝琴
的《西江月》—мотив《Луна над Западной рекой》（意译法），薛宝钗的
《临江仙》—мотив《Бессмертный из Линьцзяна》（意译法）。② 1995 年版

---

　　① 　Рогачев А. П. Речные заводи Т. 2.［М］. Москва：Эннеагон Пресс，2008：683.

　　② 　Панасюк В. А.，Меньшиков Л. Н. Сон в красном тереме Т. 1.［М］. Санкт-
Петербург：Наука，2014：177 – 181.

的词作译文虽然和 2014 年版（1958 年版）的不同，但是词牌翻译的方法是一样的。

在 1958 年版的《Сон в красном тереме》（《红楼梦》）译本中，词的译法较之 1954 年版的《Троецарствие》（《三国演义》）中词的译本有了较大的进步，首先是翻译了词牌名，且词牌名有了两种译法：意译法和音译法。注明了词这种诗歌体裁受曲调（мотив）的影响。《红楼梦》原著中没有注明词牌名的词，比如第八十九回悼念晴雯的词《望江南·祝祭晴雯二首》①，《红楼梦》原著上注明为词，但是未标明词牌，1958 年版《Сон в красном тереме》（《红楼梦》）和 1995 年版《Сон в красном тереме》（《红楼梦》）的译文都译为"стихи"。从《三国演义》和《红楼梦》的译本来看，如果原著中不注明词牌，那么译者也不会主动对诗和词加以区分。

4. 《Путешествие на запад》（《西游记》）

1959 年，罗高寿和科洛科洛夫（Колоколов В. С.，1896—1979）翻译了《Путешествие на запад》②（《西游记》），诗歌部分由阿达利思（Адалис А. Е.，1900—1969）和戈鲁别夫翻译。通过和《西游记》原著以及《西游记诗词赏析》比较对照，《Путешествие на запад》（《西游记》）中共翻译了 23 首词作，分别是：《满庭芳·观棋柯烂》（第一回）；《蝶恋花·烟波万里扁舟小》（第十回）；《蝶恋花·云林一段松花满》（第十回）；《鹧鸪天·仙乡水云足生涯》（第十回）；《鹧鸪天·崔巍峻岭接天涯》（第十回）；《天仙子·一叶小舟随所寓》（第十回）；《天仙子·茅舍数椽山下盖》（第十回）；《西江月·红蓼花繁映月》（第十回）；《西江月·败叶枯藤满路》（第十回）；《临江仙·潮落旋移孤艇去》（第十回）；《临江仙·苍径秋高拽斧去》（第十回）；《天仙子·数村木落芦花碎》（第十三回）；《西江月·焰焰斜晖返照》（第十四回）；《天仙子·霜凋红叶千林瘦》（第十四回）；《秋波媚·轻风吹柳绿如丝》（第三十二回）；《西江月·彩画雕栏狼狈》（第三十八回）；《西江月·巧石山峰俱倒》（第三十八回）；《西江月·善恶一时忘念》（第四十一回）；《西江月·磕额金睛幌亮》（第四十四回）；《南柯子·心地频频扫》（第五十回）；《西江月·德行要修八百》（第五十三回）；《西江月·头裹团花手帕》（第五十九回）；

---

① 蔡义江. 红楼梦诗词曲赋全解［M］. 上海：复旦大学出版社，2014：234.

② Рогачев А. П.，Колоколов В. С.，Адалис А. Е.，Голубев. И. С. Путешествие на запад Т. 1.［M］. Москва：Художественная литература，1959.

《西江月·起念断然有爱》（第九十三回）。这些词全部被翻译成了俄语，除了第十回的 10 首词音译了词牌名，其余的词作在译本中都没有注明是词。第十回"渔樵问答"的 10 首词翻译了词牌名。

词牌《蝶恋花》被译作"сборник《 Де-люань-хуа 》"，《鹧鸪天》被译作"сборник《 Чжэгутянь 》"，《天仙子》被译作"сборник《 Тяньсяньцзы 》"，《西江月》被译作"сборник《 Сицзянюэ 》"，《临江仙》被译作"сборник《 Линьцзянсянь 》"。① 词牌被译作"сборник"是一种少见的译法。

（二）著名诗人别集中的词译作

1. 词的别集译本

（1）辛弃疾的别集。

就词这个体裁而言，俄罗斯的翻译大家是巴斯曼诺夫。他不仅参与了多本诗歌集的翻译，而且也是第一个出版单人词集的翻译家。最早翻译出版的词别集是 1961 年版《 Синь Цицзи Стихи 》（《辛弃疾诗歌集》），印量 3 000 册。这部词集里面收录了 69 首词作，没有诗，也没有译词牌名。1985 年，巴斯曼诺夫出版了《 Синь Цицзи Стихотворения 》（《辛弃疾诗集》），印量 25 000 册。这部诗集翻译了 114 首词作，也全部是词作，但音译了词牌名。

（2）李清照的别集。

巴斯曼诺夫于 1970 年翻译出版了李清照的《 Ли Цин-чжао. Строфы из граненой яшмы 》（《李清照·漱玉词》），印量 10 000 册，1974 年再版了《 Ли Цин-чжао. Строфы из граненой яшмы 》（《李清照·漱玉词》），这本李清照单人词集共收录了 38 首词，印量 25 000 册。具有重要意义的是这本词集中翻译了词牌名，之后巴斯曼诺夫所有的词作译本集都翻译了词牌名。词牌译作"мелодия"，词牌名采用音译。如词牌"好事近"译作"мелодия《 Хаошицзинь 》"，标志着翻译家对诗和词的区分。因为词牌规定了诗行的字数、行数以及韵律。曲调不仅影响词的形式，甚至影响词的内容。比如早期的词的内容和词牌名高度一致，后期虽然不一致，但内容的取向还是和词牌名高度关联的。《唐宋词欣赏》中写道："如《满江红》《水调歌头》一类词调，声情都是激越雄壮的，一般不用它写婉约柔情；

---

① Рогачев А. П.，Колоколов В. С.，Адалис А. Е.，Голубев И. С. Путешествие на запад Т. 1.［М］. Москва：Художественная литература，1959：173 – 178.

《小重山》《一剪梅》等是细腻轻扬的，一般不宜写豪放感情。"①

2. 诗词别集译本

（1）陆游别集。

1960 年，戈鲁别夫在《 Лу Ю стихи 》（《陆游诗集》）中翻译了一首词《钗头凤》（ на мотив 《 Брошь-Феникс 》），② 意译的词牌名。该书印量 10 000 册。当时词牌名翻译成"мотив"。

（2）苏东坡别集。

1975 年出版的《 Су Дун-по. Стихи. Мелодии. Поэмы 》（《苏东坡诗词集》），③ 印量 25 000 册。其中词是作为一个单独的部分"мелодии"存在的，共有 13 首词全部音译了词牌名。

（3）毛泽东别集。

2010 年，受中华人民共和国新闻出版总署"汉语年"活动资助出版的《 Мао Цзэдун. Облака в снегу. Стихотворения 》（《雪云·毛泽东诗集》），印量 1 000 册。这本别集译本含有 29 首词作。

（三）词总集译本

1. 《 Цветёт мэйхуа. Классическая поэзия Китая в жанре цы 》（《梅花绽放——中国历代词选》）

第一本在书名上注明"词选"的是巴斯曼诺夫 1979 年出版的《 Цветёт мэйхуа. Классическая поэзия Китая в жанре цы 》（《梅花绽放——中国历代词选》），印量 25 000 册。在这本词选的序言里，翻译家对词的描述较为全面，不仅区分了诗和词，而且对词的特点、结构、种类、起源、发展进行了全面的阐述。这本词译作总集精选了唐、五代十国、北宋、南宋 4 个历史时期 19 位词人的词。唐朝：李白 2 首、戴叔伦 1 首、韦应物 2 首、王建 2 首、刘禹锡 4 首、白居易 4 首、温庭筠 5 首、韦庄 1 首，共计 8 位词人、21 首词。五代十国只有李煜的 14 首。北宋：欧阳修 12 首、柳永 7 首、苏轼 22 首、黄庭坚 1 首、秦观 3 首、李之仪 1 首，共计 6 位词人、46 首词。南宋：李清照 37 首、朱敦儒 4 首、陆游 2 首、辛弃疾 64 首，共计 4 位词人、107 首词。19 位词人共 188 首词，加上无名氏所作 7 首词共计

---

① 夏承焘. 唐宋词欣赏 [M]. 北京：北京出版社，2011：149.

② Голубев И. С. Лу Ю стихи [M]. Москва：Художественная литература，1960：122 – 123.

③ Голубев И. С. Су Дун-по. Стихи. Мелодии. Поэмы [M]. Москва：Художественная литература，1975：147 – 171.

195首词。这部词集当中全部音译了词牌名。更有意义的是翻译家注意到了词的长短句特征，较20世纪50年代《Поэзия эпохи Сун》（《宋代诗歌》）中的译本有了改变，部分作品断句不再像诗歌翻译那样整齐，词的标题和阐释词的创作背景的副标题也有翻译。

2.《Голос яшмовой флейты. Из китайской классической поэзии в жанре цы》（《玉笛声——中国历代词选》）

1988年巴斯曼诺夫又出版了一本词集《Голос яшмовой флейты. Из китайской классической поэзии в жанре цы》（《玉笛声——中国历代词选》），印量30 000册。这部词总集是收录巴斯曼诺夫的词译作数量最多的译本集。时间跨度从唐朝至清朝，中间并没有再分朝代，而是按照词人来排序。无名氏9首、李白2首、戴叔伦1首、韦应物2首、白居易6首、刘禹锡4首、王建2首、温庭筠6首、韦庄5首、冯延己3首、牛希济1首、李煜14首、晏殊5首、张先2首、欧阳修14首、柳永12首、晏几道4首、王安石1首、苏轼17首、黄庭坚1首、李之仪1首、秦观6首、周邦彦4首、严蕊1首、朱敦儒6首、李清照30首、朱淑真3首、岳飞1首、蜀中妓1首、幼卿1首、美奴2首、孙氏1首、洪惠英1首、唐婉1首、陆游10首、张孝祥1首、辛弃疾83首、陈亮2首、姜夔3首、朱秋娘1首、刘克庄5首、蒋捷3首、管仲姬5首、王凤娴4首、贺双卿3首、吴湘1首、赵我佩5首、吴藻17首，共计47位词人、313首词。

3.《Строки любви и печали. Лирика китайских поэтесс》（《爱与怨的诗行——中国女诗人抒情诗歌集》）

1986年出版的《Строки любви и печали. Лирика китайских поэтесс》（《爱与怨的诗行——中国女诗人抒情诗歌集》）是一本历代女诗人词集的译本，印量10 000册。巴斯曼诺夫在此书的序言中提到："1983年中国出版了《中国历代女诗人诗歌集》，里面收录了从周朝到清朝256位女诗人的作品。由于《诗经》中有些作品体裁各异，时间跨度很大，很多作品仅凭内容判断为女性所作。虽然中国文化久远，但是大量印制书籍还是在中世纪，一些贵族和富有家庭的妇女在家庭内受到了琴、书、画和诗歌创作技巧的训练，妇女精神世界的发展使得这个时期的文学作品十分丰富。"①这段话解释了女诗人译本选择的时间，之所以选择从隋唐开始，其一是因为早期的诗歌，比如《诗经》中的作品很难考证是否是女诗人创作的；其

---

① Басманов М. И. Строки любви и печали. Лирика китайских поэтесс［М］. Москва：Наука，1986：5.

二是因为隋唐时期书籍大批量印刷，文化得到空前发展，女诗人创作诗歌的条件成熟，女性创作的文学作品十分丰富。《 Строки любви и печали. Лирика китайских поэтесс 》（《爱与怨的诗行——中国女诗人抒情诗歌集》）中的译作全部是词作，音译了词牌名，共翻译了隋唐至清朝 27 位女词人的 109 篇词作。通过和《中国历代女诗人诗词作品》和《女性词史》等书籍对照，这 27 位女词人的词作分别是：花蕊 1 首、严蕊 1 首、李清照 37 首、朱淑真 3 首、郑义娘 1 首、唐婉 1 首、蜀中妓 1 首、幼卿 1 首、美奴 2 首、孙氏 1 首、洪惠英 1 首、朱秋娘 1 首、贾云华 1 首、张妙静 1 首、管仲姬 5 首、王凤娴 2 首、沈宜修 2 首、贺双卿 3 首、吴湘 1 首、赵文素 1 首、赵我佩 6 首、钱斐仲 1 首、顾春 1 首、叶静宜 1 首、孙云凤 2 首、吴藻 17 首、秋瑾 6 首，另有无名氏 8 首。

4. 《 Китайская классическая поэзия. в переводах Михаила Басманова 》（《中国古典诗歌——米哈伊尔·巴斯曼诺夫译本集》）

2004 年出版的《 Китайская классическая поэзия. в переводах Михаила Басманова 》（《中国古典诗歌——米哈伊尔·巴斯曼诺夫译本集》），印量 4 000 册。这是巴斯曼诺夫最后一本词译本总集，也是迄今能够收集到的最新的俄语词译本总集。这部词译本总集共翻译了 38 位词人的 259 篇词作：李白 2 首、戴叔伦 1 首、韦应物 2 首、白居易 6 首、刘禹锡 4 首、王建 2 首、温庭筠 6 首、韦庄 5 首、冯延己 3 首、牛希济 1 首、李煜 15 首、晏殊 5 首、张先 2 首、欧阳修 13 首、柳永 8 首、王安石 1 首、苏轼 15 首、秦观 4 首、周邦彦 2 首、严蕊 1 首、朱敦儒 6 首、李清照 30 首、朱淑真 3 首、岳飞 1 首、洪惠英 1 首、唐婉 1 首、陆游 9 首、张孝祥 1 首、辛弃疾 73 首、姜夔 2 首、朱秋娘 1 首、蒋捷 3 首、管仲姬 5 首、贺双卿 3 首、吴湘 1 首、赵我佩 5 首、吴藻 11 首、秋瑾 5 首。

（四）诗歌总集译本

1. 《 Антология китайской поэзии. В 4-х томах 》（《中国诗歌选本》）

1957 年出版的郭沫若和汉学家费德林合编的四卷本俄语版《 Антология китайской поэзии. В 4-х томах 》（《中国诗歌选本》），印量 35 000 册。在这部诗歌集中，词作主要集中在卷三。卷二有 7 首词作：张志和 1 首（孟列夫译）、白居易 3 首（艾德林译）、温庭筠 3 首（巴斯曼诺夫译）。卷三有 23 首词作：李煜词 7 首［孟列夫译 2 首、马尔科娃（Маркова В. Н. ，1907—1995）译 5 首］；范仲淹 2 首［切尔卡斯基（Черкасский Л. Е. ，1925—2003）译 1 首，邦尼科夫（Банников Н. В. ，

1918—1996）译 1 首］；张先 1 首［巴甫洛维奇（Павлович Н. А.，1895—1980）译］；晏殊 1 首（切尔卡斯基译）；欧阳修 1 首（切尔卡斯基译）；王安石 1 首［斯塔拉斯金（Старостин А. В. 1919—1980）译］；苏轼 2 首［丹诺夫斯卡娅（Дановская З. Н.，1930—1957）译 1 首，邦尼科夫译 1 首］；柳永 1 首［阿杜耶夫斯基（Адуевский В.）译］；岳飞 1 首［阿尔戈（Арго А. М. 1897—1968）译］；张孝祥 1 首（巴甫洛维奇译）；李清照 3 首［戈卢布科夫（Голубков Д. Н.，1930—1972）译］；辛弃疾 2 首（巴甫洛维奇译 1 首，戈卢布科夫译 1 首）。

参加翻译《Антология китайской поэзии. В 4-х томах》（《中国诗歌选本》）的翻译者有很多是著名诗人、文学评论家、杂志编辑，有的不懂中文。被誉为"俄罗斯诗歌的月亮"的阿赫玛托娃也参与了这个选本的翻译工作，翻译了梅尧臣、文同等人的诗作。诗人译诗，从俄语的角度而言，翻译的"达"和"雅"是有保证的，但是对原文的忠实程度也就是"信"的问题却和翻译者的汉语程度关系极大。令人费解的是在郭沫若牵头的这次大规模翻译活动中，没有翻译词牌名，词牌名直接用"＊＊＊"代替或者翻译成诗的题目。而且词和曲没有区分，曲也用"＊＊＊"来标记。这个选集中岳飞被译为"Яо Фей"①，又没有翻译词牌名，只能根据诗歌内容去判断，好在《满江红》的内容识别度很高，在俄罗斯科学院远东学院的专家推荐书单上这部作品排在首要的位置，可见其影响之大。

这种词牌的处理方式给今后的词翻译带来了问题。这是第一次大规模的中俄联手的翻译活动，参与翻译工作的诗人名气大，形成的影响力十分深远，此后除了巴斯曼诺夫、孟列夫和戈鲁别夫之外，很多翻译家都不翻译词牌名，和这部诗歌译本总集的示范关系极大。

2. 《Ветви ивы：Китайская классика》（《杨柳枝：中国经典作品集》）

这本诗歌译本总集于 2000 年出版，印量 5 000 册，是从《诗经》到现代诗歌的中国诗歌作品总集，《Ветви ивы：Китайская классика》（《杨柳枝：中国经典作品集》）只有一卷，远不如四卷本的《Антология китайской поэзии. В 4-х томах》（《中国诗歌选本》）诗歌译作数量多，词作的数量则更少，只有李煜、李清照、辛弃疾的 17 首词作译本。李煜词作是马尔科娃翻译的，李清照、辛弃疾的词作是巴斯曼诺夫翻译的。所有词作均没有翻译词牌名。

---

① Го Мо-жо，Фёдоренко Н. Т. Антология китайской поэзии. В 4-х томах Т. 3. ［М］. Москва：Художественная литература，1957：58.

（五）诗歌选集译本

1.《 Китайская классическая поэзия （эпоха Тан）》（《中国古典诗歌·唐代》）

1956 年出版的《 Китайская классическая поэзия （эпоха Тан）》（《中国古典诗歌·唐代》），印量 35 000 册。费德林在序言中写道："晚唐发展出一种新型的诗歌体裁——词，一种基于民歌歌谣的歌唱类型的诗歌。主题是爱情、别离和闺怨，唐代的词家有温庭筠和韦庄，而李煜凭借自己丰富的生活经验把这种歌唱类诗歌推向了新的境界。"① 在这本诗歌选集中翻译词作的翻译家有孟列夫、巴斯曼诺夫和马尔科娃。孟列夫翻译了韦应物 1 首、李煜 1 首，共 2 首词；巴斯曼诺夫翻译了刘禹锡、温庭筠各 2 首，共 4 首词；马尔科娃翻译了李煜 5 首词。三位翻译家共计翻译了 11 首词。在这部诗歌选集中词用"'На мотив'＋音译或意译的词牌名"的方式和诗区分开来。20 世纪 50 年代"词牌名"普遍被译作"Мотив"。

2.《 Поэзия эпохи Сун 》（《宋代诗歌》）

克立朝主编的多人合译的《 Поэзия эпохи Сун 》（《宋代诗歌》），于 1959 年出版，印量 10 000 册。词在这本宋代诗歌集中占了相当比重，共计 40 位诗人、198 首诗歌，其中词作 87 首。87 首词作为：柳永 6 首（巴斯曼诺夫译 5 首，阿杜耶夫斯基译 1 首）；范仲淹 2 首（切尔卡斯基译 1 首，邦尼科夫译 1 首）；张先 3 首（戈鲁别夫译 2 首，巴甫洛维奇译 1 首）；晏殊 1 首（切尔卡斯基译）；欧阳修 13 首［巴斯曼诺夫译 12 首，雅罗斯拉夫采夫（Ярославцев Г. Б.，1930—2004）译 1 首］；王安石 2 首（戈鲁别夫译 1 首，斯塔拉斯金译 1 首）；苏轼 12 首（巴斯曼诺夫译 9 首，戈鲁别夫译 3 首）；陈师道 1 首（戈鲁别夫译）；李清照 8 首（巴斯曼诺夫译 5 首，戈卢布科夫译 3 首）；朱敦儒 4 首（巴斯曼诺夫译 3 首，柯尔察经译 1 首）；岳飞 1 首（巴斯曼诺夫译）；张孝祥 1 首（巴斯曼诺夫译）；辛弃疾 27 首（巴斯曼诺夫译）；朱淑真 3 首［巴斯曼诺夫译 1 首，西佐夫（Сизов М. И.，1884—1956）译 2 首］；崔与之 1 首（柯尔察金译）；卢祖皋 1 首（柯尔察金译）；张辑 1 首（柯尔察金译）。在这部诗歌集中巴斯曼诺夫以 64 首词译本数量成为翻译词最多的译家。这个译本也未翻译和标注词牌，词译本是通过同原文内容对照确定的。

---

① Фёдоренко Н. Т. Китайская классическая поэзия （эпоха Тан）［М］. Москва: Художественная литература，1956：27.

3. «Поэзия эпохи Тан»(《唐代诗歌》)

1987 年出版的«Поэзия эпохи Тан»(《唐代诗歌》)是艾德林编辑的遗稿，是迄今为止翻译诗歌作品最多的唐代诗歌集，从初唐至五代共计 55 位诗人、526 篇作品。印量达到了 50 000 册，其中的词作不多，有李白 2 首、韦应物 2 首、刘禹锡 4 首、温庭筠 6 首、韦庄 5 首、李煜 14 首，共 33 首词作，占到总量的 6.27%，这些词作都是巴斯曼诺夫翻译的。这部诗歌集与众不同的是不仅在正文中翻译了词牌名，并且以"стихотворения в жанре цы"的形式在目录中把词单列出来，在诗歌集中明确标示体裁概念"жанр цы"，而不仅是"на мотив"或者"мелодия"。

4. «Печали и радости. Двенадцать поэтов эпохи Сун»(《悲与喜：宋朝的十二位诗人》)

2000 年出版的«Печали и радости. Двенадцать поэтов эпохи Сун»(《悲与喜：宋朝的十二位诗人》)，印量 5 000 册。这十二位诗人是：梅尧臣、欧阳修、王安石、苏轼、黄庭坚、李清照、陈与义、杨万里、陆游、范成大、辛弃疾、文天祥。并不是每一位诗人都有词作。词译本有：欧阳修 14 首、苏轼 19 首、黄庭坚 1 首、李清照 37 首、陆游 10 首、辛弃疾 52 首，共 133 首词译作。这 133 首都是巴斯曼诺夫翻译的。

（六）个人译本集

1. 艾德林«Китайская классическая поэзия в переводах Л. Эйдлина»(《中国古典诗歌》)

1975 年，艾德林的«Китайская классическая поэзия в переводах Л. Эйдлина»(《中国古典诗歌》)出版，印量 25 000 册。此译本是艾德林的个人译本集，翻译了古诗十九首、陶渊明和白居易的作品，也有少量其他诗人的作品。出现在 1956 年版«Китайская классическая поэзия (эпоха Тан)»(《中国古典诗歌·唐代》)和 1957 年郭沫若主编的«Антология китайской поэзии. В 4-х томах»(《中国诗歌选本》)中的艾德林译白居易三首《忆江南》词，不知什么缘由没有收到这本 1975 年版的个人译本集中。这本译本集中只有一首辛弃疾的词《丑奴儿》(少年不识愁滋味)，且没有翻译词牌名。

2. 巴斯曼诺夫«Встречи и расставанья. Лирика китайских поэтесс I-XX веков»(《悲欢离合——1—20 世纪中国女诗人抒情诗》)

1993 年出版的«Встречи и расставанья. Лирика китайских поэтесс I-XX веков»(《悲欢离合——1—20 世纪中国女诗人抒情诗》)是一本 60mm ×

84mm 的口袋书，印量 30 000 册。这本诗歌集是迄今翻译中国女诗人作品最多的选集，从汉朝的卓文君至清末的秋瑾一共 58 位女诗人、238 首诗歌作品，其中的词作全部音译了词牌名。这本诗歌集并没有把《 Строки любви и печали. Лирика китайских поэтесс 》（《爱与怨的诗行——中国女诗人抒情诗歌集》）中所有 105 首词译作选入，而是精选其中的 94 首。仔细比较，每一个版本都经过作者的精心选择，部分译文的内容也有修改。

3. 孟列夫《 Китайская поэзия в переводах Льва Меньшикова 》（《孟列夫译中国诗歌》）

孟列夫是一位在汉学多个领域拥有很高成就的专家，2007 年出版的《 Китайская поэзия в переводах Льва Меньшикова 》（《孟列夫译中国诗歌》），印量 3 000 册。除了诗歌译本外，还有从《诗经》到清朝分朝代的诗歌评论，其中词作译本主要集中在宋朝。词作译本有：李煜 3 首、范仲淹 1 首、晏殊 1 首、欧阳修 1 首、晏几道 1 首、魏玩 3 首、黄庭坚 1 首、晁端礼 1 首、秦观 1 首、贺铸 1 首、张挥 1 首（宝月僧）、曾纡 1 首、陈克 1 首、李清照 1 首、康与之 1 首、刘錡 1 首、无名氏 12 首，共 32 首。词牌名是意译的，词牌名和曲牌名都用 " на мотив + 意译调名 " 的方式标出。只有根据内容找回对应的原文才能区分词牌名和曲牌名。

（七）抒情诗集

1. 《 Китайская пейзажная лирика Ⅲ-XIV вв 》（《中国 3—14 世纪风景抒情诗》）

1984 年出版的 《 Китайская пейзажная лирика Ⅲ-XIV вв 》（《中国 3—14 世纪风景抒情诗》），印量 71 500 册。值得注意的是，这本抒情诗译本集把汉语的诗歌体裁和俄语的诗歌体裁对应起来，分别为：诗（стихи）、词（романсы）、曲（арии）、赋（поэмы）。这本抒情诗译本集共有词作译本 102 首：戴叔伦 1 首、韦应物 1 首、王建 1 首、刘禹锡 2 首、温庭筠 3 首、韦庄 1 首、李煜 9 首、欧阳修 10 首、柳永 6 首、苏轼 12 首、黄庭坚 1 首、秦观 2 首、李清照 26 首、朱敦儒 4 首、陆游 2 首、辛弃疾 20 首、无名氏 1 首。这些词作都是巴斯曼诺夫翻译的，并没有把词牌翻译出来。

2. 《 Китайская пейзажная лирика 》（《中国风景抒情诗》）

1999 年出版的《 Китайская пейзажная лирика 》（《中国风景抒情诗》）分为上下两卷，印量 3 000 册。上卷从六朝至五代，下卷是宋朝一个朝代。上卷有词译作 18 首：戴叔伦 1 首、韦应物 1 首、王建 1 首、刘禹锡 2 首、温庭筠 3 首、韦庄 1 首、李煜 9 首；下卷有词译作 68 首：柳永 6 首、苏轼

11 首、黄庭坚 1 首、秦观 2 首、李清照 25 首、朱敦儒 4 首、陆游 1 首、辛弃疾 18 首。词译作都是巴斯曼诺夫翻译的，上下两卷都没有翻译词牌名。

3.《 Китайская любовная лирика 》（《中国爱情抒情诗》）

2004 年出版的《 Китайская любовная лирика 》（《中国爱情抒情诗》）印量为 5 000 册。这本抒情诗集中词作共有 7 首：温庭筠 1 首（巴斯曼诺夫译）、牛希济 1 首（马尔科娃译）、张先 1 首（巴甫洛维奇译）、晏殊 1 首（切尔卡斯基译）、柳永 1 首（阿杜耶夫斯基译）、纳兰性德 2 首（阿尔格译），均没有翻译词牌名。

第三节　词的主要译述者

一、巴斯曼诺夫

（一）巴斯曼诺夫生平简介

巴斯曼诺夫 1918 年 10 月 14 日出生于阿尔泰边疆区首府巴尔瑙尔（Барнаул）附近的巴塔洛沃村（Баталово）。1941—1945 年参加第二次世界大战，1946 年进入莫斯科外交学院东方系学习，主攻汉语，毕业后成为外交官，长期在中国和蒙古的使领馆工作，直至 1985 年退休。①

巴斯曼诺夫自 20 世纪 50 年代便开始从事汉语特殊体裁词的翻译，是翻译词人别集、词总集以及女性诗人诗歌集的第一人，是苏联和俄罗斯翻译词作和出版词集最多的翻译家。

（二）译本

1. 词人别集

（1）1961 年版的《 Синь Цицзи стихи 》（《辛弃疾词集》），由莫斯科文艺出版社（Изд. Художественная литература）出版，印量 3 000 册。内有 69 首词译本。

（2）1970 年版的《 Ли Цин-чжао. Строфы из граненой яшмы 》（《李清

---

① Басманов М. И. Михаил Басманов. Избранное стихи［М］. Москва：Московский писатель，2004：3 – 11.

照·漱玉词》），由莫斯科文艺出版社（Изд. Художественная литература）出版，印量 10 000 册。

（3）1974 年再版的《 Ли Цин-чжао. Строфы из граненой яшмы 》（《李清照·漱玉词》），由莫斯科文艺出版社出版，印量 25 000 册。内有 39 首词译本。

（4）1985 年再版的《 Синь Цицзи Стихотворения 》（《辛弃疾词集》），由莫斯科文艺出版社出版，印量 25 000 册。内有 114 首词译本。

2. 词总集

（1）1979 年出版的《 Цветет мэйхуа. Классическая поэзия Китая в жанре цы 》（《梅花绽放——中国历代词选》），由莫斯科文艺出版社出版，印量 25 000 册。这本词集翻译了唐、五代十国、北宋、南宋四个历史时期 19 位词家及无名氏的 195 首词作。

（2）1988 年出版的《 Голос яшмовой флейты. Из китайской классической поэзии в жанре цы 》（《玉笛声——中国历代词选》），由莫斯科文艺出版社出版，印量 30 000 册。这部词集从唐五代到清朝，翻译了 47 位词人的 313 篇词作。

（3）2004 年出版的《 Китайская классическая поэзия. в переводах Михаила Басманова 》（《中国古典诗歌——米哈伊尔·巴斯曼诺夫译本集》），由埃克斯莫出版社（Издательство ЭКСМО）出版，印量 4 000 册。这是巴斯曼诺夫在世时出的最后一部词集，翻译了 38 位诗人的 241 篇词作，数量上并未超过《玉笛声——中国历代词选》。同年该出版社还出版了开本较小、收入译本较少的同名诗歌翻译集，印量是 5 000 册。

3. 女性诗人诗歌集

（1）1986 年出版的《 Строки любви и печали. Лирика китайских поэтесс 》（《爱与怨的诗行——中国女诗人抒情诗歌集》），由科学出版社（Изд. наука）出版，印量 10 000 册。翻译了 27 位女诗人的 105 首词作，其中包含 8 首无名氏的词作。这不仅是第一本中国女性诗人译本集，还是第一本中国女性词人译本集。

（2）1993 年出版的《 Встречи и расставания. Лирика китайских поэтесс 1-20 вв 》（《相逢和别离——1—20 世纪女诗人的抒情诗歌》），翻译了从汉朝的卓文君至清末的秋瑾一共 58 位女诗人的 238 首诗歌作品。由莫斯科文艺出版社出版，印量 30 000 册。1993 年苏联时代已经结束，出版业私有化，很多文学书籍的印量很小，有的诗歌集印量小到 100 册。在俄罗斯经济困难的时期能达到这个印量，可见巴斯曼诺夫翻译的中国诗歌在俄罗斯受欢迎的程度。

4. 参与的诗歌译本集

（1）1956 年，由费德林主编的《 Китайская классическая поэзия （эпоха Тан）》（《中国古典诗歌·唐代》），由莫斯科文艺出版社出版，印量 35 000 册。巴斯曼诺夫翻译了刘禹锡和温庭筠的词作各 2 首，共 4 首词作。

（2）1957 年，郭沫若和汉学家费德林合编的四卷本俄语版《 Антология китайской поэзии. В 4-х томах 》（《中国诗歌选本》），由莫斯科文艺出版社出版，印量 35 000 册。巴斯曼诺夫翻译了温庭筠的词 3 首。

（3）1959 年，由克立朝主编的《 Поэзия эпохи Сун 》（《宋代诗歌》），由莫斯科文艺出版社出版，印量 10 000 册。《 Поэзия эпохи Сун 》（《宋代诗歌》）中词作共有 87 首，巴斯曼诺夫翻译了其中 64 首。由此可见，1959 年的巴斯曼诺夫已经是汉学界公认的词翻译家了。

（4）1984 年，谢曼诺夫（Семанов В. И. 1933—2010）主编的《 Китайская пейзажная лирика Ⅲ-XIV вв 》（《中国 3—14 世纪风景抒情诗》），由莫斯科大学出版社（Изд. Московский университет）出版，印量 71 500 册。这本抒情诗集共有词作译本 101 首，这些词作都是巴斯曼诺夫翻译的。

（5）1987 年，艾德林主编的《 Поэзия эпохи Тан 》（《唐代诗歌》），由莫斯科文艺出版社出版，印量 50 000 册。这部唐代诗歌集翻译了从初唐至五代共计 55 位诗人的 526 篇作品，其中有 33 首词作译本，全部是巴斯曼诺夫翻译的。此时的巴斯曼诺夫在词翻译领域已经处于首要的位置。

（6）1999 年，李谢维奇（ Лисевич И. С.，1932—2000）主编的《 Китайская пейзажная лирика 》（《中国风景抒情诗》），由穆拉维·海德出版社（Изд. Муравей-Гайд）出版，印量 3 000 册。分为上下两卷，上卷从六朝至五代，下卷只是宋朝一个朝代。上卷有词译作 18 首，下卷有词译作 68 首，所有的词译作都是巴斯曼诺夫翻译的。

（7）2000 年，谢列布里亚科夫和雅罗斯拉采夫（ Ярославцев Г. Б.）主编的《 Печали и радости. Двенадцать поэтов эпохи Сун 》（《悲与喜：宋朝的十二位诗人》），由莫斯科日志出版社出版（Изд. Летопись-М），印量 5 000 册。该书共有 134 首词译作。除了王安石的《桂枝香》是雅罗斯拉夫采夫翻译的，其余 133 首都是巴斯曼诺夫翻译的。

（8）2003 年，孟列夫主编的《 Китайская лирика 》（《中国抒情诗》），由圣彼得堡西北通讯社（Северо-запад Пресс，Санкт-Петербург）出版，印量 3 000 册。这本抒情诗集是 "Золотая серия китайской литературы"（中

国文学黄金系列）中的一本，这个系列有抒情诗、小说、戏剧和散文各一部。而抒情诗系列选用的都是巴斯曼诺夫的译本，共 91 位诗人的作品，绝大部分是词作译本。巴斯曼诺夫的作品能在"Золотая серия китайской литературы"（中国文学黄金系列）中独占一部，可见他的词译作深受俄罗斯读者喜爱，也体现了词被俄罗斯读者认可的程度。

5. 个人自选集

（1）2004 年，《Михаил Басманов. Избранное стихи》（《米哈伊尔·巴斯曼诺夫诗选》）由莫斯科作家出版社（Издательство Московский писатель）出版，印量 100 册。这部诗集是巴斯曼诺夫的自选集，由费德林作序，记录了作者作为诗人、翻译家和外交官的生涯，收录了翻译家自己创作的诗歌和词作译本。

（2）2008 年，《Китайская классическая поэзия. Жемчужная нить》（《中国经典诗歌——珍珠线》）由埃克斯莫出版社（Издательство ЭКСМО）出版，印量 4 000 册。这本诗歌集是在巴斯曼诺夫去世之后，为纪念其诞辰 90 周年，由他的女儿塔季亚娜·米哈伊洛芙娜和女婿弗拉基米尔·阿纳托利耶维奇整理出版的，这本集子不仅有 258 首词译本，还有 15 首诗译本，共计 39 位诗人、273 首诗歌。巴斯曼诺夫的女儿十分希望中国的读者能够更多地了解巴斯曼诺夫的译本。

二、孟列夫

1. 生平简介

孟列夫是俄罗斯科学家、东方学家及汉学家、翻译家、教授、语文学博士，也是阿里克谢耶夫（Алексеев В. М. 被称为"阿翰林"）的学生。孟列夫 1926 年 2 月 17 日出生于列宁格勒，父亲是一位地理学家，母亲是俄语和文学教师。1947 年考入列宁格勒大学东方系，1952 年大学毕业后被推荐为苏联科学院东方研究所的研究生，1955 年通过副博士学位答辩，同年 12 月被吸收为苏联科学院东方研究所列宁格勒分部的成员。[1]

俄罗斯历史学家和汉学家波波娃（Попова И. Ф.，1961— ）在《Китайская поэзия в переводах Льва Меньшикова》（《中国诗歌列夫·孟列夫译本集》）的"译者自序"之前的"关于孟列夫的译本"中写道：

---

① https：//ru. wikipedia. org/wiki/Меньшиков, _Лев_Николаевич（2016 – 05 – 27）.

"孟列夫的成就是多方面的，是敦煌学、佛教文学、汉语等领域的大师，是中国古典文学的杰出翻译家和研究者。"①

　　2. 词研究和词译本

　　（1）在 1956 年出版的《 Китайская классическая поэзия（эпоха Тан）》（《中国古典诗歌·唐代》）中，孟列夫翻译了韦应物 1 首、李煜 1 首，共 2 首词作。

　　（2）在 1957 年出版的郭沫若和汉学家费德林合编的四卷本俄语版《 Антология китайской поэзии. В 4-х томах. 》（《中国诗歌选本》）中，孟列夫翻译了张志和词 1 首、李煜词 2 首，共 3 首词作。

　　（3）1958（2014）年出版的《 Сон в красном тереме 》（《红楼梦》）中的诗歌部分是由孟列夫翻译的。他翻译了 9 首词作，分别是第三回"嘲宝玉"《西江月》2 首、第七十回"柳絮词"5 首和第八十九回"悼晴雯"《望江南》2 首。

　　（4）2007 年出版的《 Китайская поэзия в переводах Льва Меньшикова 》（《孟列夫译中国诗歌》）中有 32 首词作。这本孟列夫自己没有谋面的自选集除了译本之外，有一半是诗歌研究的论文，诗歌研究分为 5 个时期来论述，分别是：唐朝之前、唐朝、宋元、明、清。有两个原因让孟列夫的词研究举足轻重。第一，孟列夫是继"阿翰林"之后少数研究中国诗歌格律的俄罗斯学者之一，他对王力的著作十分看重，并且针对王力的主要作品写了评论文章。② 第二，孟列夫是元曲的主要译家，曲脱胎于词，在翻译过程中对于词和曲的关系有切实的实践体验。

三、戈鲁别夫

1. 戈鲁别夫生平简介

　　戈鲁别夫出生于 1930 年 4 月 13 日，1954 年毕业于莫斯科东方学院，卒于 2000 年。他是诗人、汉学家，致力于中国古典诗歌的翻译，曾为中苏关系恶化而苦恼，出版了陆游和苏东坡的诗歌集并翻译了欧阳修的作品。③

---

　　①　Меньшиков Л. Н. Китайская поэзия в переводах Льва Меньшикова［М］. Санкт-Петербург：Петербургское Востоковедение，2007：3 - 9.

　　②　Меньшиков Л. Н. Китайская поэзия в переводах Льва Меньшикова［М］. Санкт-Петербург：Петербургское Востоковедение，2007：6.

　　③　http：//www. vekperevoda. com/1930/golubev_ cin. htm（2016 - 05 - 27）.

2. 主要词译作

戈鲁别夫是翻译词作第二多的人。20 世纪 50 年代的经典翻译热潮中，戈鲁别夫参加了《Путешествие на запад》（《西游记》）诗歌的翻译，《西游记》是四大名著中词作最多的。其词译作主要出现在以下译本中：

（1）1959 年，罗高寿和科洛科洛夫翻译的《Путешествие на запад》（《西游记》）中，诗歌部分由阿达利思和戈鲁别夫翻译。在这个译本中他翻译了 23 首词作。

（2）1960 年，戈鲁别夫译的《Лу Ю стихи》（《陆游诗集》）中只翻译了一首词《钗头凤》（на мотив《Брошь-Феникс》）。

（3）1975 年出版的《Су Дун-по. Стихи. Мелодии. Поэмы》（《苏东坡诗词集》），词作译本是作为一个单独的部分"мелодии"存在的，共有 13 首词。

（4）在 1995 年出版的《Сон в красном тереме》（《红楼梦》）中，戈鲁别夫翻译了 9 首词作，分别是第三回中 2 首"嘲贾宝玉"的《西江月》、第七十回中 5 首"柳絮词"和第八十九回中 2 首"悼晴雯"的《望江南》。

在 1995 年版的《Сон в красном тереме》（《红楼梦》）的卷末，戈鲁别夫和编者之一雅罗斯拉夫采夫合写了一篇论文《О стихах в романе（сон в красном тереме）》（《关于小说〈红楼梦〉中的诗歌》），阐述了对中国古代诗歌的见解，把林黛玉《葬花吟》中的"吟"译作"стихи романсового звучания（цы）[浪漫曲性质的诗（词）]"，可见部分俄罗斯翻译家对体裁词的区分有难度。① 继 1958 年版《Сон в красном тереме》（《红楼梦》）之后，诗歌部分出现了第二个译本是十分令人欣喜的。1995 年版的《Сон в красном тереме》（《红楼梦》）的编辑团队是：杰柳辛（Делюсин Л. П., 1923—2013），李福清，谢列布里亚科夫，索罗金（Сорокин В. Ф., 1927—   ），季塔连科（Титаренко М. Л., 1934—   ），费德林，切尔卡斯基，雅罗斯拉夫采夫。1995 年版的《Сон в красном тереме》（《红楼梦》）的诗歌部分也是有分量的作品。

---

① Панасюк В. А., Голубев И. С. Сон в красном тереме Т. 3. ［М］. Москва: Ладомир и Художественная литература, 1995：590.

四、谢列布里亚科夫

1. 生平简介

谢列布里亚科夫出生于 1928 年 10 月 6 日，1950 年以优秀的成绩毕业于列宁格勒大学东方系汉语专业，1954 年答辩副博士论文，1973 年成为语文学博士，1974 年成为教授，1961 年当选为列宁格勒大学东方系汉语教研室主任，掌管汉语教研室 37 年。[①] 谢列布里亚科夫是杰出的科学家、语文学家、中国古典文学的翻译家和研究者。[②]

2. 词研究

（1）« Китайская поэзия Х-XI веков（жанры ши и цы）»（《中国十至十一世纪的诗歌——诗和词》）。

全书共七章，与词有关的共四章。这部专著用了一章的篇幅介绍中国历史上第一部词集——《花间集》，简述了词的发展历史，《花间集》的主要词人及其代表作品。书中把词谱的平仄译成了俄语，并且指出《花间集》共用了 77 种词牌，其中有 9 种词牌在清朝万树的《词律》中没有用词作来配注说明。[③] 谢列布里亚科夫还辟专章讨论了南唐词，南唐一朝两个皇帝、一个宰相三位著名词人，引领了士大夫阶层追捧词这一诗歌体裁的潮流，这股潮流一直延续到宋朝。词在宋朝成为流行体裁和南唐词的关系很大。除此之外，谢列布里亚科夫还讨论了欧阳修在诗和词发展中的作用。王力的《汉语诗律学》、夏承焘的《唐宋词人年谱》等中国词学名家的著作均被多次引用。谢列布里亚科夫是第一位把诗和词并列对等地写入专著的人。他的这部专著让俄罗斯人民了解到中国的诗歌体裁具有多样性，而且词这一体裁是中国诗歌中的一大类别，和诗并立于世。

（2）« Поэтические произведения Ван Аньши（1021 – 1086）в жанре цы »（《王安石的词作》）。

这是迄今搜索到的唯一一篇用俄语写的词作赏析，发表在列宁格勒大

---

① http：//www. famous-scientists. ru/7615（2016 – 05 – 28）.

② http：//alimov. pvost. org/wp/？ p = 2319（2016 – 05 – 28）.

③ Серебряков Е. А. Китайская поэзия Х-XI веков（жанры ши и цы）［M］. Ленинград：Ленинградский университет，1979：56.

学出版社的《东方学》杂志 1980 年第 7 期上①。这篇文章赏析的是王安石的长调词《桂枝香》。选取的汉语原作出自唐圭璋编的《全宋词》第五版。谢列布里亚科夫虽然把王安石的词作翻译成了俄语，但是并没有以诗译诗，重点在分析注解、典故及背景知识上，把相应词牌在词谱中的平仄用俄语标注出来，并对词牌的类别做了说明。谢列布里亚科夫的工作重点在于研究词，而不是翻译词，他做到了像中国的词学家那样评点词作。孟列夫如此评价比他小两岁的同行："在谢列布里亚科夫的书和文章中用俄语描述宋朝的文字足够多，大概他是我们唯一的宋朝诗歌行家。"②

五、戈雷金娜

俄罗斯汉学界对汉语词的研究已经达到了较深的层次，词研究、词学研究、译词研究都已经展开。戈雷金娜（Голыгина К. И.，1935—1999）在《 Теория изящной словесности в Китае XIX-начала XX в 》（《中国 19 世纪至 20 世纪初文论》）中用了大量篇幅介绍常州词派，对常州词派的代表人物张惠言、周济、况周颐、谭献、陈廷焯等词家的作品做了介绍。并设专章讨论词寓意的本质，对陈廷焯《白雨斋词话》中词和诗的本质区别也用俄语做了详细的阐释。③ 常州词派在中国词学的发展史上具有重要的地位，词获得和诗并举的地位和常州词派关系极大。

六、费德林

俄罗斯的词译研究是由费德林开始的，由于费德林本身就是词俄译计划的制定者和词译活动的推动者，因此他的词译评论视野开阔，点评精当，深入文本内部。他有两篇评价巴斯曼诺夫词译本的文章，一篇名为"Страстно влюбленный в китайскую классическую поэзию"（"汉语古典诗歌的痴情者"），另一篇名为"Грани призвания"（"天赋的极限"），这两篇文章分析了词的体裁特点，总结了巴斯曼诺夫在词译方面的成就。巴

---

① Серебряков Е. А. Поэтические произведения Ван Аньши（1021 – 1086）в жанре цы［J］. Ленинград：Востоковедение，1980（7）：127 – 138.

② Меньшиков Л. Н. Китайская поэзия в переводах Льва Меньшикова［M］. Санкт-Петербург：Петербургское Востоковедение，2007：229.

③ Голыгина К. И. Теория изящной словесности в Китае XIX-начала XX в［M］. Москва：Наука，1971：137 – 169.

斯曼诺夫的词译本得到了俄罗斯诗人、歌唱家马杜索夫斯基
（Матусовский М. Л.，1915—1990）的肯定，认为他的词译本同时转达了
汉语诗的灵敏性和适于歌唱性。① 这和汉语词的特点相符。巴斯曼诺夫的
很多词译本的押韵韵式和词谱的韵式机制相同，费德林用"天赋的极限"
来评价巴斯曼诺夫的词译本，并非溢美之词，而是有根据的。

　　从以上事实我们可以看到，词这一体裁在俄罗斯被认识的过程可谓
"道阻且长"。在 20 世纪 50 年代的经典翻译过程中，1956 年由费德林主编
的《 Китайская классическая поэзия（эпоха Тан）》（《中国古典诗歌·唐
代》）是一个分水岭，这部诗歌译本用"'На мотив'＋音译或意译的词
牌名"的方式标注了词，把诗和词区分开来。

　　1955 年版的《 Речные заводи 》（《水浒传》）没有翻译词牌名，在
《 Речные заводи 》（《水浒传》）中苏轼的《水调歌头》是用"песня"引
出的。而 1958 年出版的《 Сон в красном тереме 》（《红楼梦》）和 1959 年
出版的《 Путешествие на запад 》（《西游记》）都翻译了词牌名，在《 Сон
в красном тереме 》（《红楼梦》）中，词牌译作"мотив"，而在《
Путешествие на запад 》（《西游记》）中，词牌译作"сборник"。这是俄
罗斯翻译家区分词和诗的早期形式，还没有统一。

　　然而 1957 年郭沫若参与主编的《 Антология китайской поэзии. В 4-х
томах 》（《中国诗歌选本》）使得诗词区分的方向偏转，一大批俄罗斯著
名诗人参与了翻译，其中有很多名气很大但并不精通汉语的诗人。孟列夫
在他的自选集《 Китайская поэзия в переводах Льва Меньшикова 》（《孟列
夫译中国诗歌》）的译者自序部分记录了当时的情况："在我刚开始的时
候，由郭沫若和费德林主编的四卷本的《中国诗歌选本》就已经准备就
绪，著名的诗人一下子被抢光了。剩下一些名气较小的诗人乏人问津，我
作为一个新人又远离莫斯科，就被安排去翻译这些诗歌，这些诗歌之所以
被推荐给编者，是因为这些二、三流的诗人靠这些诗才得以闻名于世，是
真正的瑰宝。"② 孟列夫当时只拿到了一些二、三流诗人的作品来翻译，心
中不免有遗憾。

　　2015 年 4 月 21 日，在俄罗斯科学院远东研究所的讨论会上，针对

---

　　① Басманов М. И. Михаил Басманов. Избранное стихи ［М］. Москва：
Московский писатель，2004：3 - 11.

　　② Меньшиков Л. Н. Китайская поэзия в переводах Льва Меньшикова ［М］.
Санкт-Петербург：Петербургское Востоковедение，2007：11.

"有些诗人并不懂汉语却翻译了汉语诗歌"的问题，俄罗斯专家们说，这是用接力的方式翻译的。先由会汉语的人把诗歌的意思翻译成俄语，再由诗人砌成诗行。把汉语翻译成俄语的人已无法考证，但显然不是孟列夫这样的"竞争对手"，经过两次转手的诗歌信度难以保障，不能顾及诗和词的区别可以理解。在当时的政治背景下，诗歌翻译本身并不是重点，中俄著名诗人共襄盛会，引发中国诗歌翻译热潮才是重点。这套四卷本《 Антология китайской поэзии. В 4-х томах. 》（《中国诗歌选本》）在俄罗斯影响巨大。

在诗词不区分思潮的影响下，1961 年出版的《 Синь Цицзи стихи 》（《辛弃疾词集》）并没有翻译词牌名，直到 20 世纪 70 年代，《 Ли Цин-чжао. Строфы из граненой яшмы 》（《李清照·漱玉词》）和《 Су Дун-по. Стихи. Мелодии. Поэмы 》（《苏东坡诗词集》）才正式大规模地翻译词牌名，并且统一为"мелодия"。

20 世纪 80 年代对词的区分已经很明确，1984 年出版的《 Китайская пейзажная лирика III-XIV вв 》（《中国 3—14 世纪风景抒情诗》）已经把词对应为"романс"，而 1987 年出版的艾德林主编的《 Поэзия эпохи Тан 》（《唐代诗歌》）以"в жанре цы"为标记把词单列出来。

20 世纪 90 年代以后，译词名家巴斯曼诺夫、孟列夫、戈鲁别夫和谢列布里亚科夫等人已经到了人生暮年，过了最旺盛的创作期。除了他们以外，年青一代的翻译家基本不区分诗和词，对于区分的标记——词牌，也采用省略的方式。斯米尔诺夫（Смирнов И. С.，1948— ）在艾德林之后组织编辑了一系列中国古典诗歌译本，他主要研究明代诗歌，但是他对词的翻译处理方式和艾德林并不一致。他主张词不必和诗区分。比较有代表性的是斯米尔诺夫主编的"中国诗歌佳句系列"（Серия Дрогоценные строфы китайской поэзии），这是一套由 10 本诗歌集组成的系列，时间跨度从 3 世纪到 20 世纪。词作就整个系列来说收录得较少，其中，《 Облачная обитель. Поэзия эпохи Сун X-XIII вв 》（《云居——宋代诗歌》）中收录了少量词作译本，词牌名要么被处理成标题意译出来，要么用"＊＊＊"代替，没有"мотив""мелодия"或者"жанр цы"之类的标记。

在斯米尔诺夫的自选集《 Китайская поэзия в исследованиях, заметках, переводах, толкованиях 》（《中国诗歌研究·笔记·译本·注解》）中有一段话可以体现他的观点："在我们的宋代集本中，存在五言诗和七言诗的经典形式。必须要说明的是，在那个时代出现了另外一种新的诗歌形式——词——'曲调'或者'浪漫曲',有时候正如它的名称,是为了强调词语和音乐的紧密联系。但并没有改变还是经典诗句的本质,这在很大程度上决定了宋代诗歌的面貌。"①

这段话的理解可能来自王力给词下的定义:"一种律化的、长短句的、固定字数的诗。"②"既然还是诗,还是律句,那为什么还要区分呢?"这是一部分俄罗斯学者的观点。

部分俄罗斯学者忽视了王力在《汉语诗律学》中花了相当大的篇幅讨论词律,后又把词律单独成书。在《诗词格律》这本书中,"诗律"和"词律"也是单独成章、并列而论的。除了王力以外,中国还有龙榆生、夏承焘、唐圭璋等词学家以词为专门的研究对象,俄罗斯的汉学家孟列夫、谢列布里亚科夫、巴斯曼诺夫等学者和翻译家经常引用他们的研究成果,隋唐以来的古代词学家的观点也多次出现在他们的学术著作中。俄罗斯对词的翻译和研究并不是刚刚开始,而是已经有了很多成果并且形成了系统。

---

① Смирнов И. С. Китайская поэзия в исследованиях, заметках, переводах, толкованиях［M］. Москва: Издательский центрРГГУ, 2014: 148.

② 王力. 汉语诗律学: 下［M］. 北京: 中华书局, 2015: 538.

第三章　汉语词的俄译分析

国内关于词的外译及研究已经有近百年的历史，投入这一领域的人物在中国现代文学史上拥有耀眼的名字——赵元任、林语堂、冰心、钱锺书等。经过一代又一代的翻译者的努力，唐诗、宋词、元曲的英译在国内已硕果累累，法译也有一定的规模，但词的俄译及研究却声名不显，少有人关注。

迄今为止，词的俄译只搜集到俄罗斯翻译者的译本，暂时还未搜集到中国翻译者的译本。俄罗斯翻译者的译本状况，采用了什么样的格式把汉语词转换为俄语诗，在形式和内容的转换方面有何特点等，都亟待了解和研究。

第一节　词译本的样本选取原则

俄罗斯汉学家对汉语词的翻译不是刚刚开始，而是经过了几十年的积累，不重复的词译本数量大约有 500 首，涵盖了大部分唐宋词的名作。选取何种译本作为分析对象取决于是否能够客观评价汉语词的俄译状况。

一、选取四大名著中的词译本

四大名著在俄罗斯流传很广，每隔一段时间就会出新的译本，比如《 Сон в красном тереме 》（《红楼梦》）分别有 1958 年版、1995 年版和 2014 年版。《 Троецарствие 》（《三国演义》）有 1954 年版、1984 年版和 2014 年版。《 Речные заводи 》（《水浒传》）有 1955 年版、1959 年版、2008 年版和 2014 年版。《 Путешествие на запад 》（《西游记》）有 1959 年版、1994 年版和 2015 年版，最近在俄罗斯的购物网站（http：//www. ozon. ru）上还出现了《 Путешествие на запад 》（《西游记》）的预约打印版。四大名著中的词译本读者众多，影响力广。比如《红楼梦》中的"柳絮词"在俄罗斯《红楼梦》诗歌部分有两个不同的译本，因此"柳絮词"也有两种不同的译本。四大名著中的词作无论是在中国还是在俄罗斯都有很高的知名度，选来作为译例十分有代表性。

二、同一词作译本

俄罗斯译者对中国诗人的关注有自己的倾向和标准，有一些词作同时被多位译者翻译，这样就造成了一首词作有多个译本，选取这些译本进行横向比较分析，能够展现俄语诗歌格式的丰富多元，比较分析也能够使评价更加客观。

三、同一词牌词作译本

同一词牌意味着汉语的诗歌格式完全相同，词牌的词谱把韵脚、节奏、字数都固定了，这种相同的格式被翻译成俄语呈现出何种状态能够反映出译者对词这一体裁的理解。

四、同一词作同一译者前后译本

有的翻译者几十年来一直在词的翻译领域耕耘，前后对同一词作有过修改，于是就得到了同一词作同一译者的不同译本，对这些译本进行纵向比较分析，可以发现译者对词作理解的变化。

五、按翻译方式

巴尔胡达罗夫认为翻译是分层次的，提出了翻译层次（Уровень перевода）的概念。他认为翻译分为等值翻译（Эквивалентный перевод）、逐词翻译（Буквальный перевод）和自由翻译（Вольный перевод）三种。

等值翻译："遵守译语规范和不改变传达内容条件下的翻译，称为等值或等同翻译。"[1]

逐词翻译："遵守译语规范和丝毫不改变传达内容情况下的较低水平

---

[1]　Бархударов Л. С. Язык и перевод：Вопросы общей и частной теории перевода [M]. Москва：ЛКИ, 2007：186.

的翻译就是逐词翻译。"①

　　自由翻译："遵守译语规范，原则上不改变传达内容情况下的较高水平的翻译就是自由翻译。"②

　　从定义来看，"自由翻译"相当于国内学者讲的"意译"；"逐词翻译"相当于国内学者讲的"硬译"或"对译"；"等值翻译"的定义结合了"自由翻译"和"逐词翻译"。俄罗斯学者认为"自由翻译"处于较高水平，而"逐词翻译"处于较低水平。

　　除此之外，俄罗斯部分翻译理论家认为等值（эквивалетность）和等同（адекватность）是相同的概念，也有翻译理论家区分了等值和等同的概念，强调等值针对翻译的结果，倾向于文本之间的对比；等同针对翻译的过程，倾向于交际情境的对比。在本章中，我们更倾向于使用等同翻译（адекватный перевод）的概念，但并不对等同和等值做进一步区分。我们只是运用翻译理论而已。

　　在俄罗斯的诗歌网站上，有人尝试用逐词翻译的方式来翻译李清照的部分词作，引发了人们的关注和争论。逐词翻译在文学作品翻译中很少见到，这种独特的翻译方式有助于发现汉语和俄语中某些词汇与句法的对应关系，对于某些特别的词作，有意想不到的效果。但是这种逐词硬译的方式无法把汉语词译成俄语的诗歌，无法构建俄语诗的韵律，充其量只是外形像俄语诗的散句集合。

　　等同翻译在一些口语化的小令中比较容易实现，可以做到原文和译文之间诗行的对应。

　　在一些典故和附加意义词密集的中长调词作中，以及一些历史和哲学题材的词作中，采用自由翻译的方式才能完成翻译任务。

六、按词牌篇幅

　　词牌的篇幅对内容和形式的转换有很大的影响，词在发展的过程中有篇幅逐渐扩大的趋势。最开始流行的词是短小的用来作酒令的小令，是只有一段的单调，后来发展为两段的小令。字数超过 58 字后为中调，中调以

---

　　① Бархударов Л. С. Язык и перевод：Вопросы общей и частной теории перевода ［М］. Москва：ЛКИ，2007：186.

　　② Бархударов Л. С. Язык и перевод：Вопросы общей и частной теории перевода ［М］. Москва：ЛКИ，2007：187 – 188.

近拍和慢曲为主。字数超过 90 字的属于长调，字数最多的《莺啼序》词牌多达 240 字，犹如短小的散文。叶嘉莹曾将词的发展描述为"歌词之词""诗化之词"和"赋化之词"，① "歌词之词"对应小令的篇幅，"诗化之词"对应中调的篇幅，而"赋化之词"则对应长调的篇幅。

现在被翻译成俄语的词作大部分是小令，中调和长调占的比重不大。以词译本最多的《 Голос яшмовой флейты. Из китайской классической поэзии в жанре цы 》（《玉笛声——中国历代词选》）为例，全书共有 313 首词作译本，其中，中调译本 24 首，长调译本 26 首，其余皆为小令（共 263 首）。小令的译本通常能做到原文和译文诗行的对应，而篇幅长的词作则出现了删减、增加、提炼、倒序等重构手法，原文和译文比较难建立起诗行的对应关系。

第二节　译例分析

一、"柳絮词"的两个不同译本

"柳絮词"不是一首词，而是《红楼梦》中一组咏柳絮的词，主题是柳絮，以不同人物角色的口气写出，暗示了对应人物未来的命运。"柳絮词"共五首，分别是：史湘云的《如梦令》、贾探春和贾宝玉的《南柯子》、林黛玉的《唐多令》、薛宝琴的《西江月》、薛宝钗的《临江仙》。原著中薛宝钗填完《临江仙》后有这样的评语："果然翻得好力气，自然是这首为尊。缠绵悲戚，让潇湘妃子；情致妩媚，却是枕霞；小薛与蕉客今日落第，要受罚的。"② 这段话指出薛宝钗的《临江仙》夺冠，其次是林黛玉的《唐多令》和史湘云的《如梦令》。以"柳絮填词大赛"的前三名为例，"柳絮词"有两个译本，孟列夫译本和戈鲁别夫译本。

（一）"柳絮词"之《如梦令》

岂是绣绒才吐，卷起半帘香雾。纤手自拈来，空使鹃啼燕妒。

---

① 叶嘉莹. 词之美感特质的形成与演进［M］. 北京：北京大学出版社，2007：209.

② 曹雪芹，高鹗. 红楼梦：下册［M］. 脂砚斋，王希廉，点评. 北京：中华书局，2009：479.

且住，且住！莫使春光别去。①

表 3 - 1　《如梦令》两个译本对比

1958（2014）年版孟列夫译本	音节	韵式	1995 年版戈鲁别夫译本	音节	韵式
Лишь только пушинок, 只是小小的绒毛，	6	ж	Пряжи шелковый пух 像细纱的丝绒，	6	a
как шелковых нитей，появится стая， 如蚕丝线，出现了一群，	12	ж	не исчез ли уже безвозвратно? 还没有彻底消失？	10	b
变成了像丝线揉的团，			Я отдернула штору – 我拉开窗帘，	7	c
Уж дымкой душистой 像芬芳的烟雾，	6	ж	и вижу туман ароматный. 见到芬芳的雾。	9	b
приподнятый полог они наполняют. 充满微微卷起的帘子。	12	ж	Пуха мне бы щепотку 一撮细绒拈来	7	c
Я хрупкой рукою 我用纤细的手，	6	ж	принести，чтоб на память осталась，– 留作纪念，	10	d
все время стараюсь поймать их. 尽力抓住，	9	ж	Только вызвать боюсь 只是担心	6	e
Но тщетно! Лишь ревность 但是徒劳！只是引来	6	ж	у кукушки и ласточки жалость. 杜鹃和燕子的抱怨。	10	d
кукушек и ласточек я вызываю. 杜鹃和燕子的妒忌。	12	ж	Но весну попрошу: 我祈求春天	6	e
Не мчитесь, пушинки! 柳絮，别飞了！	6	ж	Не спеши! Задержись у порога, 别着急！留在门槛那里，	10	f
Не мчитесь, пушинки! 柳絮，别飞了！	6	ж	Пусть твой ласковый луч 让你的柔和的光线，	6	a
Зачем вы спешите – 为什么这么着急，	6	ж	мне посветит – хотя бы немного! …③	10	f
ведь с вами умчится весна молодая!② 明媚的春光也同你一起飞走了！	12	ж	照着我，哪怕一小会！		

①　曹雪芹，高鹗. 红楼梦：下册［M］. 脂砚斋，王希廉，点评. 北京：中华书局，2009：478.

②　Панасюк В. А.，Меньшиков Л. Н. Сон в красном тереме Т. 2.［М］. Санкт-Петербург：Наука，2014：178.

③　Панасюк В. А.，Голубев И. С. Сон в красном тереме Т. 2.［М］. Москва：Ладомир и Художественная литература，1995：451.

1. 形式转换

（1）诗行。

原词《如梦令》有 6 句诗行，这两首译文都译成 12 句诗行，分别是两行俄语诗行对应一句原词的诗行。

（2）音节。

这两首《Мне словно снится》（《如梦令》）虽然是两位译家在不同的时代翻译的，但诗行结构和音节数却是相近的。左边孟列夫的译本采用的是短句 6 个音节和长句 9 ~ 12 个音节，一长一短两种句型，而右边戈鲁别夫的译本也是短句 6 ~ 7 个音节，长句 9 ~ 10 个音节这样的诗行结构。

（3）韵律。

表 3 - 1 左边的孟列夫译本每行押了阴韵，用的是三音节抑扬抑格诗步。两个完整的抑扬抑格诗步诗行和四个完整的抑扬抑格诗步诗行交错。例如：

Лишь то́лько / пуши́нок,

∪ – ∪/∪ – ∪

как шелко/вых ни́тей, / поя́вит/ся ста́я,

∪ – ∪/∪ – ∪/∪ – ∪/∪ – ∪

Уж ды́мкой души́стой

∪ – ∪/∪ – ∪

припо́днятый по́лог они́ наполня́ют.

∪ – ∪/∪ – ∪/∪ – ∪/∪ – ∪

表 3 - 1 右边的戈鲁别夫译本押了韵脚较宽的交错韵，用了两种诗步，短句是抑抑扬格诗步，长句是抑扬抑格诗步。例如：

Пряжи шел/ковый пу́х

∪ ∪ –/∪ ∪ –

не и́счез /ли /уже́ без/возвра́тно?

∪ – ∪/∪/∪ – ∪/∪ – ∪

Я отде́/рнула што́/ру –

∪ ∪ –/∪ ∪ –/∪

и ви́жу/ тума́н а/рома́тный.

∪ – ∪/∪ – ∪/∪ – ∪

2. 内容转换

这首《如梦令》篇幅短小，两首译文所用的词和句式都比较接近，只有"春光"一词的译法差别较大。"莫使春光别去"一句中的"春光"这个词在俄语中并没有等值的词与之对应，于是"春光"产生了两种译文。戈鲁别夫把"春光"译为"ласковый луч"（柔和的光线），而孟列夫译为"весна молодая"（明媚的春光）。《现代汉语词典》中"春光"的释义为"春天的景致"。① 显然"весна молодая"（明媚的春光）和这个释义比较接近。"луч"一词的俄语解释为：①Уская полоса света，исходящая от какого – н. светящегося предмета.（源自发光物体的窄光带）②Поток в виде пучка частиц какой-н. энергии（спец.）［某种能源的束状波（专业词汇）］显然，"ласковый луч"（柔和的光线）和"春光"相距甚远，"春光"在汉语中是一个固定组合词语，并没有"光线"的意思。汉语中"光"不但可以组词"光线""光亮"，还可以组词"光景"，是"风光景物"的意思。"光"字有 12 种释义，93 个常用词，其中一半以上和"光波""光线"无关。② 联系上下文来看"ласковый луч"之前有"Но весну попрошу"点明了是春天，从整首词来看，这种翻译转换虽然不够贴切，却也不是误译，属于自由度较高的翻译。而孟列夫的译法显然更贴近原文，追求等值或等同的翻译效果。整体而言，孟列夫的译本忠实于原文，戈鲁别夫的译本有较大的个人发挥，2014 年《红楼梦》再版选择了孟列夫的诗歌译本，由此看来并非偶然。

（二）"柳絮词"之《唐多令》

唐多令

粉堕百花洲，香残燕子楼。一团团逐队成球。漂泊一如人命薄，空缱绻，说风流。

草木也知愁，韶华竟白头！叹今生谁舍谁收？嫁与东风春不管，凭尔去，忍淹留。③

---

① 中国社会科学院语言研究所词典编辑室. 现代汉语词典［M］. 6 版. 北京：商务印书馆，2012：208.

② 中国社会科学院语言研究所词典编辑室. 现代汉语词典［M］. 6 版. 北京：商务印书馆，2012：483 – 486.

③ 曹雪芹，高鹗. 红楼梦：下册［M］. 脂砚斋，王希廉，点评. 北京：中华书局，2009：478.

表3-2 《唐多令》的两个译本对比

1958 年版孟列夫译本	音节	韵式	1995 年版戈鲁别夫译本	音节	韵式
Как пудра упала 像香粉坠落	6	ж	В пространстве Края Ста цветов 在一百种花的区域,	8	м
на острове Байхуачжоу, 在百花洲岛上,	9	ж	Пушинки все летят, летят… 柳絮飞啊飞,	8	м
Цветы опадают 花凋谢	6	ж	А в Башне ласточки иссяк 而燕子的楼中耗尽	8	м
повсюду вокруг Яньзылоу. 在燕子楼周围。	9	ж	Весны душистой аромат. 春天的芬芳气息。	8	м
Вы стая за стаей кружитесь, 一团团旋转,	9	ж			
в клубок сочетаетесь мягкий, пуховый, – 结成柔软的绒球,	12	ж	Пушинки-здесь, пушинки-там, 柳絮在这里, 柳絮在那里,	8	м
Нигде вам, пушинки, не будет приюта, 哪都没有你的栖身之地,	12	ж	А коль столкнутся, – не разнять: 如果缠在一起, 就再难分开,	8	м
вы так же, как люди, несчастны, 就像那些不幸的人。	9	ж	Летят вдвоем по небесам, 一起飞向天空,	8	м
			Не мысля на судьбу роптать. 没想到要分开。	8	м
Напрасно сплетаетесь вместе 徒劳地纠缠在一起,	9	ж	Неудержим ветров поток. 在风的乱流中无法握住	8	м
и ищете нежное слово. 并寻找一些温柔的话。	9	ж	Прекрасны о любви слова. 关于爱情的美丽词句,	8	м
			Но есть и для деревьев срок, 树木有周期,	8	м
Деревья и травы 树木和草地	6	ж	Конец свой знает и трава… 绿草也知道自己生命的终点……	8	м
ведь тоже тоскуют, страдают. 也会知道忧愁。	9	ж			
И пух сединою 绒羽变白,	6	ж	Недавно был расцвет-и вот 不久前才开过花, 就	8	м
цветение их прикрывает. 被开出的花遮盖后,	9	ж	Уже седеет голова! 顶部已经变白!	8	м
Печальная участь пушинок! 柳絮悲惨的命运!	9	ж	Что наша жизнь? Пушинок взлет! 我们的生活究竟是什么? 像柳絮飞起!	8	м
Кто выпустил их? Кто их после поймает? 谁放开它们? 然后谁又拾起它们?	12	ж	Но кто их в вихре соберет? 但是谁又能在旋风中收集它?	8	м

（续上表）

1958 年版孟列夫译本	音节	韵式	1995 年版戈鲁别夫译本	音节	韵式
Вы свадьбу справляете с ветром восточным. 你和东风举办婚礼，	12	ж	…Уносится вослед ветрам 随风而去，	8	м
и вас забывает весна. 而春天又忘记了你。	8	м	Моей мечты весна, 我梦想的春天，	6	м
			Тем, кто был близок и любим, 我们亲近和喜爱的春天，	8	м
			Я больше не нужна… 已经不需要我……	6	м
Уж вы далеко улетели, 你已经飞远了，	9	ж	Одна пушинка взмыла ввысь, 一片柳絮向上飞去，	8	м
и вас удержать не могла я. ① 我不能抓住你。	8	м	Отбившись от другой… 分成两片，	6	м
			Кричит вослед:《 Не торопись! 后面的那片叫着："不着急!	8	м
			Мне не летать одной! …》② 我不想独自飞! ……"	6	м

1. 形式转换

（1）诗段。

《唐多令》原文分为上下两阕，相当于两个诗段，并且是句式结构完全相同的两个诗段。而两首译文的诗段则不同。孟列夫的译本分为 3 个诗段：1 个 10 行诗段，对应上阕的内容；一个 6 行诗段和一个 4 行诗段，这两个诗段相加对应下阕的内容。戈鲁别夫的译本分为 6 个 4 行诗段，诗段的结构打破了原文上下两阕的界限，"空缱绻，说风流"和"草木也知愁"分属上下两阕，在戈鲁别夫的译文中却在同一个诗段里。

（2）诗行。

《唐多令》的原文是每阕 5 句，一共 10 句。孟列夫的译文是每两行诗

---

① Панасюк В. А. , Меньшиков Л. Н. Сон в красном тереме Т. 2. ［М］. Санкт-Петербург：Наука，2014：179 - 180.

② Панасюк В. А. , Голубев И. С. Сон в красном тереме Т. 2. ［М］. Москва：Ладомир и Художественная литература，1995：453 - 454.

句对应原文一行诗句，共 20 句。戈鲁别夫的译文一共有 24 句，和原文的诗行没有对应关系。

（3）音节。

孟列夫译本使用的诗句音节数量有 6、8、9、12 四种，交错排列，句子长短不一。戈鲁别夫的译本只有 6 音节和 8 音节两种音节数量的诗句，最后两个诗段 6 音节诗句和 8 音节诗句交错，前四个诗段的句子是整齐的8 音节诗句。戈鲁别夫译本的句子形态更整齐。

（4）韵律。

孟列夫这首《唐多令》译本和他的《如梦令》译本一样，除最后四句是阴阳韵交错外，其余押了阴韵。使用了抑扬抑格诗步，其中 6 音节诗行由两个抑扬抑格诗步组成，9 音节诗行由三个抑扬抑格诗步组成，12 音节诗行由 4 个抑扬抑格诗步组成。例如：

Как пу́дра / упа́ла
U – U / U – U

на о́стро / ве Байху / ачжо́у,
U – U / U U U / U – U

Цветы́ о / пада́ют
U – U / U – U

повсю́ду / вокру́г Янь / зыло́у.
U – U / U – U / U – U

Вы ста́я / за ста́ей / кружи́тесь,
U – U / U – U / U – U

в клубо́к со / чета́е / тесь мя́гкий, / пухо́вый, –
U – U / U – U / U – U / U – U

Нигде́ вам, / пуши́нки, / не бу́дет / приюта,
U – U / U – U / U – U / U – U

вы так же, / как лю́ди, / несча́стны,
U – U / U – U / U – U

Напра́сно / сплета́е / тесь вме́сте
U – U / U – U / U – U

и и́ще / те не́жно / е сло́во.
U – U / U – U / U – U

　　戈鲁别夫的译本全部诗行押了阳韵。节奏方面，使用的是抑扬格诗步，前四个诗段用的是 8 音节诗行，由四个抑扬格诗步组成，最后两个诗段是 8 音节和 6 音节相间的，四诗步诗行和三诗步诗行交错。例如：

　　① 8 音节诗段。

В простра́н/стве Кра́/я Ста́/цвето́в
∪ –/∪ –/∪ –/∪ –
Пуши́н/ки все/ летя́т, / летя́т…
∪ –/∪ –/∪ –/∪ –
А в Ба́/шне ла́/сточки /исся́к
∪ –/∪ –/∪∪/∪ –
Весны́/ души́/стой а/рома́т.
∪ –/∪ –/∪∪/∪ –

　　② 8 音节和 6 音节交错诗段。

Одна́/ пуши́н/ка взмы́/ла вв**ы́сь**,
∪ –/∪ –/∪ –/∪ –
Отби́/вшись от /друг**о́й**…
∪ –/∪∪/∪ –
Кричи́/т вослед: /« Не то/ропи**сь**!
∪ –/∪ –/∪∪/∪ –
Мне не́/лета́ть /одн**о́й**! …»
∪ –/∪ –/∪ –

　　2. 内容转换

　　这首词开头的"百花洲""燕子楼"含有典故，欧阳修写过《和圣俞百花洲》，白居易写过《燕子楼诗三首》，两个词都是含有典故的专有名词。两位译者的处理方式不同，戈鲁别夫把"百花洲"译为"В пространстве Края Ста цветов"（在一百种花的区域），"百花"在汉语中并不是指一百种花，而是指很多种花，例如"百花齐放"。汉语"洲"的释义为：①一块大陆和附近岛屿的总称，如亚洲、大洋洲。②河流中由泥沙淤积而成的陆地，如沙洲、三角洲。③姓氏。① 由此可见，"洲"指的是四周有水的岛屿或半岛。俄语的"край"的释义为："①Предельная линия, предельная часть чего-н.（分界线，和别的物体区分的部分）②страна, область.（国家、地区）③ Крупная административно-территориальная единица, имеющая в своём составе автономную область.（大型的行政单位，拥有自主权的自治区）"这三个释义里并没有"洲"的意思，反倒是有"州"的释义，这两个相似的汉字很容易混淆。"燕子楼"戈鲁别夫译为"в Башне ласточки"（燕子的楼），但是实际上燕子楼并没有燕子，而是指双翼翘起像燕子展翅的楼。因此戈鲁别夫译的"百花洲"和"燕子楼"都没有正确传达原文的意思。

再来看孟列夫的译文，"百花洲"译为"на острове Байхуачжоу"（在百花洲岛上），十分准确地把"洲"译为"острова"（岛屿），"百花洲"音译为"Байхуачжоу"，而"燕子楼"直接音译为"Яньзылоу"。这两个专有名词所对应物体的本身形态是实际意义，典故是隐藏意义，"на острове Байхуачжоу"和"Яньзылоу"音译保留了原文实际和隐藏的全部含义，读者不容易误解。孟列夫的译文无疑在这个方面处理得很好。汉语古诗词中的专有名词最好采用"整体音译＋关键词意译"的方法。如孟列夫的"百花洲"（на острове Байхуачжоу）的处理方法，或者直接音译，如"燕子楼"（Яньзылоу）。

（三）"柳絮词"之《临江仙》

临江仙②

白玉堂前春解舞，东风卷得均匀（yún）。蜂围蝶阵乱纷纷（fēn）。几曾随逝水？岂必委芳尘（chén）。

万缕千丝终不改，任他随聚随分（fēn）。韶华休笑本无根（gēn），好风凭借力，送我上青云（yún）！

---

① 中国社会科学院语言研究所词典编辑室. 现代汉语词典［M］. 6 版. 北京：商务印书馆，2012：1694.

② 曹雪芹，高鹗. 红楼梦：下册［M］. 脂砚斋，王希廉，点评. 北京：中华书局，2009：479.

表 3－3 《临江仙》两个译本对比

1958（2014）年版孟列夫译本	音节	韵式	1995 年版戈鲁别夫译本	音节	韵式
Вóзле нефрúтовых бéлых покóев 在白玉的房间附近，	11	ж	Там, за Палáтой бéлого нефрúта, 在那白云宫殿的旁边，	11	ж
пля́шут снежнúки весно́й; 像春天的雪花那样飞舞，	7	м	Весно́ю я́рок хорово́д цветúстый. 春天的色彩缤纷的漩涡，	11	ж
Вéтер востóчный 东风	5	ж	В востóчном вúхре úвовых пушúнок 柳絮在东风中，	11	ж
Кружúтся повсю́ду, пушúнки взметáя. 把柳絮卷得向上飞扬。	12	ж	Движéнья то замéдленны, то бы́стры… 移动地时快时慢……	11	ж
Нóсятся пчёлы меж нúми роя́ми, 成群的蜜蜂在其间奔忙，	11	ж	И бáбочек, и пчел вослéд за нúми 蝴蝶和蜜蜂随着柳絮	11	ж
бáбочек кружáтся стáи. 成群的蝴蝶也在环绕。	8	ж	Весéнний ветер, разгуля́вшись, гóнит, 和春风自由追逐，	11	ж
Скóро ль пушúнки 很快柳絮	5	ж	И скóлько их, не облетéвших вóду, 有多少没有飞过流水，	11	ж
вслед за водóю умчáтся? 随着流水的脚步飞去，	8	ж	Подхвáченных волнóй, безвúнно тóнет! 被浪花抓住，无奈地沉没。	11	ж
Что их спускáться 什么使它们坠落	5	ж	А рáзве в грязь их мало угождáет, 跌落泥土也有不少，	11	ж
в душúстую пыль заставля́ет? 在芬芳的尘土里？	9	ж	Пушúнок лёгких, в бу́йную погóду? 轻轻的柳絮，在急剧变化的天气里。	11	ж
Ты́сячит óнких, как шелк, паутúнок 像千万条丝线和蛛网，	10	ж			
с ив неизмéнно летя́т, 始终从柳树上飞来，	7	м			
То рассыпáясь, 一会儿散开，	5	ж			

（续上表）

1958（2014）年版孟列夫译本	音节	韵式	1995 年版戈鲁别夫译本	音节	韵式
то собира́ясь, проно́сятся ро́ем. 一会聚拢，一片片被吹走。	11	ж	Хотя броса́ет в вихрь весе́нней пля́ски 尽管东风把柳絮的春舞	11	ж
« Мы рождены́ без корне́й, но цветы́ 我们是生来无根的花朵，	10	м	Пуши́нки и цветки восто́чный ве́тер, – 吹成了漩涡，	11	ж
пусть не смею́тся весною: 不要笑春天：	8	ж	Ствол ивы прям. Стои́т, не изменя́ясь, 直直的柳树干，站在那里，没有改变，	11	ж
Ве́тер весёлый 愉快的风	5	ж	Пока́чивая лишь при ве́тре ве́тки. 只是树枝在风里轻轻摆动。	11	ж
си́лы свое́й не жале́ет, 别吝惜你的力量，	8	ж			
В си́ние ту́чи 向青色的云，	5	ж	Не сме́йтесь надо мной… Для пуха и́вы 别笑我，对于柳絮，	11	ж
нас поднима́ет с собо́ю » 我随着你飞去。	8	ж	Поте́рян ствол-и бо́льше нет опо́ры, 离开树干——没有了依托，	11	ж
			А я хочу́, подхва́ченная ве́тром, 而我想，被风托举	11	ж
			Сверши́ть полет в небе́сные просто́ры! 在天际的空阔处飞翔！	11	ж

1．形式转换

（1）诗段。

《临江仙》词牌有两阕，也就是两个诗段，而且是两阕句式韵律相同的词牌。孟列夫的译本分为 3 个诗段，依次为 4 行诗段、6 行诗段和 10 行诗段。前面的 4 行诗段和 6 行诗段相加对应上阕，后面的 10 行诗段对应下阕。戈鲁别夫的译本分为 4 个诗段，前两个诗段是一个 4 行诗段和一个 6 行诗段，两段相加对应上阕。后两个诗段是 4 行诗段，两个诗段对应下阕。

（2）诗行。

　　《临江仙》共有 10 行，每阕 5 行。孟列夫译本有 20 行，每两行对应原文一行诗句。戈鲁别夫译本共有 18 行，译文诗行和原文诗行并不对应。

　　（3）音节。

　　《临江仙》原文的诗行音节构成是 76755，有两阕，则为 76755 76755。孟列夫译本的音节数量并不整齐，5、7、8、9、10、11、12 多种音节数量的诗行并存，且无排列的规律。戈鲁别夫译本全部用 11 音节诗行译出。

　　（4）格律。

　　《临江仙》每阕的第二、三、五行押韵，上下阕同韵。孟列夫译本除两行阳韵的诗行外，其余诗行押的是阴韵，使用的是三音节扬抑抑格诗步间以抑扬抑格诗步，例如：

Во́зле не/фри́товых /бе́лых по/ко́ев
– ∪∪／– ∪∪／– ∪∪／– ∪
пля́шут сне/жни́ки ве/сно́й；
– ∪∪／– ∪∪／–
Ве́тер во/сто́чный
– ∪∪／– ∪
кружи́тся /повсю́ду，/пуши́нки /взмета́я.
∪ – ∪／∪ – ∪／∪ – ∪

　　戈鲁别夫的译本格律严密，全诗使用了阴韵，即重音在倒数第二个音节上。诗行均由 11 个音节组成，使用了双音节抑扬格诗步，由 5 个完整的双音节诗步再加一个非重读音节组成，属于加长型诗步。例如：

Там，за /Пала́т/ой бе́/лого/ нефри́/та，
∪∪／– ／∪ –／∪∪／∪ –／∪
Весно́/ю я́/рок хо/рово́д /цвети́/стый.
∪ –／∪ –／∪∪／∪ –／∪ –／∪
В восто́/чном ви́/хре и́/вовых /пуши́/нок
∪ –／∪ –／∪ –／∪∪／∪ –／∪
Движе́/нья то /заме́/дленны，/то бы́/стры…
∪ –／∪∪／∪ –／∪∪／∪ –／∪

　　从形式的转换来看，孟列夫的译本诗行音节数量不一，是长短句形

式，使用多种诗步，并不追求格律整齐，但还是俄语诗。而戈鲁别夫的译本诗行音节数量整齐，只使用了一种诗步，是格律整齐的诗。

2. 内容转换

对照这两个译本，孟列夫的译本诗行之间有对应关系，做到了句和句之间的直译。而戈鲁别夫的译本只能做到段落之间的对应，是自由度很高的意译，追求意境的相融和格律的精密。

这两个译本各有千秋，对"青云"一词的处理完全不同，孟列夫直接把"青云"翻译成了"в синие тучи"。"туча"的释义为："①Большое, обычно тёмное густое облако, грозящее какими-н. осадками.（大的，通常是黑色的浓密的云，簇状包围状）②Множество, густая движущаяся масса.（数量多且浓密的移动的群体）"① 从这个意义上来看，"синие тучи"就是深蓝色的乌云。而"青云"在汉语中的释义为："①青天上的云。屈原《远游》：'涉青云以汜滥游兮，忽临睨夫旧乡。'借指高空。②比喻高官显爵。《汉书·扬雄传下》：'当涂者入青云，失路者委沟渠，旦握权则为卿相，夕失势则为匹夫。'③比喻隐逸，清高。《南史·衡阳元王道度传》：'身处朱门，而情游江海；形入紫闼，而意在青云。'④指春官。《汉书·百官公卿表上》注引应劭曰：'黄帝受命，有云瑞，故以云纪事也。由是而言，故春官为青云，夏官为缙云，秋官为白云，冬官为黑云，中官为黄云。'②"青云"屡次出现在中国古代的诗句和典籍中，是不折不扣的典故，而且并没有字面意义"青色的云"的意项。因此，孟列夫把"青云"译成"синие тучи"并不恰当。那么再来看戈鲁别夫的译文，他把"青云"意译为"небесные просторы"（天际的空阔处）。这符合"青云"在《古代汉语词典》中的第一个释义。戈鲁别夫为意译，而孟列夫为直译。由于民族的文化历史不同，典故是无法直译的。

典故的翻译和转换是中国古典诗歌翻译的关键。中国古代有以用典为美的传统，词的语言典雅幽美，追求精炼和蕴意深厚，因此典故在词这一体裁中广泛使用。这些典故是千百年来在中国历史和文学中积累下来的。《词的非等值现象研究》中有一个章节讨论了"культурный мир в языке"（语言中的文化世界），谈到了语言的积累功能："语言的积累功能是以使用该语言的民族经验为前提的，而民族经验在该语言的词汇和意义中体现

---

① Ожегов С. И. Словарь русского языка ［М］. Москва：ОНИКС；Мир и Образование，2008：799.

② 张双棣，殷国光. 古代汉语词典 ［М］. 北京：商务印书馆，2014：1176.

出来。这一点已经被所有的语言学家所认同。"①

典故在《现代汉语词典》中的释义为："诗文等所引用的古书中的故事或词句。"② 因此典故分为两种：故事型典故和词汇型典故。

词汇型典故和普通的词汇结构相似，因而更容易产生理解错误，比如"青云"和"白云"结构相似，但是在汉语中，"白云"通常指的是白色的云，而"青云"则另有所指，并不是"青色的云"。

中国广泛使用白话文的历史不足百年，很多词汇是直接从古代汉语中继承而来的，往往一些看上去结构普通的词汇却蕴含典故。因此辨明意义和出处尤其重要，这是进行翻译的前提。

二、小令《忆江南》的八个译本

《忆江南》是最早流行的令词词牌之一，共有 27 个字，三平韵，中间七言两句需要对偶。《忆江南》又名《望江南》《梦江南》《江南好》。词牌相同意味着汉语词作的格式相同。汉语词的同一种格式转换成俄语诗有几种情况值得分析：第一，同一译者是否把同一词牌转换成了同一格式的俄语诗；第二，不同译者是否把同一词牌转换成了格式相近的俄语诗；第三，不同译者从同一词作转换成的俄语诗在格式和内容上有何特点。

（一）艾德林的《忆江南》译本

艾德林翻译了三首白居易的《忆江南》，收在 1956 年出版的《 Китайская классическая поэзия（эпоха Тан）》(《中国古典诗歌·唐代》）中。这三首《忆江南》是早期的词译本，艾德林是中国古典诗歌翻译领域著名的编辑和翻译家，主攻唐代诗歌。艾德林总共翻译了四首词作，除了这三首《忆江南》外，还有一首辛弃疾的《丑奴儿·少年不识愁滋味》。这三首《忆江南》有助于我们体会早期词俄译本的风格。

---

① 詹德华. 词的非等值现象研究［M］. 香港：开益出版社，2003：22.
② 中国社会科学院语言研究所词典编辑室. 现代汉语词典［M］. 6 版. 北京：商务印书馆，2012：290.

表3-4 艾德林《忆江南》之一译文和原文对比

白居易《忆江南》之一	音节	韵式	Цзяннаньские воспоминания 译本	音节	韵式
江南好,	3		Хорошо в Цзяннани.	6	ж
风景旧曾谙。 a	5	a	Я издавна помню Картины природы её:	6 8	ж м
日出江花红胜火,	7		Лишь выглянет солнце, речные цветы Пламенеют сильнее огня.	11 9	м м
春来江水绿如蓝。 a	7	a	Приходит весна, и речная вода Зелена, как растение лань.	11 9	м м
能不忆江南?① a	5	a	Как быть равнодушным, Как можно не вспомнить Цзяннань!②	6 8	ж м

1. 形式转换

（1）诗段。

译文的布局十分精妙，《忆江南》是一首短词，只有5行27个字。译文以一个诗段来对应一句原文。5个诗段对应5行。第一个诗段只有一行，对应最短的那行"江南好"。首行这个单句诗行破坏了诗行对称的美感，略有美中不足。

（2）诗行。

译文诗行的结构十分讲究，原文字数相同的诗句其译文的诗段的音节数相等，诗段分出的诗行也是整齐规律的。

（3）音节。

译文建立了一种和原文的关联，汉字和俄语音节数对应，虽然做不到字数和音节数相同，但是做到了相同字数的原文诗句和译文的诗段的音节数相等。"风景旧曾谙"和"能不忆江南"这两行5字句对应的诗段都是

---

① 唐圭璋，等. 唐宋词鉴赏辞典·唐五代北宋卷［M］. 上海：上海辞书出版社，2011：21.

② Фёдоренко Н. Т. Китайская классическая поэзия ［M］. Москва：Художественная литература，1956：283.

由 6 音节诗行加 8 音节诗行组成。7 字句"日出江花红胜火"和"春来江水绿如蓝"对应的诗段都是由 11 音节诗行加 9 音节诗行组成。

（4）韵律。

译文使用的不是谐音韵（词尾同音相协，分为毗邻韵、交错韵和环抱韵等）的韵式，而是重音韵（以重音位置作为分类标准，分为阳韵、阴韵、三重韵等），除第一句单句诗行外，剩下的四个诗段的韵律具有规律：第一诗段和第四诗段是阴阳韵交错，第三诗段和第四诗段使用了阳韵。

Хорошо́ в Цзянна́ни.

U U – / U – U

Я и́зда / вна по́мню

U – U / U – U

Карти́ны / приро́ды / её

U – U / U – U / U –

Лишь вы́гля / нет со́лнце, / речны́е / цветы́

U – U / U – U / U – U / U –

Пламене́ / ют сильне́ / е огня́.

U U – / U U – / U U –

Прихо́дит / весна́, и / речна́я / вода́

U – U / U – U / U – U / U –

Зелена́, / как расте́ / ние ла́нь.

U U – / U U – / U U –

Как бы́ть ра / внодýшным,

U – U / U – U

Как мо́жно / не вспо́мнить / Цзянна́нь!

U – U / U – U / U – U / U –

译文的格律比较特别，第一句看似没有形成诗步，却由一个抑抑扬格加一个抑扬抑格组成。如：

Хорошо́ / в Цзянна́ни.

U U – / U – U

恰好后面的诗行就用了这两种三音节诗步——抑扬抑格和抑抑扬

格。如：

Я и́зда/вна по́мню

∪ – ∪/∪ – ∪

Пламене́/ют сильне́/е огня́.

∪∪ –/∪∪ –/∪∪ –

从译文的音节分布的精确程度来看，第一行的节奏也是有意安排的。艾德林的另外两首《忆江南》采用了和第一首同样的结构：

表 3 – 5　艾德林《忆江南》之二译文和原文对比

白居易《忆江南》之二	音节	韵式	Цзяннаньские воспоминания 译本	音节	韵式
江南忆，	3		Вспомина́ю Цзянна́нь.	6	м
最忆是杭州。 a	5	a	Доны́не Ханчжо́у Ника́к я забы́ть не могу́.	6 8	ж м
山寺月中寻桂子，	7		Там, в го́рной моле́льне на све́тлой луне, Иска́л я кори́чных плодо́в.	11 8	м м
郡亭枕上看潮头。 a	7	a	В чино́вничьем до́ме, поду́шку обня́в, Следи́л за прили́вной волно́й.	11 8	м м
何日更重游？① a	5	a	Когда́ мне, как пре́жде, Уда́стся там вно́вь поброди́ть?②	6 8	ж м

① 唐圭璋，等. 唐宋词鉴赏辞典·唐五代北宋卷［M］. 上海：上海辞书出版社，2011：21.

② Фёдоренко Н. Т. Китайская классическая поэзия［M］. Москва：Художественная литература，1956：284.

表 3-6 艾德林《忆江南》之三译文和原文对比

白居易《忆江南》之三	音节	韵式	Цзяннаньские воспоминания 译本	音节	韵式
江南忆，	3		Вспомина́ю Цзяннáнь.	6	ж
其次忆吴宫。 a	5	a	А вслéд за Ханчжóу Мне пáмятен Уский дворéц.	6 8	ж м
吴酒一杯春竹叶，	7		Там чáра однá молодóго винá – « Весéнний бамбýковый лист ».	11 8	м м
吴娃双舞醉芙蓉。 a	7	a	Там пáрные пля́ски красáвиц из У – Винóм опьянéнный фужýн.	11 8	м м
早晚复相逢？①	5	a	Я рáно иль пóздно， Но встрéчусь с Цзяннáнью опя́ть. ②	6 8	ж м

  艾德林这三首《忆江南》译本没有说明是词作译本，词牌名当作主题翻译成"Цзяннаньские воспоминания"。实际上唐朝的时候一些词牌名和主题高度相关，白居易的《忆江南》的确就是写江南的事物以及对江南的怀念之情。

  2. 内容转换

  这首作于唐代的《忆江南》，还保持了词初始时期的朴素风格，并没有深奥的典故，比较口语化。专有名词"江南"，用音译法译为"Цзяннань"。这首词基本做到了等同翻译，是词译作中的精品。

（二）巴斯曼诺夫的《忆江南》译本

  尽管有艾德林的译本珠玉在前，巴斯曼诺夫还是在 20 世纪 70 年代翻译了白居易的这三首《忆江南》。篇幅短小、作者知名度较高的诗歌作品总是被不同译者青睐，因此往往拥有多个译本。

---

  ① 唐圭璋，等 . 唐宋词鉴赏辞典·唐五代北宋卷［M］. 上海：上海辞书出版社，2011：21.

  ② Фёдоренко Н. Т. Китайская классическая поэзия［М］. Москва：Художественная литература，1956：285.

表 3 - 7　巴斯曼诺夫《忆江南》之一译文和原文对比

白居易《忆江南》之一	音节	韵式	Мелодия 《 Ицзяннань 》	音节	韵式
江南好（hǎo），	3		Так хороша,	4	м
			Так хороша Цзяннань!	6	м
风景旧曾谙（ān）。	5	a	Там каждый уголок	6	м
			Давно знаком мне.	5	м
日出江花红胜火（huǒ），	7		С восходом над рекой,	6	м
			Как в пламени, сады,	6	а/м
春来江水绿如蓝（lán）。	7	a	Синее лань - травы	6	а/м
			Весною цвет воды…	6	а/м
能不忆江南（nán）？	5	a	Как о Цзяннани	5	ж
			Я могу не помнить!①	6	ж

表 3 - 8　巴斯曼诺夫《忆江南》之二译文和原文对比

白居易《忆江南》之二	音节	韵式	Мелодия 《 Ицзяннань 》	音节	韵式
江南忆（yì），	3		Я вспоминаю	5	а/ж
			Милую Цзяннань,	5	м
最忆是杭州（zhōu）。	5	a	Особенно	4	д
			Ханчжоу вспоминаю.	7	а/ж
山寺月中寻桂子（zǐ），	7		Там гуйхуа в плодах	6	м
			Близ храма под луной,	6	м
郡亭枕上看潮头（tóu）。	7	a	Там из беседки	5	ж
			Любовался я волной…	7	м
何日更重游（yóu）？	5	a	Когда же снова	5	ж
			Буду там, не знаю!②	6	а/ж

---

① 　Басманов М. И. Голос яшмовой флейты. Из китайской классической поэзии в жанре цы ［М］. Москва：Художественная литература, 1988：29.

② 　Басманов М. И. Голос яшмовой флейты. Из китайской классической поэзии в жанре цы ［М］. Москва：Художественная литература, 1988：30.

表3-9   巴斯曼诺夫《忆江南》之三译文和原文对比

白居易《忆江南》之三	音节	韵式	Мелодия 《 Ицзяннань 》	音节	韵式
江南忆（yì），	3		Я вспоминаю	5	ж
			Милую Цзяннань，	5	м
其次忆吴宫（gōng）。	5	a	А Уские дворцы	7	ж
			В душе навечно.	5	а/ж
吴酒一杯春竹叶（yè），	7		Нежны там вина，	5	а/м
			Как бамбука лист весной，	7	м
吴娃双舞醉芙蓉（róng）。	7	a	Там в танце девушки	6	д
			Как лотос над волной…	6	м
早晚复相逢（féng）？	5	a	Их рано или поздно	7	а/ж
			Вновь я встречу！①	4	ж

1. 形式转换

（1）诗行。

《忆江南》有5行诗句，巴斯曼诺夫的译文有10行诗句，每两行译文诗句按次序对应原文一行诗句。

（2）音节。

《忆江南》诗句的字数有三字句、五字句和七字句，也就是三音节、五音节和七音节，诗句的音节数量在3~7之间。译文诗句的音节数在4~7之间。音节的数量也大致相当。

（3）韵律。

巴斯曼诺夫译本采用的韵式别具一格，在这三首译文中，俄罗斯诗歌两种押韵方式——谐音韵式和重音韵式都没有呈现典型的模样，译文采用了和汉语词的韵式相合的新形式。

《忆江南》词牌在词谱中入平韵格，第二、四、五句使用平韵。如第一首第二句的"谙（ān）"、第四句的"蓝（lán）"、第五句的"南（nán）"；第二首第二句的"州（zhōu）"、第四句的"头（tóu）"、第五句的"游（yóu）"；第三首第二句的"宫（gōng）"、第四句的"蓉（róng）"、第五句的"逢（féng）"。《忆江南》的平韵记为 a 韵，则汉语原作的韵式为 aaa。

---

① Басманов М. И. Голос яшмовой флейты. Из китайской классической поэзии в жанре цы［M］. Москва：Художественная литература，1988：31.

巴斯曼诺夫的译文也押了 3 个谐音韵，记作 a 韵，则第一首的韵式为aaa；第二首的韵式为 aaa；第三首的韵式为 aaa。在两种不同语言间做到押韵机制相同，非常困难，而巴斯曼诺夫的译本克服了这种困难，显示了他对俄语及汉语诗歌格式的精熟和不受陈规约束的洞察力。熟悉汉语词谱的人较少，能够看出这种巧妙韵式的人并不多。费德林用"天赋的极限"来形容巴斯曼诺夫的译词成就，并不夸张。

除了押韵以外，巴斯曼诺夫的译文遵守了俄语诗的节奏规则，译文诗行都由俄语诗步构成。俄语诗最看重节奏，押韵是其次的。汉语诗相反，最看重押韵，节奏其次。汉语词节奏和押韵并重。以第一首《忆江南》译文为例：前九句采用了抑扬格诗步，最后一句使用了扬抑格诗步。例如：

Так хороша,
∪ ∪ / ∪ –
Так хороша Цзяннань!
∪ ∪ / ∪ – / ∪ –
Там ка́ждый уголок
∪ – / ∪ ∪ / ∪ –
Давно знаком мне.
∪ – / ∪ – / ∪
С восходом над рекой,
∪ – / ∪ ∪ / ∪ –
Как впламени, сады,
∪ – / ∪ ∪ / ∪ –
Синее лань – травы
∪ – / ∪ – / ∪ –
Весною цвет воды...
∪ – / ∪ – / ∪ –
Как о Цзяннани
∪ ∪ / ∪ – / ∪
Я могу не помнить!
– ∪ / – ∪ / – ∪

第二首和第三首的译文也由俄语诗步组成，对比如下：

Я вспоминаю
U U/U –/U

Милую Цзяннань,
– U/U U/ –

Особенно
U –/U U

Ханчжоу вспоминаю.
U –/U U/U –

Там гуйхуа в плодах
U –/U U/U

Близ храма под луной,
U –/U U/U –

Там из беседки
U U/U –/U

Любовался я волной…
U U/ – U/ – U/ –

Когда же снова
U –/U –/U

Буду там，не знаю！
– U/U U/ – U

Я вспоминаю
U U/U –/U

Милую Цзяннань,
– U/U U/ –

А Уские дворцы
U –/U U/U

В душе навечно.
U –/U –/U

Нежны там вина,
U –/U U/U

Как бамбука лист весной,
U U/ – U/ – U/ –

Там в танце девушки
U –/U –/U U

Как лотос над волной…
U –/U –/U –

Их рано или поздно
U –/U U/U –/U

Вновь я встречу！
– U/ – U

从转换结果来看，汉语词成功地转换为俄语诗，还兼容了汉语词的韵式，并且做到了翻译同一词牌格式的相同或相近。

（4）词牌。

巴斯曼诺夫的《忆江南》译文采用音译法翻译词牌名，译为 Мелодия «Ицзяннань»。

有一个事实值得关注，艾德林是俄罗斯汉学界翻译唐代诗歌的主要译者，也是出版汉语诗歌典籍译本集的主要编辑和组织者，白居易的诗歌在艾德林的译作中占有很大比重。艾德林的《忆江南》译作出现在 1956 年版的«Китайская классическая поэзия（эпоха Тан）»（《中国古典诗歌·唐代》）和 1957 年由郭沫若和费德林主编的«Антология китайской поэзии. В 4-х томах»（《中国诗歌选本》）中，巴斯曼诺夫的《忆江南》译本最早发表在 1972 年的«Байкал»杂志上。1975 年，艾德林出版了自己的个人译本集«Китайская классическая поэзия в переводах Л. Эйдлина»（《中国古典诗歌》），其中有 1/3 的篇幅是白居易诗歌的译本，但并没有把 1956 年译的三首白居易《忆江南》词收进来，却收了一首辛弃疾的《丑奴儿》词译本。1975 年，艾德林 65 岁，这个年龄出自选集一般是对自己的作品做一次总结，艾德林没有把这三首《忆江南》词收入，可见他有所保留。1987 年，艾德林最后编辑的一部遗稿" Поэзия эпохи Тан "（《唐代诗歌》）中所有的词作译本都是巴斯曼诺夫翻译的。

从这段事实可以推断出艾德林对巴斯曼诺夫词译本的肯定，巴斯曼诺夫对诗段、诗行、音节、韵律等诗歌形式的处理方式，体现了他对原文信度的执着追求，同时也反映出这种翻译的处理方式已经得到其他汉学家的认同。

2. 内容转换

《忆江南》中的专有名词"江南"用了音译。而含伴随意义的"芙蓉"则转换为俄语词"лотос"（荷花），《古代汉语词典》中对"芙蓉"的注解为："①荷花。宋玉《招魂》：'芙蓉始发，杂芰荷些。'《古诗十九首》之六：'涉江采芙蓉，兰泽多芳草。'②树名。即木芙蓉。又名木莲，属落叶灌木。"巴斯曼诺夫对汉语的典籍十分精熟，很少有误译。

（三）孟列夫的《望江南》译本

孟列夫是汉译经典方面少有的通才，而且他的主要研究对象——敦煌学、变文、元曲都和词有关，变文和元曲还都是有韵的文体。孟列夫翻译的是李煜的两首《望江南》（《忆江南》）。词有一个最明显的特点——只要词牌相同，则格式相同，因此孟列夫的《望江南》译本也十分有比较价值。

表 3 - 10　孟列夫《望江南》之一译文和原文对比

《望江南》之一	音节	韵式	Цы на мотив « Вспоминаю Цзяннань »	音节	韵式
多少恨，	3		Какая тоска в моем сердце!	9	м
昨夜梦魂中。	5	a	Вчерашнею ночью	6	ж
			душе моей грезились сны:	8	м
还似旧时游上苑，	7		Как будто бы снова, как в старое время,	12	ж
			гуляю я в Верхнем саду.	8	м
车如流水马如龙。	7	a	Потоком текут экипажи; драконы –	12	ж
			не лошади в них впряжены.	8	м
花月正春风。①	5	a	Сияющий месяц	6	ж
			и ветер прекрасной весны. ②	8	м

---

①　李煜. 李煜词集［M］. 上海：上海古籍出版社，2014：18.

②　Меньшиков Л. Н. Китайская поэзия в переводах Льва Меньшикова［M］. Санкт-Петербург：Петербургское Востоковедение，2007：235 – 236.

表 3 - 11　孟列夫《望江南》之二译文和原文对比

《望江南》之二	音节	韵式	Цы на мотив《Вспоминаю Цзяннань》	音节	韵式
多少泪，	3		Как много я слез проливаю!	9	ж
断脸复横颐。	5	a	Сжимаю я зубы,	6	ж
			печаль на душе затая.	8	ж
心事莫将和泪说，	7		Мне слезы никак не дают рассказать	11	ж
			о думах тяжелых моих.	8	м
凤笙休向泪时吹。	7	a	В слезах заиграл я высокою нотой	12	ж
			свирель не звучала моя.	8	м
肠断更无疑。①	5	a	Душевную муку	6	м
			все явственней чувствую я.②	8	м

1. 形式转换

（1）诗段。

《望江南》词牌属于小令，只有一阕，属单调，也就是只有一个诗段，俄语译文也转换成一个诗段。

（2）诗行。

《望江南》一共有 5 句，孟列夫的译文也是 5 句，转行的句子开头缩进并且不大写，表示一句话未完。这种处理保持了诗行的一一对应关系。

（3）音节。

从表 3 - 11 可以看出，译文的每行音节十分有规律，《望江南》有三种长度的句型。孟列夫的译文都一一对应。原文的三字句对应译文的 9 音节句，原文的五字句对应译文的 6 + 8 音节句，原文的七字句对应译文的 12 + 8 音节句。只有第二首《望江南》的译文有一句七字句的译文是 11 + 8 音节句。

（4）韵律。

孟列夫的译文经常使用阴阳韵交错的韵脚，以第一首《望江南》为例：

---

① 李煜. 李煜词集［M］. 上海：上海古籍出版社，2014：19.

② Меньшиков Л. Н. Китайская поэзия в переводах Льва Меньшикова［M］. Санкт-Петербург：Петербургское Востоковедение，2007：236.

Кака́я /тоска́ в мо/ем се́рдце!

U – U/ U – U/ U – U

Вчера́шне/ю но́чью

U – U/ U – U

душе́ мо/ей гре́зи/лись сны́:

U – U/ U – U/ U –

Как бу́дто /бы сно́ва/, как в ста́ро/е вре́мя,

U – U/ U – U/ U – U/ U – U

гуля́ю /я в Ве́рхнем /саду́.

U – U/ U – U/ U –

Пото́ком /теку́т э/кипа́жи; /драко́ны –

U – U/ U – U/ U – U/ U – U

не ло́ша/ди в ни́х впря/жены́.

U – U/ U – U/ U –

Сия́ю/щий ме́сяц

U – U/ U – U

и ве́тер/ прекра́сной /весны́.

U – U/ U – U/ U –

　　这首词译本的诗行由抑扬抑格诗步组成，每行的诗步数量并不一样。两诗步、三诗步、四诗步、完整诗步、截短诗步的诗行交错。孟列夫的译文体现了俄语诗的重音诗特点。第二首词的译文所用格式同第一首。

　　（5）词牌。

　　孟列夫的词牌翻译方法和巴斯曼诺夫不同，他用 "мотив" 标记曲调。而且把词牌名放在标题处，巴斯曼诺夫通常把词牌放在译文的末尾，并用 "мелодия" 标记词牌。孟列夫一直坚持用意译法翻译词牌，如《望江南》词牌翻译成 "Цы на мотив « Вспоминаю Цзяннань »"。

　　2. 内容转换

　　孟列夫很早就翻译了李煜的这两首词。1957 年郭沫若和费德林主编的《 Антология китайской поэзии. В 4-х томах. 》（《中国诗歌选本》）中就收入了孟列夫译的这两首李煜《望江南》译本，当时孟列夫只有 30 岁。这两首词的译文展示了孟列夫高超的汉俄语能力。其中有一些含有伴随意义的词，如 "花月正春风" 中的 "春风"，汉语中有 "春风得意" 的词组，含有心情好的意思，孟列夫把 "花月" 译为 "Сияющий месяц"（喜笑颜开的月）。"花月"在汉语中不是固定的搭配，翻译成俄语也找不到对应物，把春风的附加意义通过"Сияющий месяц"表达出来显示了翻译的技巧，和后面的"и ветер прекрасной весны"（美好的春风）连起来，把"春风"的附加意义全部表达了出来。

第二首词中的"断脸复横颐"，孟列夫的处理也很有技巧。"断脸复横颐"形容的是泪流满面，所以脸似乎被泪水隔断，"横颐"和"断脸"是同样的意思，"颐"的释义为："颊、腮。"① 这句话形容人悲伤的样子。俄罗斯人和我们的文化不同，他们悲伤的样子不一定是泪流满面，如果直译的话，俄罗斯读者可能会很难理解，孟列夫把场景替换为"Сжимаю я зубы, печаль на душе затая."（咬紧牙齿，把悲伤藏在心里）这种替换可以诠释翻译不仅是用另一种语言重建，而且是创造。"咬紧牙齿"和"泪流满面"并不是同样的事情，但是把它们代入各自的文化背景之中，则具有了等同的意思。

三位译者八个不同的《忆江南》译本有三点共同之处：第一，译文皆有韵律，押韵的情况是两种韵式（谐音韵式和重音韵式）必居其一，或者两种韵式同时存在，诗行由俄语的诗步组成；第二，诗行音节的数量和汉字的数量有对应关系；第三，原文诗行数量和译文诗行数量有对应关系。三位译者分为两类，艾德林和孟列夫重视节奏和音节数量的对应，并不追求韵脚同音相谐。巴斯曼诺夫对音节数量的对应要求稍宽，但是追求同音谐韵，往往会使用两种韵式，在俄语重音韵式的基础上按照汉语词牌的押韵特点来安排谐音韵式的韵脚。巴斯曼诺夫对押韵的重视和汉语诗歌重视押韵的传统一致。

三、中调《蝶恋花》的两个译本

按照篇幅来讲，字数在 58~90 的词牌，属于中调，也就是中等篇幅的词牌。小令有单调（一个诗段）和双调（两个诗段）之分，中调则基本是双调。《蝶恋花》这个词牌有 60 个字，属于上下阕结构相同的词牌，上下阕各押 4 个仄韵，归入仄韵格。选取孟列夫和巴斯曼诺夫的《蝶恋花》译本对比分析。

---

① 中国社会科学院语言研究所词典编辑室. 现代汉语词典 [M]. 6 版. 北京：商务印书馆，2012：1536.

（一）孟列夫的《蝶恋花》译本

表 3 - 12　孟列夫《蝶恋花》译文和原文对比

欧阳修《蝶恋花》	音节	韵式	На мотив 《 Бабочка, влюбленная в цветок 》	音节	韵式
帘幕东风寒料峭，	7	a	Дует за пологом ветер восточный,	11	ж
			стужа пощады не знает,	8	ж
雪里香梅，	4		Ноэацвела уже слива в снегу,	10	м
先报春来早。	5	a	Ранней весны	4	м
			скорый приход возвещая.	8	ж
红蜡枝头双燕小，	7	a	Мне же сегодня никак не прогнать	10	м
			воспоминаний о милом	8	м
金刀剪彩呈纤巧。	7	a	Тысячу раз переполнившей душу	11	м
			и неотвязной печали.	8	ж
旋暖金炉薰蕙藻，	7	a	Вьется тепло над печуркой златой	10	м
			и орхидей арматы.	7	ж
酒入横波，	4		Нож золотой я печально беру,	10	м
困不禁烦恼。	5	a	Режу узоры,	5	ж
			этим искусством богата.	8	ж
绣被五更春睡好，	7	a	В пятую стражу под шитым покровом	11	ж
			сну благовонному рада:	8	ж
罗帏不觉纱窗晓。①	7	a	В шелке оконном за пологом тонким	11	ж
			ждать до рассвета не надо. ②	8	ж

1. 形式转换

（1）诗段。

《蝶恋花》具有两个结构相同的诗段，孟列夫的译文也由两个诗段组成，两个诗段的行数相同。

（2）诗行。

《蝶恋花》原文的上下阕都由 5 句诗行构成，孟列夫译文的两个诗段都由 9 行诗句构成。但是汉语的诗句和俄语译文之间并不是一一对应的，有些诗行在译成俄语时次序被重排了。

---

① 欧阳修. 欧阳修词集［M］. 上海：上海古籍出版社，2010：26 - 27.

② Меньшиков Л. Н. Китайская поэзия в переводах Льва Меньшикова［М］. Санкт-Петербург：Петербургское Востоковедение，2007：239 - 240.

（3）音节。

译文中两个诗段的音节数量分布形成了规律，大致保持了与汉语诗行音节数量的同比关系，汉语诗中音节少的诗行，在俄语译文中音节数量也较少。就音节构成的长短句的形态而言，俄语译文诗行做到了和汉语原文诗行同步。

（4）格律。

孟列夫的译文对同声相谐韵脚不太在意，所以环抱韵、毗邻韵、交错韵很少在他的译作中出现。他的词译本通常押阴阳韵，对于音节数量不作要求，可以看出孟列夫认为"重音"才是俄语诗的关键。例如：

Дýет за / пóлогом / вéтер во / стóчный,
　− ∪ ∪ / − ∪ ∪ / − ∪ ∪ / − ∪

стýжа по / щáды не / знáет,
　− ∪ ∪ / − ∪ ∪ / − ∪

Нó зацве / лá уже / слúва в сне / гý,
　− ∪ ∪ / − ∪ ∪ / − ∪ ∪ / −

Рáнней ве / сны́
　− ∪ ∪ / −

скóрый при / хóд возве / щáя.
　− ∪ ∪ / − ∪ ∪ / − ∪

Мнé же се / гóдня ни / кáк не про / гнáть
　− ∪ ∪ / − ∪ ∪ / − ∪ ∪ / −

воспоминá / ний о мúлом
　∪ ∪ ∪ − / ∪ ∪ − ∪

Ты́сячу / рáз пере / пóлнившей / дýшу
　− ∪ ∪ / − ∪ ∪ / − ∪ ∪ / − ∪

и неотвя́ / зной печáли.
　∪ ∪ ∪ − / ∪ ∪ − ∪

Вьётся те / плó над пе / чýркой зла / тóй
　− ∪ ∪ / − ∪ ∪ / − ∪ ∪ / −

и орхидéй / аромáты.
　∪ ∪ ∪ − / ∪ ∪ − ∪

Нóж золо / тóй я пе / чáльно бе / рý,
　− ∪ ∪ / − ∪ ∪ / − ∪ ∪ / −

Ре́жу узо́ры,

– ∪ ∪ / – ∪

э́тим иску́сством бога́та.

– ∪ ∪ / – ∪ ∪ / – ∪

В пя́тую /стра́жу под /ши́тым по/кро́вом

– ∪ ∪ / – ∪ ∪ / – ∪ ∪ / – ∪

сну благово́н/ному ра́да:

∪ ∪ ∪ – / ∪ ∪ – ∪

В шёлке о/ко́нном за/ по́логом /то́нким

– ∪ ∪ / – ∪ ∪ / – ∪ ∪ / – ∪

жда́ть до расс/ве́та не /на́до

– ∪ ∪ / – ∪ ∪ / – ∪

《蝶恋花》译文使用了三音节诗步扬抑抑格以及一种四音节诗步的特殊组合，如：

воспомина́/ний о ми́лом

∪ ∪ ∪ – / ∪ ∪ – ∪

и неотвя́/зной печа́ли.

∪ ∪ ∪ – / ∪ ∪ – ∪

сну благово́н/ному ра́да：

∪ ∪ ∪ – / ∪ ∪ – ∪

这三句由两个四音节诗步组成，组成一个诗行的两个四音节诗步并不同，第一个四音节诗步是四型（пеон четвёртый），第二个四音节诗步是三型（пеон третий）。由此可见，俄语诗步交错不仅有诗行之间的交错，也有不同类型的诗步在诗行内交错，构成一种新的节奏复现。

（5）词牌。

孟列夫坚持使用意译法翻译词牌名，意译法翻译词牌名能够反映大部分词牌所具有的情感色彩。早期的词牌名和词的内容高度相关，比如白居易的《忆江南》，讲的就是江南的风貌，后来词牌名渐渐和所讲述的内容脱离，但是还保留了和内容一致的情感色彩，比如《满江红》不会用来抒写儿女柔情。不能反映词的内容取向的词牌名是极少的。《蝶恋花》被孟列夫译为"На мотив《 Бабочка, влюбленная в цветок 》"，词的格调与词牌名相合，词中虽然谈及忧愁，却是喜中之忧，透着"绣被五更春睡好，罗帏不觉纱窗晓"的快乐，和"蝶恋花"蝶舞花间的情致相合。

2. 内容转换

（1）情境的转换。

篇幅到了中调的长度，叙事和描写的景物层次就多了起来，中调的词译文出现了诗行的次序和原文不同的情况，表现为上下阕的诗句交换位置。比如上阕的"金刀剪彩呈纤巧"对应译文的第二个诗段"Нож золотой я печально беру, ∕Режу узоры, ∕этим искусством богата."并且一句原文被分为三个译文诗行，之前小令《忆江南》的那种诗行严格对应消失了。

"红蜡枝头双燕小，金刀剪彩呈纤巧"描写的是中国春节剪纸的风俗，用对仗句从冬天的景物"红蜡枝头双燕小"转到冬天的风俗"金刀剪彩呈纤巧"，十分自然。而俄罗斯没有春节，也没有剪纸的风俗，如果按照原文诗行的次序，在俄罗斯人读来，就有逻辑思维跳跃的感觉。译文要符合俄罗斯人的思维习惯，因此孟列夫译为："Вьется тепло над печуркой златой（金香炉）и орхидей арматы. Нож золотой（金剪刀）я печально беру, Режу узоры"，把金剪刀移到下阕金香炉后面，重构了符合俄罗斯人习惯的情境。

（2）句意的转换。

"红蜡枝头双燕小"和"酒入横波"孟列夫都没有直译，而是把句中所含的意思提炼出来。"红蜡枝头双燕小"是一句承上启下的句子，之前的"帘幕东风寒料峭，雪里香梅，先报春来早"描述的是雪中梅花的景物，"红蜡枝头"也是描写梅花，"双燕小"指两只小燕子，两只小燕子站在梅花枝上，这是表面的意思，实际上暗含的却是中国的剪纸画主题"喜鹊登梅"，这又和下句"金刀剪彩呈纤巧"连上了。俄语译文把金剪刀和金香炉放在一起构建新的情境，"红蜡枝头双燕小"就没有了依托，而且如果直译为俄语，俄罗斯读者又怎么能知道此句暗含"喜鹊登梅"的意思，所以按照俄罗斯人的思维习惯，把回忆的意思点明，译为"Мне же сегодня никак не прогнать, воспоминаний о милом"（今天我无法排遣对爱人的回忆）既没有"红蜡"，也没有"双燕"，只有回忆。

"酒入横波，困不禁烦恼"中的"横波"指眼睛，李白有"昔时横波目，今作泪流泉"[①]的诗句，"酒""横波"和"烦恼"是一个常用的联合

---

① 张双棣，殷国光. 古代汉语词典［M］. 北京：商务印书馆，2014：540.

体，汉语有"酒入愁肠，化作相思泪"的诗句。由于很难用有限的篇幅说清楚，在文化背景缺失的情况下，将其提炼为只有烦恼，略去"酒"和"横波"，这样处理比较易懂。译为"Тысячу раз переполнившей душу и неотвязной печали." "печали"（烦恼）这句恰好被移到了和上文的"воспоминаний"（回忆）句相邻的位置，这两句和原文相比有较大改变的句子放在了一起，也是一种匠心独运，既然是很难解释的复杂事情，提炼出来放在一起，也构成了一种对比。

　　由于民族文化不同，有些汉语中特有的联想、风俗习惯、典故都会造成转换困难。篇幅越长越需要译者对诗歌的整体进行把握。汉语的词转换成俄语的诗行，要根据俄罗斯人的思维习惯、俄语的修辞和语言特点进行重建。

（二）巴斯曼诺夫的《蝶恋花》译本

　　巴斯曼诺夫是翻译词作最多的译者，他接触的词牌格式也是最多的，从他的《忆江南》译作来看，他精熟汉语词的格式（词谱），并且能够把汉语词的格律特点和俄语诗的格律特点融合，创造出既符合俄语诗的格律要求又能体现汉语词的格律特点的诗歌格式。这一点在俄罗斯译者中是独一无二的。巴斯曼诺夫的译文语言具有词的语言口语化的特点，翻译成的俄语诗明白易懂，巴斯曼诺夫的词译作无论是在苏联时代还是俄罗斯时代都有很大的印量，可见其词译作深受俄罗斯读者的喜爱。

　　现以巴斯曼诺夫翻译李清照的《蝶恋花》为例，分析译文的形式和内容转换的特点。

表 3 – 13　巴斯曼诺夫《蝶恋花》译文和原文对比

李清照《蝶恋花》	音节	韵式	Мелодия 《 Делянхуа 》	音节	韵式
			Ветер ласковый，теплый дождь	8	м
暖雨晴风初破冻（dòng），	7	a	Растопили последний лед.	8	a/м
柳眼梅腮，	4		Только взглянешь на иву и мэй，	9	м
已觉春心动（dòng）。	5	a	Как весны ощутишь приход.	8	a/м
			Старасть к поэзии с кем разделю，	9	м
酒意诗情谁与共（gòng）？	7	a	С кем утеху найду в вине？	8	b/м
泪融残粉花钿重（zhòng）。	7	a	Слёзы смыли румяна с лица，	9	м
			Украшения в тягость мне.	8	b/м
			Я надела расшитый халат，	9	м
乍试夹衫金缕缝（fèng），	7	a	Что носила прошлой весной…	8	c/м
山枕斜敧，	4		Головою к подушке прильнув，	9	м
枕损钗头凤（fèng）。	5	a	Я сломала феникс резной.	8	c/м
			Все мне снились тревожные сны，	9	м
独抱浓愁无好梦（mèng），	7	a	Оттого так тоскливо в ночи.	9	d/м
夜阑犹翦灯花弄（nòng）①。	7	a	Чтоб себя чем-нибудь да развлечь，	9	м
			Я снимаю нагар со свечи. ②	9	d/м

1．形式特点

（1）诗段。

《蝶恋花》分为上下两阕，也就是两个诗段，译文分为四个诗段，似乎原文和译文的分段方法不同。进一步区分，汉语词的阕下面的诗行有两种称呼，完整语义的分隔称为"句"，用句号标记；不完整的语义分隔称为"读"，用逗号标记。《蝶恋花》原文一共有四句，译文一共有四个诗段，每句原文分别对应译文的一个诗段。从按句分段和押韵的特点来看，巴斯曼诺夫对词谱相当熟悉。

（2）诗行。

---

① 柯宝成. 李清照全集［M］. 武汉：崇文书局，2010：38.

② Басманов М. И. Голос яшмовой флейты. Из китайской классической поэзии в жанре цы［M］. Москва：Художественная литература，1988：193.

《蝶恋花》原文一共有三种句型：七字句、四字句和五字句。其中七字句对应译文中的两行诗行，四字句和五字句各对应一行诗行。

（3）音节。

巴斯曼诺夫的译文诗行音节很有规律，音节分布呈规律的 8898、9898、9898、9999 样式。

（4）格律。

Вéтер /лáско/вый, те/плый дóждь

① – ∪/ – ∪/ ∪ –/ ∪ –

Растопи́/ли после́/дний лед.

② ∪ ∪ –/ ∪ ∪ –/ ∪ –

Тóлько /взгля́нешь/ на и́/ву и мэй,

① – ∪/ – ∪/ ∪ –/ ∪ –

Как весны́ /ощути́шь /прихóд.

② ∪ ∪ –/ ∪ ∪ –/ ∪ –

Стáрасть к по/э́зии /с кéм разде/лю́,

③ – ∪ ∪/ – ∪ ∪/ – ∪ ∪/ –

С кем утé/ху найду́/ в винé?

② ∪ ∪ –/ ∪ ∪ –/ ∪ –

Слёзы/ смы́ли/ румя́на/ с лицá,

④ – ∪/ – ∪/ ∪ – ∪/ ∪ –

Украшé/ния в тя́/гость мнé.

② ∪ ∪ –/ ∪ ∪ –/ ∪ –

Я надé/ла расши́/тый халáт,

⑤ ∪ ∪ –/ ∪ ∪ –/ ∪ ∪ –

Что носи́/ла прóшлой /веснóй…

⑥ ∪ ∪ –/ ∪ – ∪/ ∪ –

Головó/ю к поду́/шке прильну́в,

⑤ ∪ ∪ –/ ∪ ∪ –/ ∪ ∪ –

Я сломá/ла фéни/кс резнóй.

② ∪ ∪ –/ ∪ – ∪/ ∪ –

Все мне сни́/лись тревó/жные сны́,

② ∪ ∪ –/ ∪ ∪ –/ ∪ –

Оттогó /так тоскли́/во в ночи́.

②∪∪－/∪∪－/∪－

Чтоб себя́/чем-нибу́дь /да развле́чь,

⑤∪∪－/∪∪－/∪∪－

Я снима́/ю нага́р /со свечи́

⑤∪∪－/∪∪－/∪∪－

译文的格律比较有特点，首先是每行押韵的词的最后两个音节的节奏都是∪－，其次是有的句子并不是由一种诗步构成。译文共有 16 句，却有 6 种节奏样式。双音节诗步抑扬格、扬抑格和三音节诗步抑扬抑格、扬抑抑格、抑抑扬格全部出现了，不同诗步被组合在一个句子里，组合后形成一种新格式整体重复使用。

巴斯曼诺夫的译文除了韵脚一律采用阳韵外，还押了 4 种不同的韵。《蝶恋花》这个词牌规定要押四仄韵，上下阕加起来有 8 个韵脚，巴斯曼诺夫的译文中也安排了 8 个同音谐韵的韵脚，按照俄罗斯的毗邻韵两两隔行相押。而《蝶恋花》的 8 个同韵部仄韵，按照俄语诗的规则，也属于毗邻韵。

巴斯曼诺夫的押韵方式和常见的俄语诗的押韵方式不同，不了解汉语词的人会认为这首诗的韵脚奇怪，而熟悉汉语词词谱的人看了便会拍案叫绝，在汉俄语两种差异很大的语言间实现这种押韵机制的近似，尤为难得。

（5）词牌名。

巴斯曼诺夫把词牌译为"мелодия"，然后音译调名，《蝶恋花》译为"Мелодия «Деляньхуа»"。

2. 内容转换

巴斯曼诺夫擅长使用简单易懂的俄语口语词汇翻译汉语的词作，在内容转换上也很少打乱原文的次序翻译，他能够轻松地把很偏僻的汉语词汇翻译得很简明。有些修辞手法很难转换，比如"柳眼梅腮"是比喻句，指的是眼睛像柳叶一样狭长，脸庞像梅花一样红润。这种比喻，俄语中未必有，所以巴斯曼诺夫译为"Только взглянешь на иву и мэй"（只是看上去像柳和梅）。修辞的转换往往是比较棘手的，有些意义难免会在转换中损失，因此不能断章取义来评价。

四、长调《水调歌头》的四个译本

长调是字数超过 90 字的篇幅比较长的词。《水调歌头》共 95 个字，上下两阕各押四平韵。现以戈鲁别夫和巴斯曼诺夫的《水调歌头》译本为例进行分析。

（一）戈鲁别夫三个《水调歌头》译本比较

《水浒传》有两个不同的译本，因此《水浒传》中的《水调歌头·明月几时有》也有两个不同的译本。此外，戈鲁别夫翻译的《Су Дун-по. Стихи. Мелодии. Поэмы》（《苏东坡诗词集》）中又重译了这首词，因此《水调歌头》戈鲁别夫一人就有三个译本。

表3-14 戈鲁别夫1955年版《水浒传》中的《水调歌头》译文和原文对比

《水调歌头》原文	音节	韵式	Мелодия «Шуйдяогэтоу»	音节	韵式
明月几时有，	5		С каких времен ты катишься, луна? –	10	а/м
把酒问青天。	5	а	Я спрашиваю с чашего вина. –	10	а/м
不知天上宫阙，	6		Кружений звезд кому известен счет?	10	м
今夕是何年。	5	а	Туда хотел бы с ветром я вспорхнуть,	10	b/м
我欲乘风归去，	6		Но к яшмовым чертогам долог путь!	10	b/м
又恐琼楼玉宇，	6		И стужа там, и в страхе я предней!	10	с/м
高处不胜寒。	5	а	С кем там плясать? Лишь с сонмами теней!	10	с/м
起舞弄清影，	5		С людьми отрадней сердцу моему!	10	d/м
何似在人间。	5	а	Я шелковые шторы подниму,	10	d/м
			Оконце опущу я до конца…	10	е/м
转朱阁，	3		Луна блестит…Разбужены сердца.	10	е/м
低绮户，	3		В подобный час разлада нет у нас.	10	м
照无眠。	3	а	Нам радость встреч и боль разлук дана.	10	а/м
不应有恨，	4		То сумрачна, то радостна луна.	10	а/м
何事长向别时圆。	7	а	За веком век то меркнуть, то опять,	10	f/м
人有悲欢离合，	6		Всплывая ввысь, ей сладостно сиять.	10	f/м
月有阴晴圆缺，	6		И сменам этим будет ли предел?	10	g/м
此事古难全。	5	а	Всем людям долгой жизни я б хотел,	10	g/м
但愿人长久，	5		Чтоб все они во всех краях земли	10	h/м
千里共婵娟。①	5	а	Благословлять прекрасное могли. ②	10	h/м

---

① 苏轼. 苏轼词集［M］. 上海：上海古籍出版社，2014：49.

② Рогачев А. П. Речные заводи Т. 1. ［M］. Москва：Художественная литература，1955：443.

表 3 - 15　戈鲁别夫 2008 年版（同 1959 年版）《水浒传》中的
《水调歌头》译文和原文对比

《水调歌头》原文	音节	韵式	Мелодия 《 Шуйдяогэтоу 》	音节	韵式
明月几时有，	5		– С каких времен в ночной лазури	9	ж
把酒问青天。	5	a	Сверкает ясная луна? –	8	a/м
不知天上宫阙，	6		Об этом спрашиваю небо	9	ж
今夕是何年。	5	a	За чашей чистого вина.	8	a/м
我欲乘风归去，	6		Не знаю, в яшмовых чертогах	9	ж
又恐琼楼玉宇，	6		Какой сегодня день и год, –	8	b/м
高处不胜寒。	5	a	Туда бы с ветром я унесся	9	ж
起舞弄清影，	5		Из мира бедствий и невзгод!	8	b/м
何似在人间。	5	a	Но я боюсь: в чертогах неба	9	ж
			Царят такие холода,	8	c/м
转朱阁，	3		Что на лету мой дух застынет,	9	ж
低绮户，	3		Едва поднимется туда.	8	c/м
照无眠。	3	a	Луна заглядывает в окна,	9	ж
不应有恨，	4		И чудиться, что перед ней	8	d/м
何事长向别时圆。	7	a	Душа моя парит и пляшет	9	ж
人有悲欢离合，	6		Средь легких, призрачных теней.	8	d/м
月有阴晴圆缺，	6		Высоко занавес жемчужный	9	ж
此事古难全。	5	a	Я поднял на своем окне,	8	e/м
但愿人长久，	5		Раскрыл узорчатые створки	9	ж
千里共婵娟。	5	a	Навстречу голубой луне.	8	e/м
			Она блистает в поднебесье,	9	ж
			Тоскою наполняет грудь,	8	f/м
			В ее серебряном сиянье	9	ж
			Мне до рассвета не уснуть.	8	f/м
			Ах, если б не было на свете	9	ж
			Ни горя, ни вражды, ни зла!	8	g/м
			Увы! – в минуту расставанья	9	ж
			Луна по-прежнему кругла,	8	g/м
			По-прежнему струит на землю	9	ж
			Свой ясный, равнодушный свет,	8	h/м
			Как будто до людских страданий	9	ж
			Ей никакого дела нет!	8	h/м
			Есть у людей и годы счастья,	9	ж
			И годы безысходных мук,	8	i/м

（续上表）

《水调歌头》原文	音节	韵式	Мелодия《 Шуйдяогэтоу 》	音节	韵式
			Минуты радостных свиданий,	9	ж
			Минуты горестных разлук.	8	i／м
			Так и луна: то ярко блещет,	9	ж
			То превратиться в тусклый серп,	8	j／м
			И у нее бывают в жизни	9	ж
			То полнолунье, то ущерб	8	j／м
			Жесток закон судьбы превратной,	9	ж
			Но так ведется издавна,	8	k／м
			И невозможно в этой жизни	9	ж
			Душе счастливой быть сполна.	8	k／м
			О, если бы сердца в разлуке	9	ж
			И за десятки тысячи ли	9	l／м
			Надежду, красоту и радость	9	ж
			Совместно чувствовать могли!①	8	l／м

---

① Рогачев А. П. Речные заводи Т. 2. ［ M ］. Москва: Эннеагон Пресс, 2008: 484 – 485.

表 3 - 16　戈鲁别夫 1975 年版《苏东坡诗词集》中的《水调歌头》译文和原文对比

《水调歌头》原文	音节	韵式	Мелодия «Шуйдяогэтоу»	音节	韵式
明月几时有， 把酒问青天。	5 5	 a	«В какое время будет вновь чиста-светла луна?» – Спросил я синий небосвод за чаркою вина.	14 14	a/м a/м
不知天上宫阙， 今夕是何年。	6 5	 a	«А во дворце, что в небесах, сегодня, в этот вечер Который год отмечен?»	15 7	b/ж b/ж
我欲乘风归去， 又恐琼楼玉宇， 高处不胜寒。	6 6 5	 a	Мне б с ветром в небо вознестись! Там башни яшмою зажглись, нефритом купола зажглись… Но для земного холодна-морозна высь!	8 11 5 12	c/м c/м c/м
起舞弄清影， 何似在人间。	5 5	 a	И я танцую прилуне, и пляшет тень во мгле. Что ж говорят, что мир небес не тот, что на земле?	14 14	d/м d/м
转朱阁， 低绮户， 照无眠。 不应有恨， 何事长向别时圆。	3 3 3 4 7	 a a	Луна обогнула терем, Она заглянула в двери, Светит – и не до сна. Не обвиняю её, печалясь, Но почему, разлучаясь, Помним, как в небе светила луна?	8 8 6 10 8 10	e/ж e/ж a/м f/ж f/ж a/м
人有悲欢离合， 月有阴晴圆缺， 此事古难全。	6 6 5	 a	У смертных – радости и скорбь, разлуки встречи вдруг, И у луны то свет, то тень, то круг, то полукруг. Издревле так. И не дано Кому-то лишь одно.	14 14 8 6	g/м g/м h/ж h/м
但愿人长久， 千里共婵娟。	5 5	 a	А я хочу, чтоб сотни ли луна пересекла И перед тем, кто там, вдали, Во всей красе плыла! [①]	14 8 6	i/ж м i/м

①　Голубев И. С. Су Дон-по. Стихи. мелодии. Поэмы［М］. Москва：Художественная литература，1975：147 - 148.

1．形式转换

（1）诗段。

《Речные заводи》（《水浒传》）中的两个译本都没有分诗段，一气到底。《Су Дун-по. Стихи. Мелодии. Поэмы》（《苏东坡诗词集》）中的译本按照句号分了诗段。"转朱阁，低绮户，照无眠。不应有恨，何事长向别时圆。"这两句 5 行诗译为一个 6 行诗段。《Су Дун-по. Стихи. Мелодии. Поэмы》（《苏东坡诗词集》）中的译本是 1975 年译的，而《Речные заводи》（《水浒传》）中的两个译本是 20 世纪 50 年代翻译的，其间相隔 20 年，这 20 年中俄罗斯翻译者和学者对汉语体裁词的研究逐步深入，按照汉语词中的句号来分诗段也是研究的成果之一。

（2）诗行。

1955 年版《Речные заводи》（《水浒传》）中的《水调歌头》译本有 20 行诗行，原文按逗号分隔有 19 行诗行，除最后一句原文对应两行译文外，其余均是一行译文对应一行原句。

1959 年版《Речные заводи》（《水浒传》）中的《水调歌头》译本有 48 行诗行，从"人有悲欢离合，月有阴晴圆缺"开始后面就失去了和原文的对应关系，加入了译者对词作的一些理解和思考，且篇幅较长，诗行数量原文 19 行，译文 48 行。1959 年版的《水调歌头》译文和原文差距较大。

《Су Дун-по. Стихи. Мелодии. Поэмы》（《苏东坡诗词集》）中的《水调歌头》译本以开头字母大写计算诗行共有 22 行，原文 19 行，诗行之间有对应关系。

三个译本中，以 1955 年版《Речные заводи》（《水浒传》）中的译本诗行对应性最好，其次是 1975 年版，1959 年版的译文和原文差距较大。

（3）音节。

1955 年版《Речные заводи》（《水浒传》）中的《水调歌头》译本 20 行诗行的音节十分整齐，全部用了 10 音节诗行。1959 年版《Речные заводи》（《水浒传》）中的《水调歌头》译本 48 行诗行由 8 音节和 9 音节句子构成，8 音节句和 9 音节句交替。1975 年版《Су Дун-по. Стихи. Мелодии. Поэмы》（《苏东坡诗词集》）中的《水调歌头》译本中诗行的音节数量不整齐，从 5 音节至 15 音节不等，呈现出长短句的特征。

（4）格律。

以 1955 年版《Речные заводи》（《水浒传》）中的《水调歌头》译本前四行为例：

С каки́х/времен/ты ка́/тишься, /луна́? –

U –/U –/U –/UU/U –

Я спра́/шива/ю с ча́/шего /вина́. –

U –/U –/U –/UU/U –

Круже́/ний звё/зд кому́ /изве́/стен счет?

U –/U –/U –/U –/U –

Туда́/хоте́л/ бы с ве́/тром я /вспорхну́ть,

U –/U –/U –/UU/U –

　　译文使用了5个抑扬格诗步组成的诗行，每句诗行都押了阳韵，20句诗行有18句押了毗邻韵。早期的词译本格律很严格。初期把词当作诗来译，保持像诗那样整齐的形态是当时的主导思想。

　　同样地，也以1959年版《Речные заводи》（《水浒传》）中的《水调歌头》译本前四行为例：

– С каки́х/ времен /в ночно́й /лазу́/ри

U –/U –/U –/U –/U

Сверка́/ет я́/сная /луна́? –

U –/U –/UU/U –

Об э́/том спра́/шива/ю не́/бо

U –/U –/UU/U –/U

За ча́/шей чи́/стого /вина́.

U –/U –/UU/U –

　　译文使用了4个抑扬格诗步组成的诗行及其加长型，阴阳韵交错，并且押了隔行的毗邻韵。韵律也非常整齐。

　　1975年版《Су Дун-по. Стихи. Мелодии. Поэмы》（《苏东坡诗词集》）中的《水调歌头》译本诗行音节数量不一，造成了长短的句式。也以前4句为例：

《 В како́/е вре́/мя бу́/дет вно́/вь чиста́/-светла́/ луна́? 》–

U –/U –/U –/U –/U –/U –/U –

Спроси́л /я си́/ний не/босво́д/ за ча́/ркою /вина́.

U –/U –/UU/U –/U –/UU/U –

《 А во дворцé, ╱что в не╱бесáх╱, сегó╱дня, в э́╱тот вé╱чер

∪ –╱∪∪╱∪ –╱∪ –╱∪ –╱∪ –╱∪ –╱∪

Котó╱рый гóд ╱отмé╱чен? 》

∪ –╱∪ –╱∪ –╱∪

这首译诗虽然诗行音节数量相差悬殊，诗行长短不一，但是节奏还是很有规律的，也是阴阳韵隔行交错，并且押了毗邻韵、交错韵和环抱韵，使用了数量不一的抑扬格诗步组成的诗行。戈鲁别夫是词翻译家中的格律高手，他的译本基本可以做到格律严密。在已经有了两个诗行整齐的译本之后，又尝试了长短句的诗行格式，这一定是有意的，说明在 20 世纪 70 年代俄罗斯的翻译者已经了解了长短句是词的主要特点之一。

（5）词牌。

1955 年版和 1959 年版《 Речные заводи 》（《水浒传》）中的《水调歌头》词牌译为"песня"（歌曲），都没有翻译词牌名。译为"песня"（歌曲）可能与原著中指明"东坡学士中秋《水调歌》"① 有关。1975 年版《 Су Дун-по. Стихи. Мелодии. Поэмы 》（《苏东坡诗词集》）中《水调歌头》词牌名译成 Мелодия Шу 《 йдяогэтоу 》，这种词牌名译法后来成为主流译法。

2. 内容转换

苏轼的这首《水调歌头》由于语言接近口语，译为俄语并没有内容转换上的障碍，只有一个"婵娟"是月亮的别名。月亮几乎在每种语言中都是十分活跃的词，它拥有很多别名。汉语中月亮就有很多别名，比如"婵娟""玉兔""冰轮""嫦娥"等。这三首译诗采用的译法不同。1955 年版的译诗诗行之间的对应程度很高，近似于直译。1959 年版的译诗增加了很多译者本身的思考，相当数量的诗行在原文中找不到对应诗行，属于自由度很高的意译。1975 年版的译文参考了原文词的特点，追求等同翻译的效果。

（二）巴斯曼诺夫的《水调歌头》译本

20 世纪 70 年代，几位词的主要译者都处于 40～60 岁的黄金时期，同一篇词作被多位译者翻译，出现了不同的译本，苏轼的《水调歌头》属于名篇，巴斯曼诺夫也翻译了这首《水调歌头》。

---

① 施耐庵. 水浒传（贰）[M]. 金圣叹，评. 上海：上海古籍出版社，2015：423.

表 3 - 17　巴斯曼诺夫《水调歌头》译文和原文对比

《水调歌头》原文	音节	韵式	Мелодия 《 Шуйдяогэтоу 》	音节	韵式
明月几时有，	5		С чаркой вина в руке	6	м
把酒问青天。	5	a	Любуюсь лазурью небес	8	a/м
不知天上宫阙，	6		И вопрошаю: 《 Когда	7	м
今夕是何年。	5	a	Луна, сияя, взойдет? 》	7	м
			Там, в небесном дворце,	6	м
			В мире тайн и чудес,	6	a/м
			В этот вечерний час	6	м
			Какой отмечают год?	7	м
			Как бы я с ветром хотел	7	м
			Умчаться за облака!	7	м
我欲乘风归去，	6		Туда , где из яшмы дворцы,	8	м
又恐琼楼玉宇，	6		Где башен сверкает нефрит.	8	b/м
高处不胜寒。	5	a	Только дорога, страшусь,	7	м
			В бездну небес нелешка,	7	м
			Стужа там в миг один	6	м
			Сердце заледенит.	6	b/м
起舞弄清影，	5		В танце кружусь , и тень	6	м
何似在人间。	5	a	Вместе кружит со мной.	6	c/м
			Призрачный мир вокруг	6	м
			Так непохож на земной!	7	c/м
转朱阁，	3		Красный терем. Над ним	6	м
低绮户，	3		Обход свершает луна,	7	d/м
照无眠。	3	a	В спальню глядит через дверь	7	м
不应有恨，	4		На тех , кто теперь не спит.	7	e/м
何事长向别时圆。	7	a	Надо ль роптать на неё	7	м
			За то, что кругла, полна.	7	d/м
			Что в ночь расставанья с тобой	8	м
			Слишком ярко блестит?!	6	e/м
人有悲欢离合，	6		Радость — и рядом печаль,	7	м
月有阴晴圆缺，	6		Разлука за встречею вслед, —	8	f/м
此事古难全。	5	a	Небом такая судьба	7	м
			Людям в удел дана,	6	g/м
			Луне полнолунье, ущерб,	8	м
			То яркий , то бледный свет...	7	f/м
			Издавна повелось:	6	м
			Нет ничего сполна.	6	g/м
			Думой живу одной:	6	h/м
但愿人长久，	5		Чтоб там , за тысячу ли,	7	i/м
千里共婵娟。	5	a	Также любуясь луной,	7	h/м
			Ты не покинул земли. ①	7	i/м

　　① 　Басманов М. И. Цветет мэйхуа. Классическая поэзия Китая в жанре цы [М].
Москва：Художественная литература, 1979：140 - 142.

1. 形式转换

（1）诗段。

《水调歌头》词牌一共有 19 行诗行，8 个完整句子。译文分为 6 个诗段，有两个 8 行诗段分别对应了两个完整句子。译文的诗段和原文的句子有很高的对应性。

（2）诗行。

《水调歌头》原文有 19 行诗行，译文有 40 行诗行，基本保持了 1∶2 的关系。

（3）音节。

巴斯曼诺夫对词这一体裁的语言特点了然于心。词的语言特点是口语化，口语化的语言通常没有长句子，所以他的译文的诗行音节数量较少。这一首译文也不例外，音节数量在 6～8。

（4）格律。

以第一段的节奏为例：

С ча́ркой / вина́ / в руке́

– ∪ / ∪ – / ∪ –

Любу́юсь / лазу́рью / небе́с

∪ – ∪ / ∪ – ∪ / ∪ –

И вопроша́ / ю：《 Когда́

∪ ∪ – / ∪ ∪ –

Луна́ / , сия́ / я, взо / йдёт？》

∪ – / ∪ – / ∪ ∪ / –

Там, в небе́ / сном дворце́,

∪ ∪ – / ∪ ∪ –

В ми́ре / тайн и / чуде́с,

– ∪ / ∪ ∪ / ∪ –

В э́тот / ве́че / рний час

– ∪ / – ∪ / ∪ –

Како́й о / тмеча́ют / год？

∪ – ∪ / ∪ – ∪ / –

这段押的是阳韵，节奏是组合型诗步和典型诗步交错使用，抑扬格和扬抑格组合在一起，如：

С ча́ркой／вина́／в руке́
– U／U –／U –

抑扬抑格和抑抑扬格等多种诗步交错使用，如：

Люб́ уюсь ／лаз́ урью／ неб́ ес
U – U／U – U／U –
Там，в небе́／сном дворце́，
U U –／U U –

　　一行诗句中不同诗步组合成新的格式并不是巴斯曼诺夫首创，艾德林最早把这种组合诗步运用在白居易的《忆江南》译本中，孟列夫也在李煜的《蝶恋花》词译本中使用了不同型的 4 音节诗步组合。只不过艾德林和孟列夫用这种组合形式的诗行不多，而巴斯曼诺夫在翻译篇幅长的词作时较多使用诗步组合的形式。这种组合形式和诗步变体"дольник"类似，也和汉语诗的拗句机制相似。有一点必须明确，虽然巴斯曼诺夫较多使用诗步组合形式，但是这些组合在整首译文中的比重还是比较小的，因为诗步是构成俄语诗节奏的关键，不控制好分寸就不是俄语诗了。
　　从汉语词的角度而言，巴斯曼诺夫译文对格律的处理是有根据的，词谱规定了韵脚的位置和平仄，词不是每句押韵，巴斯曼诺夫的谐音韵脚也不是每行都有。巴斯曼诺夫的译文通常使用两种韵式，比如除了押阳韵之外又押毗邻韵。重音韵式每行都有，谐音韵式的韵脚数量则和汉语词谱的韵脚数量保持一致。同时使用这两种韵式兼顾了俄语诗和汉语词的押韵特点。
　　词的节奏是固定的，词谱规定的节奏中既有律句也有拗句，律句相当于俄语的诗步，律句的平仄关系是固定的，种类和诗步相近，机制也相同。拗句相当于俄语不同诗步的组合。王力指出："唐五代词差不多全是律句，宋词则律拗相参。诗在古风里的拗句是随意的，而词中的拗句却是规定的，必须按谱填词，非但不容不拗，而且不容拗成别样。"[①] 也就是说词中的拗句是合法的，符合词的格律规则，那么转换到俄语中，诗步的组

---

　　① 王力．汉语诗律学：下 [M]．北京：中华书局，2015：590.

合以及交错也是合法的，只是使用较少。巴斯曼诺夫用得相对较多，是因为这种诗步组合形式更能反映词的格律特点。词有别于律诗，拗句合法存在也是重要的一点。

从巴斯曼诺夫译文对格律的安排，可以看出他追求把词译成能充分体现汉语词特点的俄语诗。

2. 内容转换

词中拥有伴随意义的词汇非常多，比如日月星辰、春花夏草、秋菊冬梅大都拥有伴随意义，在谭林编著的《俄语语言国情学》中有"коннотация"的解释："被现代语言学采用的"伴随意义"的定义，是由拉丁语'connotatio'（意识）这个词翻译过来的。毫无例外地在所有的语言中大量存在这类词汇，除了直接的、具体的概念意义外，还拥有协同的、象征的和包含隐喻的意义。这些意义在国情语言学中称为伴随意义。"①

巴斯曼诺夫的《水调歌头》译本语言通俗易懂，保持了词口语化的特点。除了口语化之外，词的语言还具有优美的特质，词作中的典故和拥有伴随意义的词汇均能产生丰富的联想，俄语中也有这样的词汇，巴斯曼诺夫擅长使用俄语中那些附加美感特质的词来翻译汉语词。比如"把酒问青天"中的"青天"一词，指的是深蓝色深邃的夜空，由于千百年来被诗人反复使用，则积累了某种难以言传的美感。"问青天"被巴斯曼诺夫译为"Любу́юсь лазу́рью небе́с"（欣赏天空的蔚蓝）。奥日科夫《俄语词典》第 25 版对"лазурь"的解释是："①светло-синий цвет，синева.（устар. и высок）②Краска светло-синего цвета."② 第一个意思是浅蓝色和天蓝色，属于旧语和高雅语体；第二个意思是浅蓝色的颜料。"лазурь"这个词非常美，这种蔚蓝色和地域天气有关，是俄罗斯特有的美。"лазурь"这个词受到俄罗斯诗人的青睐，频繁出现在俄语诗中，也形成了超越表面意思的美感特质。巴斯曼诺夫使用这类俄语中具有美感特质的词来翻译汉语词，追求的是译作与原作意境美感的对等，尽管"лазурь"和"青天"并不等值。

任何一种语言写成的诗歌，都必须具备诗歌本身的特点。就形式而言，是韵和律的排列组合方式。就内容而言，诗歌是民族语言的最高形

---

① 谭林. 俄语语言国情学［M］. 长春：吉林大学出版社，1997：16.

② Ожегов С. И. Словарь русского языка［М］. Москва：ОНИКС；Мир и образование，2008：309.

式，包括了高度精练的语言和高度的美感。聚焦到汉语词和俄语诗，它们都是诗歌，因此也拥有以上特点，这些特点构成了它们相互转换的基础。

从上文对译本的分析可以看出，就形式而言，俄语诗歌有多种格式的节奏和押韵方式。

从节奏方面讲，俄语诗歌的节奏由诗步组成。有些格式是由不同的诗步临时组成的，只在诗歌中有规律地出现，不同诗步组合和诗步变格也是俄语诗的节奏方式，被俄罗斯诗人广泛使用，并不苛求必须是同一诗步循环到底。汉语词的格式是固定的，节奏也是固定的，有的句子是律句，有的句子是拗句。诗步和汉语词的律句原理相同，诗步的组合类似于汉语词的拗句。宋代的词已经是律拗相参，拗句也是合法存在的，也被中国的词人广泛使用。因此使用俄语的诗步及其组合形式来翻译汉语的词，和律拗相参的原理相同。

俄语诗歌押韵的方式有两种机制：以重音为核心，分为阴韵、阳韵和多重韵，可称为重音韵式；以同音相谐为中心，分为毗邻韵、交错韵和环抱韵，可称为谐音韵式。从以上多位译者的译本来看，以重音为核心的韵式是俄语诗押韵的主要形式，谐音韵式并不被每一位译者采用。巴斯曼诺夫一般同时使用两种韵式，他的重音韵和俄语诗的规则保持一致，而谐音韵则按汉语词的韵脚特点来设置，追求和原文相似的音乐效果。

就内容而言，转换困难集中在典故、风俗习惯、伴随意义词等区域，译者对这些词的识别成为翻译的关键。大量包含象征和隐喻的词汇，形成了词的语言特点。

词的伴随意义是从语言学的角度来讨论的，但是词所涉及的语汇，却不能止步于伴随意义词这一层级。比如说在词中经常出现的典故，往往不是一个单词或词组能够容纳的，需要好几个句子才能解释。除了典故之外，还有风俗习惯，也是千百年流传下来的，不是词这个层级可以涵盖的。因此用"культурный мир в языке"（语言中的文化世界）这个概念来解释"典故"之类的语汇更加贴切。

不同的民族，语言的积累不同，所以涉及典故以及风俗习惯的语汇转换只能使用意译，逐字翻译必然要犯错误。

戈鲁别夫、孟列夫和巴斯曼诺夫等译者的翻译风格不同。戈鲁别夫是俄语诗的韵律高手，他的译文音节整齐，押韵方式多样，一首译文往往使用了两种押韵方式，而且严密整齐。戈鲁别夫很少使用诗步的组合形式，在一首译诗中往往只使用一种传统的俄语诗步。他的译文体现了俄语诗"音节重音诗"的特点，在所有译者中独树一帜。事物往往具有两面性，对于格律的追求使得戈鲁别夫的译文在内容上多使用自由度很高的意译，和原文的贴合程度降低。戈鲁别夫的译文不长于凸显汉语词的特点。

孟列夫的译文对格律的要求也很严格，只不过他对同音谐韵的押韵方式不太追求。他的诗行总体而言是以重音为核心，诗步的节奏和阴阳韵的押韵方式都和重音紧密相连，体现了俄语诗从古典的"音节重音诗"向现代的"重音诗"发展的趋势。除了格律之外，孟列夫还重视译文诗行和原文诗行的对应关系，内容方面的切合程度较高。

从巴斯曼诺夫的译文来看，他对汉语词谱和汉语典籍十分熟悉，他致力于寻找兼容俄语诗和汉语词的格律形式，灵活运用俄语诗的诗步组合，除了使用俄语诗的阴阳韵等重音韵式外，俄语诗的谐音韵式被他改造成符合汉语词谱押韵特点的押韵方式，并且形成了规模和风格。巴斯曼诺夫把汉语词译成了一种有特点的俄语诗，而这种特点和汉语词的特点原理相通。

艾德林主要致力于唐诗的翻译，主攻白居易、孟浩然和乐府诗，词译作统计到的只有 4 首，他的词作翻译风格和孟列夫相近。

概括而言，戈鲁别夫经常使用"音节重音诗"的格式来翻译汉语词，"音节重音诗"和汉语的律诗十分接近，却没有体现汉语词的长短句特点。艾德林、孟列夫使用"重音诗"的格式来翻译汉语的词。"重音诗"脱去了音节的束缚，这种俄语诗的格式实际上和词的长短句特点更为吻合。巴斯曼诺夫翻译词做到了将相同的词牌转换成格式相同或相近的俄语诗，其译文同音谐韵的韵脚数量和词谱的韵脚数量保持一致，兼容了词的特点，再现了词牌具有的部分音乐效果。他的译文在俄语诗中用韵较宽，语言有典型的口语风格，不属于格律严密的俄语诗，但是也没有人能说巴斯曼诺夫翻译的诗不是俄语诗。通过已有的词译本和原文对照，巴斯曼诺夫使用了一种兼容俄语诗和汉语词特点的方式来翻译汉语词，且译本数量较多。

目前这几位翻译家代表的不同译词风格在俄罗斯还处于争论之中，难以简单用优劣区分。戈鲁别夫译本的音节重音诗风格属于传统的俄语诗风格，代表传统习惯。孟列夫译本的重音诗风格是现在流行的俄语诗风格，代表当下的品位。巴斯曼诺夫译本带有词的特点的重音诗风格代表了译词未来的趋势。巴斯曼诺夫是被费德林和艾德林双双认可的词翻译家，其译本的美妙之处还需要进一步探索。

第四章　汉语词与俄罗斯的浪漫曲

龙榆生指出："世界各民族，其文学发展之程序，盖未有早于诗歌者。"① 诗歌是人类最早的文学形式，不同语言的诗歌特点各异，然而在类别和发展进程方面又有诸多相似之处，这种相似性构成了不同民族语言诗歌比较的基础。

关于汉语词的俄译，除了对译本进行深层对比分析，另一个需要深度思考的问题是：俄语中有没有与汉语词对等或相似的诗歌体裁？如果能找到参照的体裁，那么转换的困难将会减少，即使找不到对等的体裁，研究相似的体裁也能够进一步了解两种体裁的特点，从而降低转换的难度。

第一节　俄罗斯汉学家眼中词与浪漫曲的关系

一、对应说

俄罗斯汉学家寻找与词相似的俄语诗歌体裁的尝试早就开始了。1959年，克立朝在《 Поэзия эпохи Сун 》（《宋代诗歌》）的序言中写道："词和音乐的根本性联系给了一些研究者一个理由，相信词就是中世纪中国独特的浪漫曲。这段话说明，俄罗斯学者认为词是一种独特的浪漫曲。"②

李谢维奇在《 Китайская пейзажная лирика Ⅲ-XIV вв 》（《中国3—14世纪风景抒情诗》）的序言中写道："民歌、城市浪漫曲及其类似的作品能够更加自由地表达爱情，比如读者在本集中发现的词——宋代的浪漫曲，

---

① 龙榆生. 中国韵文史［M］. 上海：上海古籍出版社，2010：1.

② Кривцов В. А. Поэзия эпохи Сун［M］. Москва：Художественная литература，1959：11.

散曲——元代的咏叹调都能体现这种自由性。"① 这本抒情诗译本集把汉语的诗歌体裁和俄语的诗歌体裁对应起来，分别为：诗（стихи）、词（романсы）、曲（арии）、赋和长诗（поэмы）。这是俄罗斯学者第一次正式提出词就是浪漫曲（романс），并且把浪漫曲等同于词作为分类标准。

巴斯曼诺夫是翻译词作最多的诗人和翻译家，他多次在自己的词集译本的前言中提到汉语的词接近欧洲的浪漫曲。他在翻译词作最多的译本集《 Голос яшмовой флейты. Из китайской классической поэзии в жанре цы 》（《玉笛声——中国历代词选》）中写道："词按照本身的属性和艺术特点接近欧洲的浪漫曲，它的出现和浪漫曲诞生的时间相差无几，恰好都是大型城市和商业中心崛起，城市的居民——手工业者、商人和军人逐渐增多的时期。"② 这段话说明汉语词和欧洲的浪漫曲诞生的时间和背景相似。

费德林在 1998 年第 2 期的杂志《 Проблемы Дальнего Востока 》（《远东问题》）上发表了一篇名为"Грани призвания"（"天赋的极限"）的文章，其中有一段话是这样的："无法估量巴斯曼诺夫作为诗人翻译家所作出的贡献，他为俄罗斯读者打开了中国诗歌的新领域——高度抒情，倾向于欧洲浪漫曲（或者咏叹调）的体裁——词，有这样一些杰出的诗人用这种体裁创作，比如李煜、柳永、苏轼、李清照、辛弃疾等。"③

从这段话可以看出，对于词是更接近浪漫曲还是咏叹调（ария），费德林也没有进一步说明。

继艾德林和费德林之后，多次主编大型诗歌总集的汉学家斯米尔诺夫在他的学术著作《 Китайская поэзия в исследованиях, заметках, переводах, толкованиях 》（《中国诗歌研究·笔记·译本·注解》）中写道："必须要说明的是，在那个时代出现了另外一种新的诗歌形式——词——'曲调'或者'浪漫曲'，有时候正如它的名称，是为了强调词语和音乐的紧密联系。"④ 斯米尔诺夫对词这种体裁研究不多，"мелодии"和"романсы"并不是同一层级的概念，但至少斯米尔诺夫指出了浪漫曲

---

① Семанов В. И. Китайская пейзажная лирика Ⅲ-ⅩⅣ вв［M］. Москва：Московский университет，1984：13.

② Басманов М. И. Голос яшмовой флейты. Из китайской классической поэзии в жанре цы［M］. Москва：Художественная литература，1988：5 - 6.

③ Басманов М. И. Жемчужная нить. Китайская классическая поэзия［M］. Москва：Эксмо，2008：8.

④ Смирнов И. С. Китайская поэзия в исследованиях, заметках, переводах, толкованиях［M］. Москва：Издательский центрРГГУ，2014：148.

和词有关系。

二、不对应说

汉语词是不是对应欧洲的浪漫曲，这仍是一个有争议的问题，并没有定论，笔者也未收集到专门讨论汉语词和俄语浪漫曲两者关系的著作。翻译家们只是指出这两种体裁接近，并未深入比较和研究。有两位研究词的学者对此采取了避而不谈的态度，孟列夫指出："唐后宋元时期的诗歌的发展以'词'的形式（针对宋代）和'曲'的形式——咏叹调（针对元代）为特点。"① 此处明确指出，"曲"就是"ария"，而词却没有提及相当或接近于浪漫曲。孟列夫的回避态度表达了一种观点——词和浪漫曲并不等同。和孟列夫一样，谢列布里亚科夫也对词接近何种体裁持审慎态度。在其影响深远的著作《Поэзия X-XI веков（жанры ши и цы）》（《中国十至十一世纪的诗歌——诗和词》）中也没有提及词和浪漫曲有关系。

孟列夫是翻译词的主要译家之一，也对多种古代中国韵文体裁有研究，而谢列布里亚科夫可以说是俄罗斯研究词的最重要的学者。他们的态度说明词和浪漫曲的关系还需深入研究。

第二节　俄罗斯的浪漫曲

一些学者认为词就是浪漫曲，一些学者认为两者只是近似，另一些学者并不认为两者有关系。因此，浪漫曲的概念需要界定。

一、浪漫曲的定义

俄罗斯科学院院士阿萨菲耶夫（Асафьев Б. В.，1884—1949）这样概括浪漫曲："复杂的室内、家庭、沙龙歌曲形式，是一种隐秘的、敏感的、传递纤细的心理情绪——个人心情的歌曲，因此和抒情诗紧密相连。浪漫曲有各种各样的诗行形态，然而作曲家的主要目的是致力于表达诗人思想

---

① Меньшиков Л. Н. Китайская поэзия в переводах Льва Меньшикова［М］. Санкт-Петербург：Петербургское Востоковедение，2007：14.

的敏锐和用音乐加强富有情感的声音。"①

阿萨菲耶夫的这段定义有三层意思：第一，浪漫曲是一种"песня"（歌曲）；第二，浪漫曲主要表达个人隐秘的情感；第三，诗行的形态是多种多样的，意味着有很多种格式。

从浪漫曲的定义来看，浪漫曲不是一种诗歌体裁，而是音乐体裁，它采用诗歌的语言作为歌词，多种诗歌体裁的诗行格式都能为它所用。《欧洲艺术歌曲及其钢琴伴奏》中指出："俄罗斯浪漫曲也成为浪漫主义时期重要的声乐样式，并具有世界性的影响。总的来看，俄罗斯浪漫曲有'叙事曲''悲歌''饮酒歌''船歌''小夜曲''摇篮曲'等多种体裁形式。"② 也就是说，多种诗歌体裁都可以谱成浪漫曲来演唱。

二、浪漫曲的起源和发展

（一）浪漫曲的起源

"在12世纪到14世纪的时候，西班牙兴起了一种由流浪音乐家、诗人和歌手创作的新型歌唱体裁。它融合了宣叙调、乐曲的音调和面部表情的舞蹈。游吟抒情诗人—歌手的歌曲用罗曼母语完成，浪漫曲的名称由此而来。它不仅是一种独特的集诗歌作品和表演传统为一体的体裁，还是在乐器伴奏下有个性的声乐剧本的曲调类型。"③ 从这段话不难得出结论，浪漫曲集"诗""舞""乐"为一体。

15世纪，随着抒情诗，特别是宫廷诗的发展，西班牙出版了第一部浪漫曲集《Романсеро》（《罗曼采罗》）。在西欧，浪漫曲最初是作为文学诗歌的体裁出现的，在吸收了不同国家民族色彩之后才确立音乐方向，作为音乐体裁树立起来。18世纪浪漫曲体裁出现在俄罗斯音乐中，成为俄罗斯音乐史上卓越的一页。

（二）浪漫曲在俄罗斯的发展

关于浪漫曲初期在俄罗斯的发展，有这样的记载："最早的浪漫曲，18世纪被称作'俄罗斯歌曲'，确立了体裁的基本方向——爱情抒情诗。

---

① Соболева Г. Г. Русский советский романс ［М］. Москва：Знание，1985：3 - 4.

② 王文俐. 欧洲艺术歌曲及其钢琴伴奏 ［М］. 北京：中国社会科学出版社，2012：140.

③ Соболева Г. Г. Русский советский романс ［М］. Москва：Знание，1985：5.

伴随着俄罗斯诗歌和俄罗斯音乐的日臻完善，在普希金和格林卡（Глинка М. И.，1804—1857）的作品中，俄罗斯浪漫曲达到了高峰。"①

浪漫曲的经典作品是 19 世纪的作曲家创作的，这一时期出现了一种生活浪漫曲。对生活浪漫曲的描述为："这是一种记录性短篇小说，听着这些作品，我们能够了解那辈人的生活、兴趣、思想和希望。"②

19 世纪浪漫曲在俄罗斯得到长足的发展有两个基础——普希金、莱蒙托夫、费特等人的诗歌和格林卡、柴科夫斯基（Чайковский П. И.，1840—1893）等作曲家的音乐，浪漫曲中作为歌词的诗歌和作为曲调的音乐都是原创的、俄罗斯的、世界级的作品。

三、浪漫曲的特点和种类

（一）浪漫曲的特点

关于浪漫曲的特点，《Русский советский романс》(《俄罗斯苏联浪漫曲》) 的作者沙巴列娃有这样一段描述："鲜明的曲调，形式多样的诗歌语言，诗歌和音乐思想的罕见融合。这种作品通常篇幅短小，声音低婉，不是面向广大听众，而是面对厅中在座的每一位听众，简单亲切地叙述隐秘的感觉、经历和深刻的思想"。③

从上面这段话可以概括出浪漫曲的特点：第一，和音乐紧密结合。第二，诗歌的语言。第三，篇幅短小。第四，叙述隐秘的感觉、经历和深刻的思想。

（二）浪漫曲的种类

沙巴列娃指出："现今在浪漫曲这个术语下已经汇集了多种室内音乐形式，包罗甚广，诸如叙事谣曲、哀歌、威尼斯船歌、小夜曲、抒情歌曲、舞曲浪漫曲、独白浪漫曲、幻想曲等。"④

按照《Русский романс》(《俄罗斯浪漫曲》) 的目录分类，浪漫曲可以分为五大类：Бытовой романс（日常生活浪漫曲），Народный романс（民族浪漫曲），Романс-баллада（谣曲浪漫曲），Цыганский романс（茨

---

① Соболева Г. Г. Русский советский романс ［М］. Москва：Знание，1985：9.

② Соболева Г. Г. Русский советский романс ［М］. Москва：Знание，1985：11.

③ Соболева Г. Г. Русский советский романс ［М］. Москва：Знание，1985：3.

④ Соболева Г. Г. Русский советский романс ［М］. Москва：Знание，1985：5 – 6.

冈浪漫曲），Городской романс（城市浪漫曲）。① 其中 Цыганский романс
（茨冈浪漫曲）主要描写农村景物，是一种农村浪漫曲。这里的分类主要
是根据诗歌的内容来分的。

四、浪漫曲的形式和内容

（一）浪漫曲的形式

1. 诗段

以《Русский романс》（《俄罗斯浪漫曲》）为例，其共有 91 首浪漫
曲：其中采用 4 行诗节的诗有 56 首，占 61.5%；采用 6 行诗节的诗有 4
首，占 4.3%；采用 8 行诗节的诗有 8 首，占 8.7%；采用 2 行诗节的有 2
首，占 2.2%；采用 8 + 1 诗节的有 2 首，占 2.2%，所谓 8 + 1 诗节，是一
个 8 行诗节再加上一句相同的诗行组成，这句相同的诗行出现在每个 8 行
诗节的末尾；4 行诗节和 2 行诗节交错的有 2 首；采用 5 行诗节的有 1 首；
不分诗段的有 7 首；另有自由分段的 9 首。

2. 篇幅

诗歌的篇幅长短可以由诗行的数量来计算，浪漫曲的篇幅比较短小，
以《Русский романс》（《俄罗斯浪漫曲》）为例，其中最短的是普希金的
《Я вас любил…》，只有一个 8 行诗段，最长的是阿·康·托尔斯泰的
《Колокольчики мои》，有 6 个 8 行诗段，共 48 行。

3. 诗行的韵律和意义

以下选取 10 首有代表性的浪漫曲作品，以表格的形式对韵律进行排列
和标注，并以直译的方式（非诗歌翻译，诗歌翻译有时需跨行，有时还需
跨段）呈现诗行的意义，为浪漫曲的形式和内容分析作铺垫。

雷列耶夫（Рылеев К. Ф.，1795—1826）是俄罗斯诗人，十二月党人，
下面这首《Элегия》（《哀歌》）写于 1824 年，是浪漫主义早期的作品，使
用了四诗步抑扬格（U -）及其加长型。

---

① Никанорова Е. Б. Русский романс［М］. Санкт-Петербург：Лениздат，1993：
141 – 143.

表4-1　雷列耶夫《Элегия》①（《哀歌》）的韵律和意义

诗行的节奏和意义	音节	韵式
Испо́/лнились/ мои́/жела́/нья, U -/UU/U -/U -/U 我的愿望满足了，	9	a/ж
Сбыли́сь /давни/шние/ мечты́: U -/U -/UU /U - 很久以前的梦想实现了：	8	b/м
Мои́/жесто́/кие/ страда́/нья, U -/UU/U -/U -/U 我的残酷的痛苦，	9	a/ж
Мою́/любо́вь/ узна́/ла ты́. U -/U -/U -/U - 我的爱，你均已知道，	8	a/м
Напра́/сно я/ себя́/ трево́/жил, U -/UU/U -/U -/U 我枉自担心，	9	c/ж
За страсть/ вполне́/я на/граждён: U -/U -/U -/U - 被恐惧占据：	8	d/м
Я вновь/ для сча́/стья се́рд/цем о́/жил, U -/U -/U -/U -/U 为了幸福我的心重新复活，	9	c/ж
Исче́з/ла грусть/, как сму́/тный сон. U -/U -/U -/U - 忧伤消失，就像模糊的梦。	8	d/м
Так, о/кроплён/ росо́й/ отра́д/ной, UU/U -/U -/U -/U 愉快的露珠飞溅，	9	e/ж
В тот час, /когда/ горит/ восто́к, – -/U -/U -/U - 就在东方燃起朝阳的那一刻，	8	f/м
Вновь во/скреса́/ет но́/чью хла́/дной UU/U -/U -/U -/U 重新复活，在寒冷的夜里	9	e/ж
Полу/завя́/лый ва/силёк. UU/U -/UU/U - 即将枯萎的矢车菊。	8	f/м

① 　Никанорова Е. Б. Русский романс［М］. Санкт-Петербург：Лениздат，1993：10.

　　哀歌是感伤主义的代表体裁，感伤主义也被称作前浪漫主义。浪漫曲并不是一种诗歌体裁，而是集合了多种短篇诗歌体裁的音乐体裁，哀歌也是浪漫曲的一种。从这首诗的韵律来看，浪漫曲格式严谨，节奏和押韵十分有规律。这首《Элегия》（《哀歌》）有3个4行诗段，共12行诗句，诗行音节数量按照9和8循环，押韵则同时使用了谐音韵式的交错韵和重音韵式的阴阳韵。全诗使用了四诗步抑扬格及其加长型。

　　普希金的浪漫曲《Я вас любил...》（《我爱过您……》）创作于1829年，以五诗步抑扬格及其加长型写成。

表4-2　普希金《Я вас любил...》①（《我爱过您……》）的韵律和意义

诗行的节奏和意义	音节	韵式
Я вáс/ люби́л/：любóвь/ ещё，/быть мó/жет， ∪ −/∪ −/∪ −/∪ −/∪ −/∪ 我爱过您，爱情，可能，	11	a/ж
В душé/ моéй /угá/сла не /совсéм； ∪ −/∪ −/∪ −/∪ −/∪ −/∪ 在我的灵魂中还没有完全熄灭，	10	b/м
Но пýсть/ онá/ вас бó/льше не/ тревó/жит； ∪ −/∪ −/∪ −/∪∪/∪ −/∪ 但愿它不再打扰您；	11	a/ж
Я нé/хочý/ печá/лить вас/ ничéм. ∪ −/∪ −/∪ −/∪ −/∪ −/∪ 我不想让您有任何烦恼。	10	b/м
Я вáс/ люби́л/ безмó/лвно，без/ надё/жно， ∪ −/∪ −/∪ −/∪∪/∪ −/∪ 我寂静地、绝望地爱过您，	11	c/ж
То рó/бостью，/то рé/вностью/ томи́м； ∪ −/∪ −/∪ −/∪ −/∪ −/∪ 时而被怯懦折磨，时而被嫉妒伤害；	10	d/м
Я вáс /люби́л/ таки́/скренно，/так нé/жно， ∪ −/∪ −/∪ −/∪∪/∪ −/∪ 我如此真挚如此温柔地爱过您，	11	c/ж
Как дáй /вам Бóг /люби́/мой бы́ть/ други́м. ∪ −/∪ −/∪ −/∪ −/∪ −/∪ 但愿别人也能这样爱您。	10	d/м

①　Никанорова Е. Б. Русский романс［M］. Санкт-Петербург：Лениздат，1993：15.

　　全诗只有一个 8 行诗段，篇幅短小。11 音节诗行和 10 音节诗行交错，使用了交错韵和阴阳韵两种韵式，这首诗的诗行格律严整，语言简洁凝练，篇幅虽短却寓意深长。以普希金等著名诗人的抒情诗作为浪漫曲歌词，使得浪漫曲在俄罗斯的发展起点颇高，成为欧洲浪漫主义创作的一个亮点。

　　《Парус》（《帆》）是莱蒙托夫抒情诗的名作，同时也是一首浪漫曲，创作于 1832 年。

表 4 - 3　莱蒙托夫《Парус》①（《帆》）的韵律和意义

诗行的节奏和意义	音节	韵式
Беле́ет па́/рус о/дино́/кий ∪ -/∪ -/∪∪/∪ -/∪ 孤独的帆闪耀	9	а/ж
В тума́/не мо́/ря го/лубо́м! … ∪ -/∪ -/∪∪/∪ -/∪ 在大海蓝色的雾中！	8	b/м
Что и́/щет он/ в стране́/ дале́/кой? ∪ -/∪∪/∪ -/∪ -/∪ 它在远方寻找什么？	9	а/ж
Что ки́/нул он/в краю́/ родно́м? ∪ -/∪∪/∪ -/∪ - 它在家乡抛弃了什么？	8	b/м
Игра́/ют во́л/ны ве́/тер сви́/щет, ∪ -/∪ -/∪ -/∪∪/∪ 浪花卷起风声呼啸，	9	с/ж
И ма́/чта гне́/тся и/ скрипи́т…. ∪ -/∪ -/∪∪/∪ - 桅杆倾斜吱呀作响……	8	d/м
Увы́, / он сча́/стия/ не и́/щет ∪ -/∪ -/∪∪/∪ и́/щет 哦，它没有找到幸福。	9	с/ж
И не́/ от сча́/стия/ бежи́т! ∪ -/∪ -/∪∪/∪ - 也没有从幸福而来！	8	d/м

---

①　Никанорова Е. Б. Русский романс ［M］. Санкт-Петербург：Лениздат，1993：18.

（续上表）

诗行的节奏和意义	音节	韵式
Под ни́м/ струя́/ светле́й /лазу́/ри, ∪ –/∪ –/∪ –/∪ –/∪ 它的下面是淡蓝色的水流，	9	с/м
Над ни́м/ луч со́л/нца зо/лото́й... ∪ –/∪ –/∪∪/∪ – 它的上面是金色的阳光……	8	d/м
А он/, мяте́/жный, про́/сит бу́/ри, ∪∪/∪ –/∪ –/∪ –/∪ 而叛逆的它在呼唤暴风雨	9	с/м
Как бу́/дто в бу́/рях е́сть/ поко́й! ∪ –/∪ –/∪ –/∪ – 仿佛暴风雨中才有平静。	8	d/м

　　俄罗斯抒情诗和浪漫曲的歌词有很大程度的交集，浪漫曲抛开乐曲的文字部分，相当大的部分是抒情诗。词在俄罗斯除了被翻译成"класическая поэзия в жанре цы"以外，主要被译为"лирика"（抒情诗）。莱蒙托夫的《Парус》（《帆》）使用了四诗步抑扬格及其加长型，9音节诗行和8音节诗行交错，采用了交错韵和阴阳韵两种韵式。这首诗的语言典雅优美，和汉语词的语言风格相近。

　　费特是19世纪俄罗斯纯艺术派诗歌的代表人物，纯艺术派诗歌体现了一种结合了现实主义和浪漫主义的唯美主义。这种唯美主义和叶嘉莹说的"词的美感特质"有异曲同工之妙，费特的诗的意境片段、亲切自然的口语风格，都和词的意境和语言风格相似。

表4-4　费特《На заре ты ее не буди》[①]（《黎明时不要叫醒她》）的韵律和意义

诗行的节奏和意义	音节	韵式
На заре́/ ты её /не буди́, ∪∪ –/∪∪ –/∪∪ – 黎明的时候你不要叫醒她，	9	a/м
На заре́/ она сла́д/ко так спит; ∪∪ –/∪∪ –/∪∪ – 让她就这样甜甜地睡在霞光里；	9	b/м
Утро ды́/шит у ней/ на груди́, ∪∪ –/∪∪ –/∪∪ – 她的胸呼吸着早晨的空气，	9	a/м

---

①　Никанорова Е. Б. Русский романс［М］. Санкт-Петербург：Лениздат，1993：26.

（续上表）

诗行的节奏和意义	音节	韵式
Ярко пы́/шет на я́м/ках лани́т. ∪∪ −/∪∪ −/∪∪ − 脸颊的酒窝漾起明亮的红晕。	9	b/м
И поду́/шка её/ горяча́, ∪∪ −/∪∪ −/∪∪ − 她的枕头还是热的，	9	c/м
И горя́ч /утоми́/тельный сон. ∪∪ −/∪∪ −/∪∪ − 筋疲力尽后的梦格外的沉。	9	d/м
И, черне́/ясь, бегу́т /на плеча́ ∪∪ −/∪∪ −/∪∪ − 乌光闪亮，在肩膀上甩着的是	9	c/м
Косы ле́н/той с обе́/их сторо́н. ∪∪ −/∪∪ −/∪∪ − 从两边梳着的发辫。	9	d/м
А вчера́/ у окна́/ввечеру́ ∪∪ −/∪∪ −/∪∪ − 昨天傍晚的窗前，	9	e/м
Долго, до́л/го сиде́/ла она́ ∪∪ −/∪∪ −/∪∪ − 她久久地坐着，	9	f/м
И следи́/ла по ту́чам игру́, ∪∪ −/∪∪ −/∪∪ − 注视着浮云间	9	e/м
Что, скользя, /затева́/ла луна́. ∪∪ −/∪∪ −/∪∪ − 飘行的月亮。	9	f/м
И чем я́/рче игра́/ла луна́, ∪∪ −/∪∪ −/∪∪ − 月光越明亮，	9	f/м
И чем гро́м/че свиста́л /соловей́, ∪∪ −/∪∪ −/∪∪ − 夜莺的鸣叫越响亮，	9	g/м
Все бледне́й/ станови́/лась она, ∪∪ −/∪∪ −/∪∪ − 她的脸色变苍白，	9	f/м
Сердце би́/лось больне́й/ и больне́й. ∪∪ −/∪∪ −/∪∪ − 心儿也越来越痛苦。	9	g/м

（续上表）

诗行的节奏和意义	音节	韵式
Оттого́ -／то на ю́／ной груди́, ∪∪ -／∪∪ -／∪∪ - 因此在年轻的胸脯上，	9	а/м
На лани́／тах так у́／тро гори́т. ∪∪ -／∪∪ -／∪∪ - 在脸上投下了朝晖。	9	b/м
Не буди́ ж ты её,／не буди́, ∪∪ -／∪∪ -／∪∪ - 请不要叫醒她，	9	а/м
На заре́／она слад／ко так спи́т! ∪∪ -／∪∪ -／∪∪ - 让她在霞光里甜睡。	9	b/м

　　费特无疑是诗人中的格律高手，这首《 На заре ты ее не буди 》（《黎明时不要叫醒她》）创作于 1842 年，全诗由 5 个 4 行诗段组成，采用了整齐的 9 音节诗行，用悠扬的三诗步抑抑扬格构建节奏，押了一气到底的阳韵和每个诗段换韵的交错韵两种韵式。

　　总的来说，创作音节整齐的诗行比创作不同数量音节交错的诗行更加困难，使用单一的阴韵或阳韵的押韵方式比使用阴阳韵交错的押韵方式更有难度，三音节诗步比双音节诗步更难构建诗行，因为双音节诗行还可以插入扬扬格和抑抑格进行调节。这首诗做到了俄语诗格律的极致，而这些诗句属于浪漫曲，费特的抒情诗作品展示了浪漫曲的格律与语言的精妙程度。

　　阿·康·托尔斯泰（Толстой А. К. ，1817—1875）的《 Средь шумного бала 》（《在喧闹的舞会上》）创作于 1851 年。

表4-5　阿·康·托尔斯泰《 Средь шумного бала 》①（《在喧闹的舞会上》）的韵律和意义

诗行的节奏和意义	音节	韵式
Средь шу́мно/го ба́ла, /случа́йно, U – U/U – U/U – U 在喧闹的舞会中，偶然，	9	а/ж
В трево́ге/ мирско́й су/еты́, U – U/U – U/U – 虚度在尘世的忧虑中	8	b/м
Тебя́ я /уви́дел, /но та́йна U – U/U – U/U – U 我看见了你，但秘密	9	а/ж
Твой по/крыва́ла /черты́. U – U/U – U/U – 遮住了你的特点。	8	b/м
Лишь о́чи/ печа́льно/ гляде́ли, U – U/U – U/U – U 只有眼眸在忧郁地闪烁，	9	с/ж
А го́лос так ди́вно звуча́л, U – U/U – U/U – 而嗓音却发出愉快的声音，	8	d/м
Как зво́н о/тдалённой/ свире́ли, U – U/U – U/U – U 仿佛远处芦笛的鸣响，	9	с/ж
Как мо́ря игра́ющий вал. U – U/U – U/U – 仿佛海洋卷起的波浪。	8	d/м
Мне ста́н твой /понра́вил/ся то́нкий U – U/U – U/U – U 我喜欢你纤细的身材，	9	е/ж
И весь твой/ заду́мчи/вый вид, U – U/U – U/U – 和你的思考的样子。	8	f/м
А смех твой, /и гру́стный/ и зво́кий. U – U/U – U/U – U 而你的忧郁响亮的笑声，	9	е/ж
С тех по́р в мо/ем се́рдце/ звучи́т. U – U/U – U/U – 至今还在我心里摇曳。	8	f/м

① Никанорова Е. Б. Русский романс ［М］. Санкт-Петербург：Лениздат，1993：33 – 34.

（续上表）

诗行的节奏和意义	音节	韵式
В часы́ о/дино́ки/е но́чи U – U/U – U/U – U 在孤独的夜晚，	9	g/ж
Люблю́ я, /уста́лый, /приле́чь U – U/U – U/U – 疲惫的我爱躺着，	8	h/м
Я ви́жу печа́льные о́чи， U – U/U – U/U – U 我看见忧郁的眼睛，	9	g/ж
Я слы́шу/ весёлу/ю ре́чь. U – U/U – U/U – 我听到欢快的话语。	8	h/м
И гру́стно/ я так за/сыпа́ю， U – U/U – U/U – U 我如此忧伤地睡去，	9	i/ж
И в гре́зах/ неве́до/мых сплю... U – U/U – U/U – 在神秘的梦中……	8	j/м
Люблю́ ли /тебя́ я /не зна́ю， U – U/U – U/U – U 我不知道我是否爱你，	9	i/ж
Но ка́же/тся мне́, что/ люблю́! U – U/U – U/U – 但我感觉我是爱的!	8	j/м

　　这首浪漫曲采用了三诗步抑扬抑格及其截短型来构筑诗行，9 音节诗行和 8 音节诗行交错。同时押了同音相谐的交错韵和交错的阴阳韵。阿·康·托尔斯泰的诗歌语言朴实，擅长细节的描写，有民歌的特点。《俄罗斯诗歌史》中写道："他的富有民歌风格的抒情诗七十余首被作曲家柴科夫斯基、李姆斯基—柯萨科夫（Римский-Корсаков Н. А.，1844—1908）、莫索尔斯基（Мусоргский М. П.，1839—1881）、拉赫马宁诺夫（Рахманинов С. В.，1873—1943）等谱成歌曲，在俄国广为流传。柴科夫斯基曾说：'托尔斯泰是谱曲歌词的永不枯竭的泉源。'"① 从阿·康·托尔斯泰抒情诗的内容和格式来看，这些诗很适合谱成浪漫曲。著名诗人的诗作加上著名作曲家的曲调，构成了 19 世纪欧洲浪漫主义的亮点——俄罗斯浪漫曲。

---

　　① 徐稚芳．俄罗斯诗歌史［M］．北京：北京大学出版社，2002：322 – 323.

涅克拉索夫（Некрасов Н. А. ，1821—1878）的《 Ой，полна，полна коробушка 》（《哦！满满的小盒子》）创作于 1861 年，这首诗讲述农村姑娘卖布匹的故事，内容朴实却韵律感强烈，具有民歌的特性，在浪漫曲中属于"народный романс"，和"бытовой романс"相同，都有描写生活的细节，体现了"这是一种记录性短篇小说，听着这些作品，我们能够了解那辈人的生活、兴趣、思想和希望"①的特点。

表 4-6　涅克拉索夫《 Ой，полна，полна коробушка 》②

（《哦！满满的小盒子》）的韵律和意义

诗行的节奏和意义	音节	韵式
《 Ой，пол/нá, пол/нá ко/рóбушка, ∪∪/－∪/－∪/－∪∪ "哦，满满的小盒子，	9	a/д
Есть и/ сú/тцы /и па/рчá. －∪/－∪/∪∪/－ 里面有画布和锦缎。	7	b/м
Пожа/лéй, мо/я́ за/знóбушка, ∪∪/－∪/－∪/－∪∪ 可怜我心爱的姑娘，	9	a/д
Моло/дéц ко/гó пле/чá! ∪∪/－∪/－∪/－ 小伙子是谁的依靠。	7	b/м
Вы́ди, /вы́ди /в рожь вы/сóкую! －∪/－∪/－∪/－∪∪ 去到高高的黑麦上面！	9	c/д
Там до/ нóчки/ пого/жý, －∪/－∪/∪∪/－ 在那等到深夜，	7	d/м
А за/ви́жу/ черно/óкую ∪∪/－∪/∪∪/－∪∪ 我远远看见黑眼睛的姑娘	9	c/д
Все то/вáры/ разло/жý. －∪/－∪/∪∪/－	7	d/м

① Соболева Г. Г. Русский советский романс ［М］. Москва：Знание，1985：11.

② Никанорова Е. Б. Русский романс ［М］. Санкт-Петербург：Лениздат，1993：41.

（续上表）

诗行的节奏和意义	音节	韵式
摆开全部的货品。 Це́ны/ сам пла/ти́л не/ма́лы/е, －∪/－∪/－∪/－∪∪ 付了不小的价钱，	9	e/д
Не то/ргу́йся, /не ску/пи́сь: ∪∪/－∪/∪∪/－ 没砍价也没吝啬，	7	f/м
Подста/вля́й-ка/ гу́бы /а́лые, ∪∪/－∪/－∪/－∪∪ 鲜红的嘴唇靠拢，	9	e/д
Бли́же /к ми́ло/му са/ди́сь! 》 －∪/－∪/∪∪/－ 靠近亲爱的人儿!"	7	f/м
Вот уж/ па́ла /ночь ту/ма́нная, －∪/－∪/－∪/－∪∪ 雾气蒙蒙的夜晚降临，	9	g/д
Ждёт у/да́лый/ моло/де́ц. －∪/－∪/∪∪/－ 勇敢的好汉在等待。	7	h/м
Чу, и/дёт! При/шла́ же/ла́нная, －∪/－∪/－∪/－∪∪ 看，盼望的人儿正在走来，	9	g/д
Прода/ёт то/ва́р ку/пе́ц. ∪∪/－∪/－∪/－ 商人出售商品。	7	h/м
Катя/ бе́ре/жно то/ргу́ет/ся, －∪/－∪/∪∪/－∪/－∪ 卡佳小心地讨价还价，	9	i/д
Все бо/и́тся /пере/да́ть. －∪/－∪/∪∪/－ 谨慎地交接。	7	j/м
Па́рень/ с деви́/цей це/лу́ет/ся, －∪/－∪/∪∪/－∪∪ 小伙子和姑娘吻起来，	9	i/д
Про́сит/ цену /наба/вля́ть. －∪/－∪/∪∪/－ 请求加价。	7	j/м

（续上表）

诗行的节奏和意义	音节	韵式
Зна́ет/ то́лько/ но́чь глу/бо́кая, – U/ – U/ – U/ – UU 只有淡蓝色的黑夜知道	9	k/д
Как по/ла́ди/ли о/ни́. – U/ – U/UU/ – . 他们怎样谈妥，	7	l/м
Рассту/пи́сь ты/, рожь вы/со́кая, – U/ – U/ – U/ – UU 高高的黑麦向两边分开，	9	k/д
Та́йну/ свя́то /сохра/ни́! – U/ – U/UU/ – . 神圣地保守着秘密！	7	l/м

　　这首浪漫曲格律整齐，全诗24行诗行，没有分诗段。诗行的结构采用了四诗步扬抑格加长型以及一种组合的诗行结构：3个扬抑格诗步 + 诗行末尾的扬抑抑诗步，通篇除了押同音相谐的交错韵外，还押了交错的三重韵和阳韵。押阳韵的诗行使用的是四诗步扬抑格，押三重韵的诗行使用的是"3个扬抑格诗步 + 诗行末尾的扬抑抑格诗步"的模式。俄语诗的诗行节奏有两种常见的组合方式：一种是，用一种诗步运行到诗行末尾，押韵的单词也包括在内。另一种是，一种诗步运行到押韵单词之前，押韵的单词另用一种诗步。涅克拉索夫和普希金、莱蒙托夫一样，是在生前就享有极高声誉的大诗人，他的这首诗可以体现浪漫曲的另一种诗行节奏。

　　丘特切夫（Тютчев Ф. И. ，1803—1873）的《 Я встретил вас 》（《我遇见了你》）创作于1870年，属于"городской романс"（城市浪漫曲）。

表 4 - 7　丘特切夫《 Я встретил вас 》① (《我遇见了你》) 的韵律和意义

诗行的节奏和意义	音节	韵式
Я встре́/тил вас/и все/ было́/е U –/U –/U –/U –/U 我遇见了您，一切过去了的，	9	a/ж
В отжи́/вшем се́/рдце о/жило́; U –/U –/UU/U – 都在麻木了的心中复活；	8	b/м
Я вспо́м/нил вре́/мя зо/лото́/е U –/U –/UU/U –/U 我回想起黄金时光，	9	a/ж
И се́р/дце ста́/ло так/ тепло́… U –/U –/UU/U – 心也温暖起来……	8	b/м
Как по́/здней о́/сени /поро́/ю U –/U –/UU/U –/U 就像在秋天的时候，	9	c/ж
Быва́/ют дни/, быва́/ет час, U –/U –/U –/U – 日复一日，时光流转，	8	d/м
Когда́/пове́/ет вдруг/ весно́/ю U –/U –/U –/U –/U 突然春天来临，	9	c/ж
И что́-/то встре/пенё/тся в нас, U –/UU/U –/U – 使我们心情振奋。	8	d/м
Так, весь/ обве́/ян ду/нове́/ньем U –/U –/U –/U –/U 一切都被微风吹过，	9	e/ж
Тех лет/ душе́/вной пол/ноты́, U –/U –/UU/U – 那些精神充实的岁月，	8	f/м
С давно́/забы́/тым у/пое́/ньем U –/U –/UU/U –/U 带着早就被忘却的快乐，	9	e/ж
Смотрю́ на ми́/лые/ черты́… U –/U –/UU/U – 看着亲爱的轮廓……	8	f/м

①　Никанорова Е. Б. Русский романс [М]. Санкт-Петербург: Лениздат, 1993: 101.

（续上表）

诗行的节奏和意义	音节	韵式
Как по/сле ве/ковóй/ разлý/ки, U –/UU/U –/U –/U 在长久的别离之后,	9	g/ж
Гляжý/ на вас/ как бы/ во сне, U –/U –/UU/U – 看见您仿佛在梦中,	8	h/м
И вот/ слышнé/е стá/ли звý/ки, U –/U –/U –/U –/U 声音变得更加可闻,	9	g/ж
Не у/молкá/вшие /во мне… UU/U –/UU/U – 不再默不作声……	8	h/м
Тут нé/ однó/ воспо/минá/нье, U –/U –/UU/U –/U 那里不是唯一的回忆,	9	i/ж
Тут жи́знь /заго/вори́/ла внóвь, U –/UU/U –/U – 那里的生活再次被谈起,	8	j/м
И тó/ же в вас/ оча/ровá/нье, U –/U –/UU/U –/U 有您的魅力,	9	i/ж
И та /ж в душé/ моéй /любóвь! … UU/U –/U –/U – 还有我灵魂中的爱。	8	j/м

　　丘特切夫这首浪漫曲由5个4行诗段组成，使用的四诗步抑扬格及其加长型，押了交错的同音相谐韵和阴阳韵，9音节诗行和8音节诗行交错。

　　巴斯曼诺夫曾经说过柳永的词作像俄罗斯的"городской романс"（城市浪漫曲）。城市浪漫曲主要描写城市居民的生活、情感和思想。丘特切夫的诗作以篇幅短小的抒情诗为主，和汉语词的主题及篇幅极其相似，他和阿·康·托尔斯泰的抒情诗都是谱写浪漫曲的好歌词。

　　俄罗斯浪漫曲进入20世纪之后并没有消失，而是和词一样继续发展。20世纪著名的诗人叶赛宁、阿赫玛托娃、维京斯基（Вертинский А. Н.，1889—1957）的抒情诗很多被谱成浪漫曲，成为流行音乐的主要形式。

表 4 - 8　维京斯基《 Сероглазочка 》① （《灰瞳》）的韵律和意义

诗行的节奏和意义	音节	韵式
Я люблю́/ вас, моя́/серогла́/зочка, ∪∪ -/∪∪ -/∪∪ -/∪∪ 我爱您，我的灰瞳，	11	а/д
Золота́/я оши́/бка моя́. ∪∪ -/∪∪ -/∪∪ - 我的金色的错误。	9	b/м
Вы вече́/рняя жу́/ткая ска́/зочка, ∪∪ -/∪∪ -/∪∪ -/∪∪ 您是晚上的恐怖故事，	11	а/д
Вы цвето́к /на карти́/не Го́йя. ∪∪ -/∪∪ -/∪∪ - 您是戈雅画中的花朵。	9	b/м
Я люблю́/ваши па́/льцы стари́н/ные ∪∪ -/∪∪ -/∪∪ -/∪∪ 我爱您古老的手指，	11	с/д
Католи́/ческих стро́/гих мадо́нн, ∪∪ -/∪∪ -/∪∪ - 天主教严肃的圣母像，	9	d/м
Ваши во́/лосы ска́/зочно дли́н/ные ∪∪ -/∪∪ -/∪∪ -/∪∪ 您的头发神话般的长，	11	с/д
И надме́н/но-лени́/вый покло́н. ∪∪ -/∪∪ -/∪∪ - 傲慢懒散地鞠躬。	9	d/м
Так есте́/ственно, про́/сто и ла́/сково ∪∪ -/∪∪ -/∪∪ -/∪∪ 如此自然、简单和温和，	11	е/д
Вы, каку́/ю-то месть /затая́, ∪∪ -/∪∪ -/∪∪ - 您隐藏了某种复仇心理，	9	f/м
Мою ду́/шу опу́/тали ска́/зкою, ∪∪ -/∪∪ -/∪∪ -/∪∪ 我的灵魂被故事缠绕，	11	е/д
Сумасше́/дшею ска́/зкой Го́йя. ∪∪ -/∪∪ -/∪∪ - 被戈雅疯子的故事缠绕。	9	f/м

① Никанорова Е. Б. Русский романс ［М］. Снкт-Петербург：Лениздат，1993：128 - 129.

（续上表）

诗行的节奏和意义	音节	韵式
Под напéв/ ваших слов /летаргú/ческих ∪∪ −/∪∪ −/∪∪ −/∪∪ 伴着您的呆滞词语的曲调，	11	g/д
Умерéсть/ так легкó/ и теплó. ∪∪ −/∪∪ −/∪∪ − 死亡是如此容易和温暖。	9	h/м
В этой скá/зке, смешнóй /и трагú/ческой, ∪∪ −/∪∪ −/∪∪ −/∪∪ 在这个可笑却悲剧的故事中，	11	g/д
И конéц, /и начá/ло светлó! ... ∪∪ −/∪∪ −/∪∪ − 结局和开始都是明亮的！	9	h/м
Я люблю́/ваши рý/ки устá/лые, ∪∪ −/∪∪ −/∪∪ −/∪∪ 我爱您疲惫的双手，	11	i/д
Как у тó/лько что сня́/тых с крестá, ∪∪ −/∪∪ −/∪∪ − 好像刚刚从十字架上取下，	9	j/м
Ваши дé/тские гý/бы корá/лловые ∪∪ −/∪∪ −/∪∪ −/∪∪ 您那仿佛童年时珊瑚般红润的唇，	12	i/д
И углы́/оскорблён/ного ртá. ∪∪ −/∪∪ −/∪∪ − 和受了委屈的嘴角。	9	j/м
Я люблю́/ этот блéск/ интонá/ции, ∪∪ −/∪∪ −/∪∪ −/∪∪ 我喜欢这种语调的展示，	11	k/д
Этот гó/лос, звеня́/щий хрустá́ль, ∪∪ −/∪∪ −/∪∪ − 这种声音像水晶碰撞，	9	l/м
И голó/вку цветý/щей акá/ции, ∪∪ −/∪∪ −/∪∪ −/∪∪ 以及开花的洋槐树的树冠，	11	k/д
И в словáх/ голубý́ю вуáль. ∪∪ −/∪∪ −/∪∪ − 和话语中蓝色的面纱。	9	l/м

　　维京斯基的《Сероглазочка》（《灰瞳》）由 6 个 4 行诗段构成，采用了三诗步抑抑扬格及其组合方式，11 音节诗行和 9 音节诗行交错，押了交错

的同音相谐韵和三重韵、阳韵交错两种韵式，保持了 19 世纪浪漫曲的特点，体现了和 19 世纪浪漫曲一致的格律构建规则。

乌克兰诗人格列比安卡（Гребенка Е. П.，1812—1848）于 1841 年创作了一首谣曲浪漫曲（романс-баллада），这首谣曲浪漫曲的名字就叫《Песня》（《歌曲》）。

表 4 - 9　格列比安卡《Песня》(《歌曲》)① 两行诗节浪漫曲的韵律和意义

诗行的节奏和意义	音节	韵式
Молода́/я ещё/ деви́ца/ я была́, ∪∪ -/∪∪ -/∪ -∪/∪∪ - 当我还是个年轻的小姑娘，	12	a/м
На́ша/ а́рми/я в по/хо́д ку/да́-то/ шла́. - ∪/ - ∪/я в по/ - ∪/ - ∪/ - 我们的军队从某个地方开过来。	11	a/м
Вече/ре́ло . /Я сто/я́ла /у во/ро́т ∪∪/ - ∪/∪∪/ - ∪/∪∪/ - 黄昏，我站在门边，	11	b/м
А по/ у́ли/це все/ ко́нни/ца и/дёт. ∪∪/ - ∪/∪∪/ - ∪/∪∪/ - 骑兵沿着街道行进。	11	b/м
К воро́/там по/дъе́хал/ ба́рин/ моло/до́й, ∪ -/ - ∪/ - ∪/ - ∪/∪∪/ - 年轻的小伙子向门这里驶来，	11	c/м
Мне ска/за́л: 《 На/по́й, кра/са́виц/а, во/до́й! 》 ∪∪/ - ∪/ - ∪/ - ∪/∪∪/ - 对我说:"美女，请给我水喝!"	11	c/м
Он напи́/сался, кре́/пко руку́/ мне пожа́л, ∪∪ -/∪∪ -/∪∪ -/∪∪ - 他写下来，用力地握着我的手，	12	d/м
Накло/ни́лся/ и ме/ня́ по/цело/ва́л... ∪∪/ - ∪/∪∪/ - ∪/∪∪/ - 鞠躬并吻我……	11	d/м
Он уе́хал.../ ...До́лго/ я смот/ре́ла /вслед: ∪∪ -/ - ∪/ - ∪/ - ∪/ - 他走了，我久久地看着他的背影	11	e/м

---

① Никанорова Е. Б. Русский романс［М］. Санкт-Петербург: Лениздат，1993: 59 - 60.

（续上表）

诗行的节奏和意义	音节	韵式
Жа́рко/ ста́ло /мне, в о/ча́х му/ти́лся/ свет, – U/ – U/ U U/ – U/ – U/ – 我感觉有点热，眼中泛起泪光。	11	e/м
Це́лу/ но́чень/ку мне /спать бы/ло́ не/вмочь. – U/ – U/ U – U/ – U/ – U/ – 整晚我都不能安睡，	11	f/м
Раскра/са́вец /ба́рин/ сни́лся /мне всю /ночь. U U/ – U/ – U/ – U/ – U/ – 整晚梦见美男子。	11	f/м
Вот не/да́вно/ я вдо/во́й у/же бы/ла́, – U/ – U/ U U/ – U/ U U/ – 就在不久前我成了寡妇，	11	a/м
Четы/рёх уж/ до́чек /за́муж/ отда/ла́ U U/ – U/ – U/ – U/ U U/ – 已经嫁出了第四个女儿。	11	a/м
К нам за/е́хал /на ква/рти́ру /гене/ра́л… U U/ – U/ U U/ – U/ U U/ – 将军来到我们家……	11	d/м
Ве́сь про/стре́лен/ный, так/ жа́ло/бно сто/на́л… – U/ – U/ U U/ – U/ U U/ – 全部被打死，哪怕苦苦哀求……	11	d/м
Я взгля/ну́ла /встрепе/ну́ла/ся ду/шо́й: U U/ – U/ U U/ – U/ U U/ – 我看了一眼，心中一震：	11	c/м
Это /он, кра/са́вец/ ба́рин/ моло/до́й! – U/ – U/ – U/ – U/ U U/ – 这是他，年轻的美男子！	11	c/м
То́т же /го́лос, /то́т о/го́нь в е/го́ гла/за́х, – U/ – U/ – U/ – U/ – U/ – 还是那声音，还是那样灼热的眼神，	11	g/м
То́лько /мно́го/ се́ди/ны в е/го́ ку/дря́х. – U/ – U/ – U/ U U/ – U/ – 只是那卷发已变白。	11	g/м
И о/пя́ть я/ це́лу /но́чку /не́ спа/ла́, U U/ – U/ – U/ – U/ – U/ – 又是整个晚上没好好睡，	11	a/м
Це́лу/ но́чку/ моло/до́й о/пя́ть бы/ла́… – U/ – U/ U U/ – U/ – U/ – 整个晚上变回年轻的样子……	11	a/м

全诗由 2 行诗节组成，押了 2 行诗节典型的毗邻韵，除此之外，全部诗行押了阳韵。全诗共 22 行诗行，其中只有两行音节数是 12，其余均为 11 个音节的诗行，12 音节诗行用的是四诗步抑抑扬格，第一个 12 音节诗行中的一个诗步使用了抑扬抑格代替抑抑扬格。11 音节诗行都用了六诗步扬抑格截短型，其中个别诗步使用了抑扬格。全诗的格律并不是十分整齐，有些诗步的插入没有规律，可见，除了格律严谨的诗行，浪漫曲也可以兼容格律比较自由的诗行。

下面梅德维茨基（Медвецкий К. П.，1866—1919?）的这首城市浪漫曲由 3 个 6 行诗节组成，并且第一诗节和第三诗节完全一样。

表 4 - 10　梅德维茨基六行诗节浪漫曲①的韵律和意义

诗行的节奏和意义	音节	韵式
И ти́хо, / и я́сно, U – U/ U – U 静静的，明媚的，	6	a/ж
И па́хнет/ сире́нью, U – U/ U – U 丁香花散发着香气，	6	b/ж
И где́-то/ звени́т со/ловéй. U – U/ U – U/ U – 夜莺在某个地方鸣唱。	8	c/м
И ве́ет/ мечта́те/льно U – U/ U – U/ U 惬意地吹着，	7	a/д
Сла́дкою/ ле́нью – U U/ – U 慵懒的甜风，	5	b/ж
От э́тих/ широ́ких/ алле́й. U – U/ U – U/ U – 从宽阔的林荫道上。	8	c/м
Река́ чуть/ трепе́щет U – U/ U – U 河流蜿蜒，	6	d/ж
Холо́дно/ю ста́лью, U – U/ U – U 像冷却的钢水，	6	e/ж
Не в си́лах /мечты́ пре/возмо́чь. U – U/ U – U/ U – 无力忍住梦想。	8	f/м

---

①　Никанорова Е. Б. Русский романс ［M］. Санкт-Петербург：Лениздат，1993：1.

（续上表）

诗行的节奏和意义	音节	韵式
И ды́шит/ любо́вью, U – U/ U – U 呼吸着爱，	6	e/ж
И ды́шит/ печа́лью U – U/ U – U 呼吸着愁，	6	e/ж
Весе́ння/я стра́стна/я но́чь. U – U/ U – U/ U – 可怕的春天的夜晚。	8	f/м
И ти́хо, / и я́сно, U – U/ U – U 静静的，明媚的，	6	a/ж
И па́хнет/ сире́нью, U – U/ U – U 丁香花散发着香气，	6	b/ж
И где́-то/ звени́т со/ловей. U – U/ U – U/ U – 夜莺在某个地方鸣唱。	8	c/м
И ве́ет/ мечта́те/льно U – U/ U – U/ U 惬意地吹着，	7	a/д
Сла́дкою/ ле́нью – U U/ – U 慵懒的风，	5	b/ж
От э́тих/ широ́ких/ алле́й. U – U/ U – U/ U – 从宽阔的林荫道上。	8	c/м

　　这首浪漫诗行由三诗步抑扬抑格和双诗步扬抑抑格砌成，诗行的音节数有 5、6、7、8 四种，并不整齐，押韵的方式也比较独特：abcabc，defeef，abcabc 的结构，不属于规则的毗邻韵、交错韵和环抱韵中的任何一种，但是 abcabc 也可以看作"abc"的循环韵，defeef 中含有一个 feef 的环抱韵。在这首浪漫曲中，另一种以重音区分的押韵方式——阳韵、阴韵和三重韵都出现了，但既不是全阴韵，又不是全阳韵，也不是阴阳交错韵，也不属于阴阳韵和三重韵交错形式，不属于重音韵式的任何一种规范形式。从这首浪漫曲来看，浪漫曲歌词的诗步和押韵方式比较自由。

从以上 10 首不同作者、不同格式的浪漫曲歌词来看，19 世纪俄罗斯的很多著名诗人都创作了适合作为浪漫曲歌词的诗歌，虽然这些诗歌可能还有抒情诗、叙事诗等其他名称。这证明了浪漫曲是一种兼容性极强的音乐体裁，除了音乐的曲调以外，它的歌词可以是多种篇幅短小的诗歌。

浪漫曲歌词的诗行形式具有以下特点：

第一，属于音节重音诗或重音诗，音节数量和诗步并重。

第二，押韵的方式有两种常见形式，词尾同音的谐音韵式和以重音为核心的重音韵式比较常见，也有少量诗作的节奏和韵式很自由，规律性不强。

第三，诗行的节奏有两种构成模式，一种诗步运行到底的模式和两种诗步组合的模式。两种诗步组合的模式中，押韵的单词使用另一种诗步比较常见，也有在一种诗步中间夹另一种诗步的，但是这样的诗行很少见。

第四，浪漫曲歌词的诗段大多数是 4 行诗段和 8 行诗段，4 行诗段是浪漫曲歌词最常用的诗段形式。

第五，浪漫曲歌词的篇幅不长，最常见的诗行数量在 20 行左右。

第六，浪漫曲歌词诗行的音节数量不多，有 5～12 个音节。

（二）浪漫曲的内容特点

以上 10 首浪漫曲都选自著名诗人的作品，时间跨度约 100 年，比较有代表性。从这 10 首浪漫曲歌词的内容来看，浪漫曲的主题很广泛，不仅包括抒情诗，小型的叙事诗也包括在其中。除此之外，《俄罗斯苏联浪漫曲》中写道："柴科夫斯基的一些浪漫曲是一种带着原始灵感和强烈感情的小型戏剧。"① 浪漫曲歌词几乎覆盖了所有篇幅短小的俄语诗歌体裁：哀歌、牧歌、船歌、谣曲、献诗、抒情诗、民歌、叙事诗等。

第三节　汉语词与俄罗斯浪漫曲的比较

俄罗斯汉学家们将汉语词和俄罗斯浪漫曲相比较的事实说明他们在寻找一种参照物，如果能确立词和浪漫曲的某些关联，那么面对拥有"词谱"这样一个超级庞大而且格式严密的诗歌体裁时就会有章可循。翻译词较多的翻译家们基本上都肯定词和浪漫曲的相似性，而研究词的学者一般

① Соболева Г. Г. Русский советский романс［M］. Москва：Знание，1985：12.

持怀疑态度。从这一点可以推出"实践方向"和"理论方向"两个讨论角度。

词和浪漫曲的起源有相似之处。词起源于俚俗的宴乐,属于音乐和诗歌结合的体裁。词在发展的过程中得到了大文豪的垂青,成为和诗并举的文学体裁。浪漫曲起源于街头音乐表演,也是音乐和文学结合的体裁,由于普希金、莱蒙托夫等大诗人和格林卡、柴科夫斯基等著名音乐家的使用,成为欧洲浪漫主义的亮点。浪漫曲和词诞生于同样一块"音乐 + 诗歌"的土壤,从诞生之时就有两条路,通往两个方向:一个方向是音乐,一个方向是文学。俄语的浪漫曲往音乐的方向发展,成为兼容众多诗歌为歌词的音乐体裁。汉语的词往文学的方向发展,曲调最终变为记录诗歌格式的词谱,成为协乐性较高的文学体裁。

一、内容比较

(一)主题

汉语词的主题十分广泛,风景、爱情、历史、哲学等方向的题材均有,但是主要创作手法是借景抒情,历史、哲学等题材也是由景物生发开来的,以情感联系起来。所以汉语词在抒情诗的范围之内,但汉语的抒情诗和俄语的抒情诗范畴不同。浪漫曲有两个内容方向:第一,描写生活的细节;第二,抒发内心隐秘的情感。费特是纯艺术派,主张唯美主义,他的诗借景抒情,偏于抒发内心情感,属于和汉语词主题接近的抒情诗。涅克拉索夫是俄罗斯现实主义诗人,他的很多诗作偏于描写生活的细节,讲述平常人的生活故事,比如他的《 Ой, полна, полна коробушка 》(《哦!满满的小盒子》)记录的是一则故事,有很多细节的描写,属于叙事型诗歌。在俄语诗歌体裁划分中,篇幅短的叙事诗也属于抒情诗范畴。浪漫曲中的两个类别——民间浪漫曲(Народный романс)和谣曲浪漫曲基本上都是叙事型诗歌。而汉语词没有讲述生活故事这种类型的主题。浪漫曲歌词的主题比汉语词的主题更丰富,取材范围更广。

(二)言语风格

词起源于俚俗的宴乐,浪漫曲源于街头的音乐表演,两者最初的交际场合和交际目的是相似的,这种表演性质的交际目的也决定了使用的言语形式不可能是严谨的书面语,而是简洁、易懂的口头语。高名凯指出:"口头言语形式具有强烈的表情色彩和表达形象意义的作用,它的成分就容易被利用来协助某种风格的构成，这正是戏剧作品或其他文艺作品要在某些地方运用口头言语形式的成分使它具有某种风格的原因。"① 词和浪漫曲使用的都是口语化的语言，而且是精炼的口语化语言，因为"唱"要比"说"更需要通顺易懂的语言。词和浪漫曲在言语风格方面是一致的。

柴科夫斯基曾表示更喜爱阿·康·托尔斯泰的作品，因为阿·康·托尔斯泰的抒情诗语言口语化，具有民歌的特点。由此可见，口语化的语言是浪漫曲歌词诗行的特征之一。阿·康·托尔斯泰的浪漫曲接近早期词作民歌的风格，具有较强的口语风格，而丘特切夫的浪漫曲接近柳永、苏轼等所领导的词体扩张之后的词作风格，用词比较典雅。

二、形式比较

谢曼诺夫在主编的《Китайская пейзажная лирика Ⅲ-XIV вв》(《中国3—14世纪风景抒情诗》) 中确立了一种对应关系：诗（стихи）、词（романсы）、曲（арии）、赋和长诗（поэмы）。下面以《Китайская пейзажная лирика Ⅲ-XIV вв》(《中国3—14世纪风景抒情诗》) 中的词作为例试作对比。该书中的词作均为巴斯曼诺夫的译本。

（一）词和浪漫曲风格词译本结构对比

《Китайская пейзажная лирика Ⅲ-XIV вв》(《中国3—14世纪风景抒情诗》) 是汉语诗歌译本中唯一把词正式归为"романсы"的译本集。这个译本集的总编是莫斯科大学教授、文学家、汉学家谢曼诺夫博士。在这个译本集的序言中另一位汉学家李谢维奇写道："像宋代大多数诗人一样，李（清照）用浪漫曲体裁——词来创作，在已知名的曲调上构建文本。"② 在这里，李谢维奇明确指出了词—浪漫曲体裁的对应关系。

---

① 高名凯. 语言论 [M]. 北京：商务印书馆，1995：471.

② Семанов В. И. Китайская пейзажная лирика Ⅲ-XIV вв [M]. Москва：Московский университет，1984：18.

表 4 - 11   柳永《雨霖铃》原文与译文对比

《雨霖铃》	《雨霖铃》译本
寒蝉凄切。 对长亭晚， 骤雨初歇。	Дождь отзвенел, и догорел закат, Беседка в сумерках объята тишиной, Лишь крик продрогших под дождем цикат.
都门帐饮无绪， 留恋处、 兰舟催发。	У стен столицы молча пьем вино, Настало время расставаться нам – И лодка у причала ждет давно.
执手相看泪眼， 竟无语凝噎。	Рука в руке, и слез не удержать, Друг другу много мы должны сказать! …
念去去、 千里烟波， 暮霭沉沉楚天阔。	За сотни ли, в край Чуский я плыву, Туда, где в дымке тонет горизонт И вечер разливает синеву.
多情自古伤离别。	Так издавна судьбой заведено: Нежнее сердце – горше дни разлук, И во сто крат ранимее оно.
更那堪、 冷落清秋节。	А с наступлением осенних дней – Разлуку пережить еще трудней.
今宵酒醒何处， 杨柳岸、 晓风残月。	Сегодня в ночь какие будут сны, И где проснуть я, хмель когда пройдет? – В прибрежных ивах, под рожком луны?
此去经年， 应是良辰、 好景虚设。	Так промелькнут в пути за годом год. И, может, будут радостные дни, И снова чувство в сердце расцветет…
便纵有、千种风情， 更与何人说。①	Что пользы в том! Все это ни к чему. Бьет чувств родник – но их излить кому?②

柳永的这首《雨霖铃》共 103 字，9 句，分为上下两阕，属于长调。

---

① 柳永. 柳永词集［M］. 上海：上海古籍出版社，2014：24.

② Семанов В. И. Китайская пейзажная лирика Ⅲ-XIV вв［M］. Москва：Московский университет，1984：123.

一般而言，长调的词转换为俄语诗时很少能保持两阕对应两个诗段。俄语的诗段很少有超过 14 行的，长调的词译成俄语每阕一般超过 14 行，所以在转换的过程中，一般以句子为单位，一个句子对应一个诗段。这首《雨霖铃》采用的就是一句对应一个诗段的形式，有的句子分为三个部分，和对应的诗段存在"每读对每行"的对应关系。有的句子较长，中间没有逗号，一句对应一个诗段的 3 行诗。

以上分析可知，浪漫曲的节奏和押韵可以达到俄语诗韵律的极致，虽然也有些民歌谣曲类别的浪漫曲对韵律要求不高，但追求规律性实际上是浪漫曲的一个显而易见的特点。这首《雨霖铃》译文的诗段分布极有规律，9 个诗段按照 332 332 332 的规则排列。这种重复的排列规则和歌曲相似，如果把这首译文谱曲，那么这个排列规则的诗文则很容易转换为歌曲的三段，可用于演唱。

汉语词的译本结构是用俄语的格律重建后的诗歌结构，虽然重视和原文的对应关系，但实际上最重要的是要符合俄语诗歌的结构规则，在符合俄语诗歌规则的基础上尽量做到忠实于原文。"以诗译诗"是俄罗斯汉学家的一个基本原则。

（二）词和浪漫曲风格词译本韵律对比

浪漫曲的韵律可严可宽，可以用相同音节数量的诗行，相同的诗步，统一的韵式构建格律精严的浪漫曲歌词。也可以用不同音节数量的诗行，不同的诗步组合，不是每行押韵的韵式来构建格律自由的浪漫曲歌词。从上文 10 首浪漫曲歌词范例来看，著名诗人的浪漫曲歌词格律都很严整，使用格律较为自由的浪漫曲通常有民歌的性质，创作者一般是从事音乐的人。欧阳修创作了 10 首歌咏西湖的《采桑子》词，《采桑子》是双阕的小令，从《采桑子》曲调的名称来看，这个词牌的曲调源自民歌，最早是和采桑叶养蚕的劳动相关。下面以《 Китайская пейзажная лирика Ⅲ-XIV вв 》（《中国 3—14 世纪风景抒情诗》）中欧阳修的《采桑子》译本为例来分析浪漫曲风格词译本的韵律。

表 4 - 12　欧阳修《采桑子》之一原文与译文对比

《采桑子》之一	《采桑子》之一译本	音节	韵式
	Хоро́ш/ Сиху́, /когда́/над ним ∪ -/∪ -/∪ -/∪ -	8	м
	Трав не́/жный а/рома́т, ∪ -/∪ ∪/∪ -	6	м
	И ло́д/ка лёг/кая /скользи́т, ∪ -/∪ -/∪ ∪/∪ -	8	м
轻舟短棹西湖好， — — | | — + 绿水逶迤（韵）。 + + — — 芳草长堤（韵）。 — | — — 隐隐笙歌处处随（韵）。 | | — — | | —	Послу́/шная /веслу́. ∪ -/∪ ∪/∪ -	6	м
	Змей/тся го/лубой/ пото́к, ∪ -/∪ ∪/∪ -/∪ -	8	м
	Меж да́м/бами /зажа́т, ∪ -/∪ ∪/∪ -	6	м
	И пе́/снею/ изда/лека́ ∪ -/∪ ∪/∪ ∪/∪ -	8	м
	Свире́ль /ласка́/ет слу́х. ∪ -/∪ -/∪ -	6	м
	Плывёт/ бесшу́м/но лё/гкий челн ∪ -/∪ -/∪ -/∪ -	8	м
	Ни волн , /ни ве/терка́. ∪ -/∪ ∪/∪ -	6	м
无风水面琉璃滑， — — | | — —+ 不觉船移（韵）。 + + — — 微动涟漪（韵）。 — | — — 惊起沙禽掠岸飞（韵）。① — | — — | | —	Лишь про/бега́/ет за /кормо́й ∪ ∪/∪ -/∪ ∪/∪ -	8	м
	Зыбь по /глазу́/ри вод, ∪ ∪/∪ -/∪ -	6	м
	И пти́/ца, по́/днята/я мной ∪ -/∪ -/∪ ∪/∪ -	8	м
	С прибре́/жного/ песка́, ∪ -/∪ ∪/∪ -	6	м
注：—表平韵 　　|表仄韵 　　+表可平可仄	Порха́/ет на/ мое́м /пути́ ∪ -/∪ ∪/∪ -/∪ -	8	м
	И за/ собо́й /зовёт. ② ∪ ∪/∪ -/∪ -	6	м

①　欧阳修 . 欧阳修词集 [М]. 上海：上海古籍出版社，2010：3.

②　Семанов В. И. Китайская пейзажная лирика Ⅲ-XIV вв [М]. Москва：Московский университет，1984：117 - 118.

表 4－13　欧阳修《采桑子》之二原文与译文对比

《采桑子》之二	《采桑子》之二译本	音节	韵式
春深雨过西湖好， —　—　|　|　—　—　+ 百卉争妍（韵）。 +　+　—— 蝶乱蜂喧（韵）。 —　|　—— 晴日催花暖欲然（韵）。 +　|　——　|　|　—	Прекра́/сно о́/зеро/ Сиху́ ∪ –/∪ –/∪ ∪/∪ – И по́/зднею/ весно́й, ∪ –/∪ ∪/∪ – Когда́/ цветы́/ по́сле /дождя́ ∪ –/∪ –/ – ∪/∪ – Цвету́т /во всей /красе́. ∪ –/∪ –/∪ – Над ни́/ми ба́/бочки/ пестря́т ∪ –/∪ –/∪ ∪/∪ – И пчел /звеня́/щий рой, ∪ –/∪ –/∪ – И со́лн/це ще́д/рое/ тепло́м ∪ –/∪ –/∪ ∪/∪ – Ода́/рива/ет всех. ∪ –/∪ ∪/∪ –	8 6 8 6 8 6 8 6	м м м м м м м м
兰桡画舸悠悠去， ——　|　|　——　+ 疑是神仙（韵）。 +　+　—— 返照波间（韵）。 —　|　—— 水阔风高飐管弦（韵）。① —　|　——　|　|　—	Благо/уха́/я, все/ в цвета́х, ∪ ∪/∪ –/∪ –/∪ – Ухо́/дят ло́д/ки вдаль, ∪ –/∪ –/∪ – Как бу́/дто фе́/и там/ и тут, ∪ –/∪ –/∪ – Взлета́/я над/ волно́й, ∪ –/∪ ∪/∪ – Глядя́/тся в зе́/ркало /воды́… ∪ –/∪ –/∪ ∪/∪ – И так/ широ́к/ просто́р! ∪ –/∪ –/∪ – И зву́/ки му́/зыки /плыву́т ∪ –/∪ –/∪ ∪/∪ – По ве́/тру на́/до мно́й. ② ∪ –/∪ –/∪ –	8 6 8 6 8 6 8 6	м м м м м м м м

①　欧阳修. 欧阳修词集［M］. 上海：上海古籍出版社，2010：3.

②　Семанов В. И. Китайская пейзажная лирика Ⅲ-ⅩⅣ вв［M］. Москва：Московский университет，1984：118.

欧阳修的《采桑子》共有 10 首，在《 Китайская пейзажная лирика Ⅲ-ⅩⅣ вв 》(《中国 3—14 世纪风景抒情诗》) 中，巴斯曼诺夫把这 10 首全部翻译了，并且使用了同样的格式译出。如表 4 - 12 和表 4 - 13 所示，两首不同的《采桑子》使用了同样的格式。所谓同样的格式包括：同样的诗段结构，同样的诗步，同样音节数量的诗行，同样的押韵方式。汉语词的词牌相同意味着格式相同，巴斯曼诺夫运用俄语诗歌的基本元素重建了译文的诗行，也做到了相同词牌的译文格式相同。除了巴斯曼诺夫，艾德林、孟列夫都能在自己的译本范围内做到相同词牌的译本格式相同。不同翻译家相同词牌的译本虽然有所不同，但是格式还是有很高的相似度。

出现这种在汉语诗歌体裁中格式相同，转换到俄语诗歌体裁中也相同的情况，说明翻译家们把汉语的词往俄语的浪漫曲转换是有规律、有目标的活动。也就是说，在翻译之前，他们心中是有一个参照物的。而汉语词在俄语中正好有个近似的体裁浪漫曲，尽管它们两者并不完全重合。

三、浪漫曲歌词、抒情诗与词的关系

俄罗斯浪漫曲虽然和汉语词并不完全相同，却具有比较的切入点。事实上，真正进行文本比较的不是浪漫曲和词，而是浪漫曲歌词和词的文本，抒情诗是两者比较的介质。然而由于俄语抒情诗和汉语抒情诗的范围不同，因此对于这些关系需要逐一分层论述。

（一）浪漫曲的歌词与俄语抒情诗的关系

普希金、莱蒙托夫、费特、阿·康·托尔斯泰有很多抒情诗，但不是他们的每一首抒情诗都能谱写成浪漫曲，柴科夫斯基曾经直言不讳地说他喜欢阿·康·托尔斯泰的抒情诗，认为他的抒情诗很适合谱写成浪漫曲。浪漫曲歌词本身来源也很复杂，涅克拉索夫是现实主义诗人，他的很多叙事性诗作也被谱成了浪漫曲。

1. 俄语抒情诗在俄语诗歌体裁中的定位

按照《 Теория литературных жанров 》(《文学体裁理论》) 中的划分方式，俄罗斯的文学体裁分为三大类：叙事体裁 (жанры эпики)、抒情诗体裁 (жанры лирики)、戏剧体裁 (жанры драмы)。[①] 叙事体裁中的长

---

① Тамарченко Н. Д. Теория литературных жанров [М]. Москва：Академия，2011：253 - 254.

篇史诗（эпопея）、英雄叙事诗（героический эпос）和新史诗（новая поэма）属于篇幅长的诗歌。抒情诗体裁包括颂诗（ода）、田园诗（идиллия）、哀诗（элегия）、诗函（послание）、叙事谣曲（баллада）、片段和插画（фрагмент и миниатюра）、诗体故事（рассказ в стихах）、散文诗（стихотворение в прозе）。从这种划分中可以了解到，俄语的诗歌由叙事体裁中的长篇史诗、英雄叙事诗、新史诗和抒情诗体裁中的所有体裁组成。抒情诗（лирика）包括叙事性的叙事谣曲（баллада）和诗体故事（рассказ в стихах）。由此可见，俄语抒情诗包括抒情性质的诗歌和短篇的叙事性质的诗歌。浪漫曲的歌词并没有超出抒情诗的范围，也可以说，俄罗斯浪漫曲的歌词是俄语抒情诗。

2. 俄罗斯浪漫曲歌词在俄语抒情诗中的定位

从上面的分析可知，俄罗斯浪漫曲的歌词在俄语抒情诗的范围之内，这个推论并不可逆，并不是所有的俄语抒情诗都能谱写成俄罗斯浪漫曲。比如普希金、莱蒙托夫、费特等诗人有很多篇幅短小的抒情诗，但只有部分属于浪漫曲。俄罗斯浪漫曲的歌词格式虽然丰富，但是也有自己的特点：篇幅不长；最常见的诗节是 4 行诗节；通常押谐音的交错韵，有两种押韵韵式；诗行的音节数齐整有规律，而且诗行音节数量不会太多。符合以上特点的俄语抒情诗常常被谱写成俄罗斯浪漫曲。

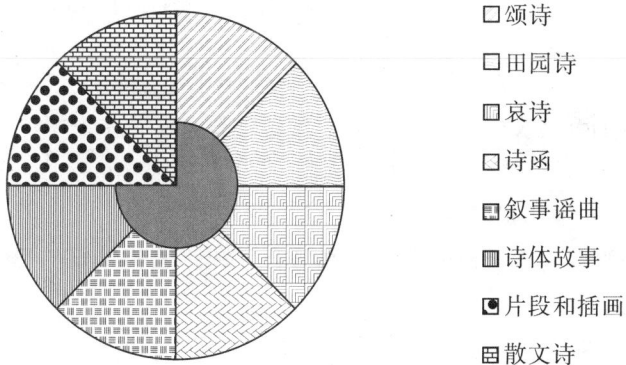

□颂诗
□田园诗
▦哀诗
□诗函
▣叙事谣曲
▥诗体故事
◖片段和插画
▦散文诗

浪漫曲歌词和俄语抒情诗

片段和插画及散文诗的篇幅格式与浪漫曲不同，因此无法直接谱写成浪漫曲。颂诗、田园诗、哀诗、诗函、叙事谣曲、诗体故事中一部分篇幅短小、具有口语特点和民歌风格的可以作为浪漫曲歌词。

（二）浪漫曲歌词和汉语词的内容范围

汉语诗歌体裁中缺少史诗这样的诗歌体裁，叙事诗和抒情诗是并列的。汉语抒情诗中不包含叙事诗。按照诗歌内容来划分，俄语抒情诗比汉语抒情诗范围大，俄语抒情诗包括了除长篇史诗以外的抒情诗和叙事诗。古代汉语的诗、词、曲、赋都可以在俄语抒情诗的范围内去寻找相近的体裁。

汉语词包括一部分爱情抒情诗和风景抒情诗。就像浪漫曲歌词相对于俄语抒情诗，汉语词比汉语抒情诗的范围小，诗、曲、赋中也有很多风景抒情诗和爱情抒情诗。

浪漫曲歌词的内容范围比词的内容范围广，包含了一些词没有的叙事故事诗。但并不是所有词翻译成俄语都落在浪漫曲范围内，因为有一些长调翻译成俄语，将会是长篇幅的抒情诗，而不能作为浪漫曲歌词。这也许就是现在词的俄译本大部分是小令译本的原因。词的长调翻译成俄语诗，在内容长度上可能超过浪漫曲歌词的篇幅。因此，浪漫曲歌词和词的内容范围不是包含的关系，也不是相离的关系，而是相交的关系，且重合的部分较大。

第四节　汉语词与俄罗斯浪漫曲的异同

一、相同之处

1. 音乐和诗歌相结合的体裁

词和浪漫曲有着相似的开端，都是音乐和诗歌相结合的形式，都是以表演为目的。

2. 篇幅不长

词和浪漫曲的篇幅都不长。词起源于宴乐，可以合乐歌唱，是宴会上佐餐娱乐的方式之一。宴会的时间一般都不会太长，一次宴会可能有多种表演形式，唱小曲只是其中一种表演形式，因此它的歌词——汉语词的篇幅都不长，以少于 90 字的小令和中调为主，最长的长调《莺啼序》也只有 240 个字。

浪漫曲起源于街头音乐表演，由于环境限制，也不可能长时间不间断地进行，由于街头听众流动性很大，听众的需求不同，以篇幅短小、形式多样、内容丰富为特点，满足不同人群的需要。

3. 多种格式

词和浪漫曲都是配乐演唱的，由于听众多种多样，听众的品位不同，这两种配乐诗歌形式都有很多种格式。记录汉语词格式的词牌及词牌变体有 2 306 种之多，常用的词牌及变体有 200 种左右。

俄罗斯浪漫曲更是一个开放的体系，从 18 世纪到现在作为一种流行的音乐形式，它的歌词几乎可以用所有篇幅短小的诗歌体裁写成：哀歌、船歌、谣曲、幻想曲、献诗、抒情诗、叙事诗等。与 18 世纪以来诗歌发展的潮流同步，各种风格流派的诗歌，如感伤主义、浪漫主义、现实主义、唯美主义、现代主义等都能和浪漫曲融合，成为经久不衰的流行音乐形式。而每一代都不乏垂青于浪漫曲歌词创作的诗人，如普希金、莱蒙托夫、费特、丘特切夫、涅克拉索夫、阿·康·托尔斯泰、叶赛宁、阿赫玛托娃等都有很多格式和风格各异的浪漫曲歌词作品。

二、不同之处

1. 体裁的范畴不同

从理论上来讲，浪漫曲和汉语词不是同一领域、同一层级的事物。它们不属于同一领域，汉语词属于诗歌体裁，而浪漫曲属于音乐体裁。音乐和诗歌虽然有关系，但是并不等同。它们也不属于同一层级，汉语词始终是"词缘情"，跳不出抒情的范围。而浪漫曲的歌词除了短篇幅的抒情诗，还可以是流传下来的古老的民歌，这些民歌描写的事物非常多，生活、民俗、军事、历史、宗教等，还可以是短篇幅的叙事诗，甚至可以是现代自由诗。

以浪漫曲歌词为标准在汉语诗歌体裁中找对应，除了词以外，上至《诗经》中的民歌，下至古乐府、新乐府、律诗、散曲等诗歌体裁中都有符合浪漫曲歌词要求的诗歌。从范畴来讲，词属于抒情诗类别，但是它却达到了抒情诗格律的极致，出现了格式超过 2000 种的词谱，这在中外诗歌史上是罕见的。这也许就是孟列夫和谢列布里亚科夫对词和浪漫曲的关系缄口不言的原因，因为汉语词和俄罗斯浪漫曲既不同质，也不同级，还不同方向。

2. 格式的严密程度不同

浪漫曲没有像"词谱"这样精密的格式体系。某些诗人的浪漫曲作品可以格律精严，但是每一个诗人面对浪漫曲都有选择格律的自由。而创作词不能用"写"字，只能用"填"字。创作词是不自由的，它的格式是"调有定句，句有定字，字有定声"，需要在这样固化的格式下抒发不同情感，描写不同的事物。浪漫曲的歌词虽然也有格律严密的作品，但是还没达到词的格律精度，创作浪漫曲比创作词的自由度高很多。

3. 内容取向不完全相同

浪漫曲主要有两方面的内容：第一，描写生活的细节；第二，抒发内心隐秘的情感。浪漫曲描写生活细节，讲述生活故事。中国和欧洲的艺术风格不同，欧洲的音乐与绘画注重写实，而中国的艺术注重写意，汉语词描写的不是生活的细节，而是把生活的片段、历史的片段联系起来构成一种特别的抒情畛域。

浪漫曲是小型的室内音乐，听众不多，抒发隐秘的情感。汉语词的听众可多可少，曾经有一些帝王将相创作词来鼓舞士兵的士气，这不属于隐秘的情感，王安石、范仲淹、苏轼、辛弃疾的词作都展现了家国的、历史的、豪迈的情怀。因此，浪漫曲的内容也涵盖不了词的内容。

4. 和音乐的关系不同

俄罗斯浪漫曲属于音乐体裁，诗文和曲调并重，大诗人和大作曲家合作使之流传。宋代以后汉语词曲调的发展就进入了停滞期，宋代以后鲜少有新的词牌问世，而且也和音乐逐渐失去了联系，成为与诗并立的诗歌体裁，曲调化为文字符号的词谱以规范诗歌的格式。

三、小结

俄罗斯浪漫曲和汉语词的关系众说纷纭，存在争议。因此，我们在谨慎选取浪漫曲歌词样本的基础上，进行了四个步骤的分析比较：

第一步，通过选取 10 首有代表性的浪漫曲歌词进行分析总结，提炼出浪漫曲歌词形式和内容方面的特点。这 10 首浪漫曲展现了浪漫曲歌词的音节、音步、诗行、诗段、韵律等形式特点，还通过翻译浪漫曲歌词总结出其语言风格、主题等内容特点。这 10 首浪漫曲歌词不仅全部出自俄罗斯著名诗人，而且这些诗人还是不同时期、不同风格流派的标志性人物，因此这 10 首浪漫曲歌词的来源比较可靠，具有代表性。

第二步，对词原作和词译本进行形式和内容分析，把分析的结果和之前总结出来的浪漫曲歌词的特点进行对比，词译本的形式和内容特点基本和浪漫曲歌词接近。

　　第三步，确定浪漫曲歌词、词在各自语言诗歌体裁谱系中的位置，引入抒情诗作为参照物，并分析了俄语抒情诗和汉语抒情诗的内容范围。

　　第四步，分析浪漫曲歌词和词的异同。

　　浪漫曲歌词在俄语抒情诗范围之中，从内容和形式两方面而言，都是最接近汉语词的一类诗歌形式。尽管浪漫曲歌词中有一部分叙事谣曲和民歌与词的内容和风格不同，但是浪漫曲和词有相似的起源，而且这两种体裁的发展都处于现在进行时。所以，虽然不能说俄语的浪漫曲歌词和汉语词完全对应，至少巴斯曼诺夫说的"汉语的词接近浪漫曲"是有根据的，而且在翻译转换中，这一说法极具参考价值。

结　语

千百年来，中国对词的研究不乏其人，词学在中国已是硕学。词在俄罗斯也流传已久，关于词的研究，有文字记录的已有数十年之久。然而词研究不同于词译研究。在国内，"词的俄译研究"尚未从"诗词的俄译研究"中独立出来。在俄罗斯，虽然已有撰文评论译词的汉学家，但尚无专门研究词俄译的著作。目前的词译本集和含有词译本的诗歌集已有30余部，不重复的词译作有500余首，词的俄译研究已有迫切性。本书在实地考察和文本分析的基础上，对汉语特有体裁词的俄译本进行了搜集、整理、分析、总结，挖掘出词俄译的基本情况和特点以及内在规律。

一项系统的研究不是一个人或一代人可以完成的，俄罗斯的科学研究很多是以群体研究的形式存在的，比如语言学研究的"莫斯科学派"和"列宁格勒学派"。在俄罗斯词研究和词翻译领域大放光彩的是"阿列克谢耶夫学派"，其开创者是被誉为"阿翰林"的阿列克谢耶夫。阿列克谢耶夫的中国文学研究享有世界声誉，在中国诗歌研究和翻译领域卓有成就的俄罗斯学者大多出自"阿列克谢耶夫学派"。词达到了汉语格律诗的极致，它的翻译难度显而易见，而词研究和词翻译领域的几个重要人物——艾德林、费德林、克立朝、孟列夫、谢列布里亚科夫——都是阿列克谢耶夫的弟子，是"阿列克谢耶夫学派"的代表人物。

费德林在文学研究和外交领域都有极高的成就，担任过俄罗斯科学院通讯院士、驻华使馆高级官员和驻日大使，同时也是"阿列克谢耶夫学派"的重要人物。费德林是汉词俄译的领导者，20世纪50年代和郭沫若联手编撰了汉语诗歌翻译的巨著《 Антология китайской поэзии В 4-х томах 》（《中国诗歌选本》）。这部译本集汇聚了中苏诗歌界名流，孟列夫曾在个人文集中谈论到这次盛况，大意说自己由于"资历浅薄"，只分到了一些不出名的二三流诗人作品来翻译。而就在这部群贤汇聚、影响深远的翻译巨著里，巴斯曼诺夫分到了刘禹锡、温庭筠的作品进行翻译。刘禹锡、温庭筠在汉语词发展初期的作用和地位不言而喻，费德林把这两位的作品分给巴斯曼诺夫翻译，绝不是偶然。

巴斯曼诺夫并不是阿列克谢耶夫的弟子，但和"阿列克谢耶夫学派"

的重要人物费德林有密切的交往。他和费德林的交集在外交部，他们长达半个多世纪的友谊体现了巴斯曼诺夫和"阿列克谢耶夫学派"的渊源。除了在费德林和艾德林负责统稿的诗歌译本集中主要负责词的翻译外，巴斯曼诺夫翻译的词作在结集成书之前发表的渠道主要是三本杂志：《 Иностранная литература 》《 Новый мир 》《 Байкал 》。而费德林在1970—1988 年担任《 Иностранная литература 》杂志的主编。巴斯曼诺夫的大部分译作都通过费德林主编的杂志发表后再结集成书。费德林1998 年在《 Проблемы Дальнего Востока 》（《远东问题》）第 2 期上发表《 Грани призвания 》（《天赋的极限》）来专门评价巴斯曼诺夫的词译本，这篇文章在 2008 年被巴斯曼诺夫的女儿塔季亚娜·米哈伊洛芙娜用来作为纪念巴斯曼诺夫诞辰 90 周年译本集的序言。

　　汉语词的俄语翻译家主要有三位：巴斯曼诺夫、孟列夫、戈鲁别夫。这三位都与"阿列克谢耶夫学派"有关，孟列夫是阿列克谢耶夫的弟子，本身就是阿列克谢耶夫学派的成员。巴斯曼诺夫是费德林的好友，戈鲁别夫是费德林的校友。

　　汉语词的研究者主要有三位：克立朝、孟列夫和谢列布里亚科夫。词译的组织者有两位：费德林和艾德林。因此，可以说汉语词的俄译由"阿列克谢耶夫学派"主导。

　　就诗歌翻译理论而言，翻译的实质和翻译的标准是讨论较多的概念。翻译的实质主要是讨论等值、等同和可译性的问题。有的翻译理论认为等值和等同是一回事，但是实际上这两者有明显的区别，等值是针对翻译的结果而言的，等同则针对翻译的过程和效果。把讨论的范围收缩在诗歌的范围内，等值和等同的差异有被放大的趋势。在语言高度精炼的诗歌中，一个词所负载的意义往往不限于字面的意思，在诗歌中寻找等值词语比在其他体裁中困难。在诗行的词汇层面做不到等值，句子层面就更加不可能。诗歌常常和音乐、舞蹈、绘画等艺术关联，而音乐、舞蹈、绘画等艺术形式并不需要翻译，借用这些艺术手段可达成感知相近，比如和音乐相关的韵律，和舞蹈、绘画相关的形象与色彩等。虽然诗歌语言转换很难达成等值，但是诗歌语言创造出等同的感知效果是有可能的。因此在诗歌翻译中，等同比等值更具实践可能性。

　　可译性问题在中俄翻译界是个争论不休的问题。实际上"可译"和"不可译"只是字面意义上的反义词，中俄翻译家们的观点并不矛盾。持"可译"观点的人认为：翻译是一种技术，从词汇、句子到段落，从一种语言转换到另一种语言，经过转换，使另外一种语言的载体获得原文语言单位中含有的信息。而且转换这种活动确实存在并且有结果，人类在广泛的时空中一直从事这种转换活动。而持"不可译"观点的人认为：翻译并不是转换，而是高于"转换"这个等级的"创造"，是一种艺术。林语堂是持"不可译"观点的，并且认为诗歌绝不可译。不过，他却有很多诗歌翻译的作品，他的解释是自己在用另一种语言创造诗行，只不过受了原文诗行的思想启发。俄罗斯翻译家和林语堂有相近的观点，"散文的译者是奴隶，而诗歌的译者是竞争对手"。事实上"不可译"就是"创译"。因此，"可译"和"不可译"的对立实际上是"技术"和"艺术"的并立。而"技术"和"艺术"并不是反义词，两者可以同时存在并且相互支持。反映在俄罗斯翻译理论上，翻译理论的语言学派主要讨论"技术"问题，而翻译理论的文艺学派则主要讨论"艺术"问题。艾特金的诗歌翻译理论著作结合了语言学派和文艺学派的观点——本来技术和艺术就可以相互支持并完美结合。

另外一个在翻译理论中争议较多的是翻译标准问题。关于翻译标准，中国的翻译家从严复到现在的 100 多年里，实际上并没有超越"信、达、雅"的标准。有的翻译标准把"雅"改成"美"，有的翻译标准被细化为很多带有现代风格的术语，比如审美标准、认知标准、娱乐标准等，但本质上还是"信、达、雅"。中国翻译理论家偏重于对"雅（美）"的细分，美被分成音韵美、意象美、形态美等。俄罗斯诗歌翻译理论家在信度上着墨较多，然而翻译理论和翻译实践并不是任何时候都同步。艾特金认为对于原文忠实程度的评价不可能有通用的标准。信度是一个不稳定的概念，它随着翻译诗歌类型的改变而改变。

在汉语特有体裁词的翻译实践中，如果把中国翻译理论家的关于"雅（美）"的标准和俄罗斯翻译理论家关于信度的标准整合起来，不仅能丰富中俄两国的翻译理论研究，而且对词的翻译实践有具体指导作用。美的标准和信度标准相结合有助于把词翻译得更美、更准确。

针对汉语词，翻译中的体裁问题显得更加重要。托佩尔说过，诗歌在体裁谱系中处于更高的位置，诗歌的语言和散文的语言不同。周汝昌也说过，词相对于诗，格律精密程度有大幅度的提升，而曲相对于词则没有类似的提升。词是汉语诗歌的最高形式，汉语词的特别就在于词位于汉语诗歌体裁谱系的最高点。叶嘉莹也提出过词的美感特质问题，这种特质是相对词这一体裁而言的，并蕴含在这一体裁之中。

巴赫金认为话题内容、风格和布局结构不可分割地结合在表述的整体中，并且都同样地为该交际领域的特点所决定。这表明言语体裁是一种表述类型，而表述类型与三个因素相关——话题内容、风格和布局结构。把这三个因素代入词中，话题内容指的是主题，词的话题内容很广泛，但基本都是抒情的。风格指词的语言风格，属于典雅的口语。词的布局结构十分明显，就是词谱，没有任何一种诗歌体裁拥有"词谱"这样固定的、整体的布局结构。因此，词的体裁特征是极其明显的，研究词必须研究体裁的特点。体裁表述类型三要素中，主题和语言风格属于内容方面，词谱主要规范了韵律、诗行结构，属于形式方面。

　　本书进行了两次体裁的比较，第一次发生在分析译本的过程中，主要讨论翻译成俄语的句子有无韵律，内容是否贴切，是不是成功翻译成了俄语的诗行，是否做到了以诗译诗。第二次比较发生在译本分析完成后，主要讨论已翻译成俄语的这种诗在俄语中属于哪一种诗歌体裁。

　　本书的研究结果表明：

　　（1）汉语词的系统俄译在俄罗斯已经有 60 年的历史，俄罗斯译家已经翻译了不重复的词作 500 余首，出版词译作集和含有词译本的诗歌译本集 30 余部，形成了一定的规模。词的俄译方面俄罗斯领先中国，暂时还未收集到国内翻译家的词译本。最早的词译本出自 20 世纪 50 年代苏联出版的中国四大名著的译本。1961 年出版的《 Синь Цицзи Стихи 》（《辛弃疾诗歌集》）是词人别集译本之始。第一部词总集译本是 1979 年出版的《 Цветёт мэйхуа. Классическая поэзия Китая в жанре цы 》（《梅花绽放——中国历代词选》）。第一部女词人词总集译本是 1986 年出版的《 Строки любви и печали. Лирика китайских поэтесс 》（《爱情和忧愁——中国女诗人抒情诗歌集》）。翻译词作最多的翻译家是巴斯曼诺夫，他翻译的不重复的词作占到了现有词作译本总数的 70% 以上，翻译对象主要是唐宋词名篇和女词人词作。

　　（2）俄罗斯的词研究已经形成了规模。俄罗斯的译词和词研究是同时进行的，且词研究是有组织的，基本上是"阿列克谢耶夫学派"在推动。费德林在 1956 年出版的《 Китайская классическая поэзия （эпоха Тан）》（《中国古典诗歌——唐代》）中，指出晚唐发展出一种新型的诗歌体裁——词，一种基于民歌歌谣的歌唱类型的诗歌，这是研究词的开端。除此之外，费德林还发现了一位翻译词的高手——巴斯曼诺夫。20 世纪 50 年代，译词和词研究在费德林的主持下分流了。1959 年，费德林的师弟克立朝在《 Поэзия эпохи Сун 》（《宋代诗歌》）的序言部分详述了对词的认识。20 世纪 50 年代的词研究已经初具规模，此后随着 20 世纪 70 年代词翻译实践的积累，对词的了解增多，谢列布里亚科夫在 1979 年出版了俄罗斯词研究史上的奠基之作《 Поэзия X-XI веков（жанры ши и цы）》（《中国十至十一世纪的诗歌——诗和词》），从此，在俄罗斯诗和词正式被区分开了。也正是这一年巴斯曼诺夫出版了他的著作《 Цветёт мэйхуа. Классическая поэзия Китая в жанре цы 》（《梅花绽放——中国历代词选》）。从这本书开始，词译本集才冠以"в жанре цы"的体裁名称。20 世纪 80 年代，词的体裁特征被进一步强调，1987 年艾德林主编的《Поэзия эпохи Тан 》（《唐代诗歌》）中，不仅在正文中翻译了词牌名，并且以"стихотворения в жанре цы"的形式在目录中把词单列出来。20 世纪 90 年代以后，由于苏联解体的冲击以及研究和翻译词的汉学家们逐渐老去，词的研究并无太大的进展。纵观俄罗斯的词研究，基本上做到了和中国的词学研究一致，只是广度和深度与中国相比有所不及。

（3）词的俄译研究落后于词研究和译词。在词译本积累到了相当的数量之后俄罗斯汉学家才开始评价词译。俄罗斯和中国词译研究开始的时间差不多，中国最早开始介绍词译本的是研究俄罗斯汉学史的李明滨，他的著作《中国文化在俄罗斯》中列举了部分词译本。最早介绍俄罗斯词翻译家的是曾任中国驻俄罗斯大使馆文化参赞贾福云，1995 年，他在《中外文化交流》杂志第 6 期发表了题为"中国古典诗词的痴情者——记俄罗斯汉学家米哈伊尔·巴斯曼诺夫"的文章，介绍了巴斯曼诺夫的部分词译作。这些词的俄译研究还处于介绍概况的阶段，并未深入文本内部。俄罗斯的词译研究由费德林开始，由于费德林本身就是词俄译计划的制订者、词译活动的推动者，他的词译评论视野开阔，点评精当，深入文本内部。

（4）俄罗斯汉学家所提出的汉语词和俄罗斯浪漫曲的相似性问题乃是研究汉语词俄译所不应忽视的问题。研究表明，浪漫曲和词有着许多相似之处，其中主要的一点是：词和浪漫曲都诞生于同样一块"音乐 + 诗歌"的土壤。词起源于俚俗的宴乐，在发展过程中得到了大文豪的垂青而成为中国诗歌形式的巅峰；浪漫曲则起源于街头音乐表演，得益于大诗人和大音乐家的青睐，成为欧洲浪漫主义的亮点。只是它们后来走向了两个不同的方向：俄语的浪漫曲往音乐方向发展，成为兼容众多诗歌为歌词的音乐体裁；而汉语的词则往文学方向发展，曲调最终变为记录诗歌格式的词谱，与音乐渐行渐远，成为协乐性较高的文学体裁。

本书所获基本结论如下：

（1）任何一种语言写成的诗歌，无疑都具备诗歌本身的特质，主要体现在形式和内容两个方面。在形式方面，体现为韵和律的表现手段和排列组合方式；在内容方面，诗歌作为民族语言的最高形式，均由高度凝练而又内涵丰富的词语或语言手段加以呈现。词虽属汉语所特有，可毕竟属于诗歌，具有诗歌所共有的特质，因而也就具备了可以外译成其他语言的基础。

（2）从构成诗歌的基本元素看，汉语词和俄语诗都属于诗歌的范畴，其韵和律等基本元素是可以相互对应比较和互相转换的，也即是可译的。但翻译转换中又面临汉字本身带来的某些不可译性。可译的因素和不可译的因素是动态的。

（3）汉语词的俄译不必通过诗这一体裁中转。浪漫曲歌词本质上是俄语抒情诗，是最为接近汉语词的一种俄语韵文体裁，在汉词俄译的翻译实践中具有很高的参考价值。

（4）分析评价汉语词俄译的翻译质量时需要兼顾汉俄两种语言的文字特点和文学体裁特征。无论是语言文字还是文学作品，都属于精神产品，而精神产品总是独一无二的，因此翻译标准也是多样的。

汉语词是汉语格律诗的最高形式，词的内容富含中国历史文化信息，词的翻译是对中国文化的深度探索。俄语诗歌同样承载了伟大的文化，对俄语诗歌进行分析有助于了解俄罗斯文化。汉语词和俄罗斯浪漫曲都是音乐和诗歌相结合的体裁。汉语词向俄语浪漫曲风格抒情诗的转换是两种文化的深度碰撞和相互解读。词的俄译研究能够增进两国人民的相互理解，值得我们不断努力！

附录 1　汉俄语诗歌术语对照表

序号	汉语诗歌术语	俄语诗歌术语意译	俄语诗歌术语音译
1	诗歌体裁	жанр поэзии	
2	诗	стихи	ши
3	词	романс	цы
4	曲	ария	цюй
5	赋	поэма	фу
6	格律	размеры	
7	诗体	стихосложение	
8	音节重音诗	силлабо-тоническое стихосложение	
9	重音诗	тоническое стихосложение	
10	音节诗	силлабическое стихосложение	
11	自由诗	свободные стихи	
12	诗段	строфа	
13	诗行	строка	
14	诗步	стопа	
15	完整诗步	полномерная стопа	
16	截短诗步	усеченная стопа	
17	加长诗步	наращенная стопа	
18	抑扬格	ямб	
19	扬抑格	хорей	
20	扬抑抑格	дактиль	
21	抑扬抑格	амфибрахий	
22	抑抑扬格	анапест	
23	扬扬格	спондей	
24	抑抑格	пиррихий	

（续上表）

序号	汉语诗歌术语	俄语诗歌术语意译	俄语诗歌术语音译
25	三音节诗格变体	дольник	
26	四音节诗步	пеон	
27	节奏（律）	ритм	
28	韵	рифма	
29	押韵	рифмоваться	
30	韵式	рифмовка	
31	毗邻韵	смежные рифмы	
32	交错韵	перекрестные рифмы	
33	环抱韵	охватные или опоясанные рифмы	
34	对偶韵	парные рифмы	
35	阳韵	мужская рифма	
36	阴韵	женская рифма	
37	三重韵	дактилическая рифма	
38	严韵	точная рифма	
39	宽韵	неточная рифма	
40	富韵	багатая рифма	
41	贫韵	бедные рифмы	
42	顿（豆）	пауза	
43	重音	ударение	
44	拗句	нерегулярные стихотворения	
45	律句	регулярные стихотворения	
46	词谱	ритмико-мелодическая схема	
47	词牌	мелодия；мотив；сборник	
48	词选	поэзия в жанре цы	
49	声调	тон	
50	平	ровный	пин
51	仄	модулирующий，косый	цзэ
52	平声	ровный тон	пин
53	上声	восходящий	шан

（续上表）

序号	汉语诗歌术语	俄语诗歌术语意译	俄语诗歌术语音译
54	去声	уходящий	цюй
55	入声	входящий	жу
56	阴平（一声）	первый тон	
57	阳平（二声）	второй тон	
58	上声（三声）	третиий тон	
59	去声（四声）	четвертый тон	
60	元音叶韵	ассонанс	
61	辅音叶韵	аллитерация	

附录 2　本书所列俄罗斯译家及学者的姓名及汉语译名对照

本附录所列俄罗斯人名以俄语字母排序，正文中第一次出现标注为：汉语译名（俄语名＋生卒年），部分汉学家取有汉语名字或者拥有美称如"阿翰林"，则在正文部分优先使用汉语名或美称，如无汉语名则使用汉语音译名。

1. Адалис А. Е. ，1900—1969，音译名：阿达利思。

2. Адуевский В. ，生卒不详，音译名：阿杜耶夫斯基。

3. Алексеев В. М. ，1881—1951，音译名：阿列克谢耶夫，被称为"阿翰林"。

4. Арго А. М. ，1897—1968，音译名：阿尔戈。

5. Асафьев Б. В. ，1884—1949，音译名：阿萨菲耶夫。

6. Ахматова А. А. ，1889—1966，音译名：阿赫玛托娃，被誉为"俄罗斯诗歌的月亮"。

7. Балашова Е. А. ，1971—　，音译名：巴拉硕娃。

8. Банников Н. В. ，1918—1996，音译名：邦尼科夫。

9. Бархударов Л. С. ，1923—1985，音译名：巴尔胡达罗夫。

10. Басманов М. И. ，1918—2006，音译名：巴斯曼诺夫。

11. Бахтин М. М. ，1895—1975，音译名：巴赫金。

12. Бичурин Н. Я. ，1777—1853，音译名：比丘林。

13. Васильев В. П. ，1818—1900，音译名：瓦西里耶夫。

14. Вертинский А. Н. ，1889—1957，音译名：维京斯基。

15. Глинка М. И. ，1804—1857，音译名：格林卡。

16. Голубев И. С. ，1930—2000，音译名：戈鲁别夫。

17. Голубков Д. Н. ，1930—1972，音译名：戈卢布科夫。

18. Голыгина К. И. ，1935—1999，音译名：戈雷金娜。

19. Гребенка Е. П. ，1812—1848，音译名：格列比安卡。

20. Дановская З. Н. ，1930—1957，音译名：丹诺夫斯卡娅。

21. Делюсин Л. П. , 1923—2013, 音译名：杰柳辛。

22. Екатерина II, 1729—1796, 音译名：叶卡捷琳娜二世。

23. Елизавета, 1709—1761, 音译名：伊丽莎白女王。

24. Есенин С. А. , 1895—1925, 音译名：叶赛宁。

25. Калачева С. В. , 1926— , 音译名：卡拉乔娃。

26. Козлов И. И. , 1779—1840, 音译名：科兹洛夫。

27. Колоколов В. С. , 1896—1979, 音译名：科洛科洛夫。

28. Кривцов В. А. , 1914—1979, 音译名：克立夫佐夫，汉语名：克立朝。

29. Корчагин А. , 生卒不详, 音译名：柯尔察金。

30. Лермонтов М. Ю. , 1814—1841, 音译名：莱蒙托夫。

31. Лисевич И. С. , 1932—2000, 音译名：李谢维奇。

32. Лотман Ю. М. , 1922—1993, 音译名：洛特曼。

33. Лукьянов А. Е. , 1948— , 音译名：卢基亚诺夫。

34. Маркова В. Н. , 1907—1995, 音译名：马尔科娃。

35. Матусовский М. Л. , 1915—1990, 音译名：马杜索夫斯基。

36. Медвецкий К. П. , 1866—1919（？）, 音译名：梅德维茨基。

37. Меньшиков Л. Н. , 1926—2005, 音译名：缅什科夫，汉语名：孟列夫。

38. Мусоргский М. П. , 1839—1881, 音译名：穆索尔斯基。

39. Некрасов Н. А. , 1821—1878, 音译名：涅克拉索夫。

40. Павлович Н. А. , 1895—1980, 音译名：巴甫洛维奇。

41. Панасюк В. А. , 1924—1990, 音译名：帕纳秀克。

42. Панцов А. В. , 1955— , 音译名：潘佐夫。

43. Петр I, 1672—1725, 音译名：彼得大帝。

44. Попова И. Ф. , 1961— , 音译名：波波娃。

45. Пушкин А. С. , 1799—1837, 音译名：普希金，被誉为"俄罗斯诗歌的太阳"。

46. Рахманинов С. В. , 1873—1943, 音译名：拉赫马宁诺夫。

47. Рецкер Я. И. , 1897—1984, 音译名：列茨科尔。

48. Римский－Корсаков Н. А. , 1844—1908, 音译名：李姆斯基—柯萨科夫。

49. Рифтин Б. Л. , 1932—2012, 音译名：李福清。

50. Рогачев А. П. , 1900—1981, 音译名：罗加乔夫，汉语名：罗

高寿。

51. Рылеев К. Ф.，1795—1826，音译名：雷列耶夫。

52. Семанов В. И.，1933—2010，音译名：谢曼诺夫。

53. Серебряков Е. А.，1928—2013，音译名：谢列布里亚科夫。

54. Сизов М. И.，1884—1956，音译名：西佐夫。

55. Смирнов И. С.，1948—　，音译名：斯米尔诺夫。

56. Соболева Г. Г.，生卒不详，音译名：沙巴列娃。

57. Соловьев В. С.，1843—1900，音译名：索洛维约夫。

58. Сорокин В. Ф.，1927—　，音译名：索罗金。

59. Старостин А. В.，1919—1980，音译名：斯塔拉斯金。

60. Тамарченко Н. Д.，1940—2011，音译名：塔马尔钦科。

61. Тарковский А. А.，1907—1989，音译名：塔尔科夫斯基。

62. Титаренко М. Л.，1934—　，音译名：季塔连科。

63. Толстой А. К.，1817—1875，音译名：阿·康·托尔斯泰。

64. Толстой Л. Н.，1828—1910，音译名：列·尼·托尔斯泰。

65. Топер П. М.，1923—　，音译名：托佩尔。

66. Тютчев Ф. И.，1803—1873，音译名：丘特切夫。

67. Фет А. А.，1820—1892，音译名：费特。

68. Фёдоренко Н. Т.，1912—2000，音译名：费德林。

69. Фёдоров А. В.，1906—1997，音译名：费多罗夫。

70. Чайковский П. И.，1840—1893，音译名：柴科夫斯基。

71. Черкасский Л. Е.，1925—2003，音译名：切尔卡斯基。

72. Швейцер А. Д.，1923—2002，音译名：什维策尔。

73. Эйдлин Л. З.，1910—1985，音译名：艾德林。

74. Эткинд Е. Г.，1918—1999，音译名：艾特金。

75. Ярославцев Г. Б.，1930—2004，音译名：雅罗斯拉夫采夫。

附录 3　汉语词作与译本对照索引

　　汉语与俄语属于差异较大的两种语言，由于诗歌很难做到等值或等同翻译，原文诗行和译文诗行不一定对应，汉语词的意象多相似，汉语词的俄译研究中一个较大的障碍是找不到原文词作。本索引所用的基础文献来自《 Голос яшмовой флейты. Из китайской классической поэзии в жанре цы 》（《玉笛声——中国历代词选》）、《 Строки любви и печали. Лирика китайских поэтесс 》（《爱与怨的诗行——中国女诗人抒情诗歌集》）、《 Антология китайской поэзии В 4-х томах 》（《中国诗歌选本》）、《 Поэзия эпохи Сун 》（《宋代诗歌》）、1985 年版《 Синь Цицзи Стихотворения 》（《辛弃疾词集》）、1974 年版《 Ли Цин-чжао. Строфы из граненой яшмы 》（《李清照·漱玉词》）、《 Китайская поэзия в переводах Льва Меньшикова 》（《孟列夫译中国诗歌》）、《 Су Дун по. Стихи. Мелодии. Поэмы 》（《苏东坡诗词集》）、《 Китайская классическая поэзия в переводах Л. Эйдлина 》（《艾德林译中国诗歌》）、《 Мао Цзэдун. Облака в снегу. Стихотаорения 》（《雪云·毛泽东诗集》）和四大名著俄译本等词集译本。由于俄罗斯的词翻译经历了不标注词牌名的时代，有些词作也无主题名，故以汉语词作的"词牌名 + 词作首句"的形式确定词作，按词创作者的朝代来分类，并依照中国古代词集排列的传统，无名氏作品放在最前面。朝代内部以词作者姓名的拼音为序。为了方便比较，同一首词作的不同译本编在一起，以出版或发表时间为序。

一、无名氏

　　1.　《蝶恋花·叵耐灵鹊多谩语》，五代，巴斯曼诺夫译：《 Голос яшмовой флейты. Из китайской классической поэзии в жанре цы 》第 16 页。（注：《蝶恋花》词牌又名《鹊踏枝》）

　　2.　《凤归云·征夫数载》，五代，巴斯曼诺夫译：《 Голос яшмовой флейты. Из китайской классической поэзии в жанре цы 》第 21 页。

　　3.　《浣溪沙·五两竿头风欲平》，五代，巴斯曼诺夫译：《 Голос

яшмовой флейты. Из китайской классической поэзии в жанре цы »第 20 页。

4. 《抛球乐·珠泪纷纷湿绮罗》，五代，巴斯曼诺夫译：« Голос яшмовой флейты. Из китайской классической поэзии в жанре цы »第 15 页。

5. 《菩萨蛮·枕前发尽千般愿》，五代，巴斯曼诺夫译：« Голос яшмовой флейты. Из китайской классической поэзии в жанре цы »第 18 页。

6. 《菩萨蛮·牡丹含露真珠颗》，五代，巴斯曼诺夫译：« Голос яшмовой флейты. Из китайской классической поэзии в жанре цы »第 19 页。（注：这首词作和张先的同名词作汉语部分仅有三句不同，译本是两个不同版本，无名诗人的作品存疑较多，出处待考）

7. 《送征衣·今世共你如鱼水》，五代，巴斯曼诺夫译：« Голос яшмовой флейты. Из китайской классической поэзии в жанре цы »第 17 页。

8. 《望江南·莫攀我》，五代，巴斯曼诺夫译：« Голос яшмовой флейты. Из китайской классической поэзии в жанре цы »第 14 页。

9. 《望江南·天上月》，五代，巴斯曼诺夫译：« Голос яшмовой флейты. Из китайской классической поэзии в жанре цы »第 13 页。

10.《眼儿媚·深闺小院日初长》，宋代，孟列夫译：« Китайская поэзия в переводах Льва Меньшикова »第 271 页。

唐代

二、白居易

11. 《长相思·汴水流》，巴斯曼诺夫译：« Голос яшмовой флейты. Из китайской классической поэзии в жанре цы »第 34 页。

12.《杨柳枝·一树春风千万枝》，巴斯曼诺夫译：« Голос яшмовой флейты. Из китайской классической поэзии в жанре цы »第 33 页。

《忆江南·江南好》的两个译本：

13. 《忆江南·江南好》，艾德林译：« Китайская классическая поэзия （эпоха Тан）»第 283 页。

14. 《忆江南·江南好》，巴斯曼诺夫译：« Голос яшмовой флейты. Из китайской классической поэзии в жанре цы »第 29 页。

《忆江南·其次忆吴宫》的两个译本：

15.《忆江南·其次忆吴宫》，艾德林译：《Китайская классическая поэзия（эпоха Тан）》第 284 页。

16.《忆江南·其次忆吴宫》，巴斯曼诺夫译：《Голос яшмовой флейты. Из китайской классической поэзии в жанре цы》第 31 页。（注：此词的第一句和下一首的第一句相同，选第二句为标识）

《忆江南·最忆是杭州》的两个译本：

17.《忆江南·最忆是杭州》，艾德林译：《Китайская классическая поэзия（эпоха Тан）》第 285 页。

18.《忆江南·最忆是杭州》，巴斯曼诺夫译：《Голос яшмовой флейты. Из китайской классической поэзии в жанре цы》第 30 页。

三、戴叔伦

19.《调笑令·边草》，巴斯曼诺夫译：《Голос яшмовой флейты. Из китайской классической поэзии в жанре цы》第 26 页。

四、李白

20.《菩萨蛮·平林漠漠烟如织》，巴斯曼诺夫译：《Голос яшмовой флейты. Из китайской классической поэзии в жанре цы》第 23 页。

21.《忆秦娥·箫声咽》，巴斯曼诺夫译：《Голос яшмовой флейты. Из китайской классической поэзии в жанре цы》第 24 页。

五、刘禹锡

22.《忆江南·春去也》，巴斯曼诺夫译：《Голос яшмовой флейты. Из китайской классической поэзии в жанре цы》第 35 页。

23.《竹枝词·山桃红花满上头》，巴斯曼诺夫译：《Голос яшмовой флейты. Из китайской классической поэзии в жанре цы》第 36 页。

24.《竹枝词·杨柳青青江水平》，巴斯曼诺夫译：《Голос яшмовой флейты. Из китайской классической поэзии в жанре цы》第 37 页。

25.《杨柳枝·炀帝行宫汴水滨》，巴斯曼诺夫译：《Голос яшмовой флейты. Из китайской классической поэзии в жанре цы》第 38 页。

六、王建

26.《调笑令·杨柳》，巴斯曼诺夫译：《Голос яшмовой флейты. Из китайской классической поэзии в жанре цы》第 39 页。

27.《调笑令·团扇》，巴斯曼诺夫译：《Голос яшмовой флейты. Из китайской классической поэзии в жанре цы》第 40 页。

七、韦应物

《调笑令·河汉》的两个不同译本：

28. 译本一：《调笑令·河汉》，巴斯曼诺夫译：《Голос яшмовой флейты. Из китайской классической поэзии в жанре цы》第 27 页。

29. 译本二：《调笑令·河汉》，孟列夫译：《Китайская поэзия в переводах Льва Меньшикова》第 168 页。

七、韦应物

《调笑令·胡马》的两个不同译本：

30. 译本一：《调笑令·胡马》，巴斯曼诺夫译：《Голос яшмовой флейты. Из китайской классической поэзии в жанре цы》第 28 页。

31. 译本二：《调笑令·胡马》，孟列夫译：《Китайская поэзия в переводах Льва Меньшикова》第 168 页。

八、韦庄

32.《天仙子·蟾彩霜华夜不分》，巴斯曼诺夫译：《Голос яшмовой флейты. Из китайской классической поэзии в жанре цы》第 48 页。

33.《思帝乡·春日游》，巴斯曼诺夫译：《Голос яшмо Во й флейты. Из китайской классической поэзии в жанре цы》第 49 页。

34.《浣溪沙·夜夜相思更漏残》，巴斯曼诺夫译：《Голос яшмовой флейты. Из китайской классической поэзии в жанре цы》第 50 页。

35.《女冠子·四月十七》，巴斯曼诺夫译：《Голос яшмовой флейты. Из китайской классической поэзии в жанре цы》第 51 页。

36.《菩萨蛮·人人尽说江南好》，巴斯曼诺夫译：《 Голос яшмовой флейты. Из китайской классической поэзии в жанре цы 》第 52 页。

九、温庭筠

37.《蕃女怨·碛南沙上惊雁起》，巴斯曼诺夫译：《 Голос яшмовой флейты. Из китайской классической поэзии в жанре цы 》第 41 页。

38.《忆江南·梳洗罢》，巴斯曼诺夫译：《 Голос яшмовой флейты. Из китайской классической поэзии в жанре цы 》第 42 页。（注：《忆江南》词牌又名《梦江南》《望江南》和《望江梅》）

39.《更漏子·星斗稀》，巴斯曼诺夫译：《 Голос яшмовой флейты. Из китайской классической поэзии в жанре цы 》第 44 页。

40.《更漏子·玉炉香》，巴斯曼诺夫译：《 Голос яшмовой флейты. Из китайской классической поэзии в жанре цы 》第 45 页。

41.《菩萨蛮·玉楼明月长相忆》，巴斯曼诺夫译：《 Голос яшмовой флейты. Из китайской классической поэзии в жанре цы 》第 46 页。

42.《菩萨蛮·宝函钿雀金鸂鶒》，巴斯曼诺夫译：《 Голос яшмовой флейты. Из китайской классической поэзии в жанре цы 》第 47 页。

五代

十、冯延巳

43.《蝶恋花·几日行云何处去》，巴斯曼诺夫译：《 Голос яшмовой флейты. Из китайской классической поэзии в жанре цы 》第 53 页。

44.《长命女·春日宴》，巴斯曼诺夫译：《 Голос яшмовой флейты. Из китайской классической поэзии в жанре цы 》第 54 页。

45.《谒金门·风乍起》，巴斯曼诺夫译：《 Голос яшмовой флейты. Из китайской классической поэзии в жанре цы 》第 55 页。

十一、花蕊夫人

46.《采桑子·初离蜀道心将碎》，巴斯曼诺夫译：《 Строки любви и печали. Лирика китайских поэтесс 》第 26 页。

十二、李煜

47.《长相思·一重山》，巴斯曼诺夫译：《 Голос яшмовой флейты. Из китайской классической поэзии в жанре цы 》第 63 页。

48.《捣练子令·深院静》，巴斯曼诺夫译：《 Голос яшмовой флейты. Из китайской классической поэзии в жанре цы 》第 60 页。

《浪淘沙令·帘外雨潺潺》的两个译本：

49. 译本一：《浪淘沙令·帘外雨潺潺》，马尔科娃译：《 Антология китайской поэзии В 4-х томах 》卷三第 11 页。

50. 译本二：《浪淘沙令·帘外雨潺潺》，巴斯曼诺夫译：《 Голос яшмовой флейты. Из китайской классической поэзии в жанре цы 》第 68 页。

51.《浪淘沙·往事只堪哀》，巴斯曼诺夫译：《 Голос яшмовой флейты. Из китайской классической поэзии в жанре цы 》第 69 页。

52.《破阵子·四十年来家国》，巴斯曼诺夫译：《 Голос яшмовой флейты. Из китайской классической поэзии в жанре цы 》第 70 页。

53.《菩萨蛮·花明月暗笼轻雾》，巴斯曼诺夫译：《 Голос яшмовой флейты. Из китайской классической поэзии в жанре цы 》第 58 页。

《清平乐·别来春半》的三个译本：

54. 译本一：《清平乐·别来春半》，马尔科娃译：《 Антология китайской поэзии В 4-х томах 》卷三第 7~8 页。

55. 译本二：《清平乐·别来春半》，巴斯曼诺夫译：《 Голос яшмовой флейты. Из китайской классической поэзии в жанре цы 》第 67 页。

56. 译本三：《清平乐·别来春半》，孟列夫译：《 Китайская поэзия в переводах Льва Меньшикова 》第 236 页。

《望江南·多少恨》的两个译本：

57.《望江南·多少恨》，巴斯曼诺夫译：《 Голос яшмовой флейты.

Из китайской классической поэзии в жанре цы »第 64 页。

58. 《望江南·多少恨》，孟列夫译：« Китайская поэзия в переводах Льва Меньшикова »第 235 ~ 236 页。

59. 《望江南·多少泪》，孟列夫译：« Китайская поэзия в переводах Льва Меньшикова »第 236 页。

60. 《望江梅·南国正芳春》，巴斯曼诺夫译：« Голос яшмовой флейты. Из китайской классической поэзии в жанре цы »第 65 页。（注：《望江梅》和《望江南》是相同词牌，两首《望江梅》第一句都是 "闲梦远"，故取第二句区分）

61. 《望江梅·南国正清秋》，巴斯曼诺夫译：« Голос яшмовой флейты. Из китайской классической поэзии в жанре цы »第 66 页。

62. 《乌夜啼·林花谢了春红》，巴斯曼诺夫译：« Голос яшмовой флейты. Из китайской классической поэзии в жанре цы »第 61 页。

《乌夜啼·无言独上西楼》的两个译本：

63. 译本一：《乌夜啼·无言独上西楼》，马尔科娃译：« Антология китайской поэзии В 4-х томах »卷三第 10 页。

64. 译本二：《乌夜啼·无言独上西楼》，巴斯曼诺夫译：« Голос яшмовой флейты. Из китайской классической поэзии в жанре цы »第 62 页。

65. 《喜迁莺·晓月坠》，巴斯曼诺夫译：« Голос яшмовой флейты. Из китайской классической поэзии в жанре цы »第 57 页。

66. 《谢新恩·冉冉秋光留不住》，马尔科娃译：« Антология китайской поэзии В 4-х томах »卷三第 9 页。

《虞美人·春花秋月何时了》的两个译本：

67. 译本一：《虞美人·春花秋月何时了》，马尔科娃译：« Антология китайской поэзии В 4-х томах »卷三第 12 ~ 13 页。

68. 译本二：《虞美人·春花秋月何时了》，巴斯曼诺夫译：« Голос яшмовой флейты. Из китайской классической поэзии в жанре цы »第 71 ~ 72 页。

十三、牛希济

69. 《生查子·春山烟欲收》，巴斯曼诺夫译：« Голос яшмовой флейты. Из китайской классической поэзии в жанре цы »第 56 页。

宋代

十四、宝月

70.《柳梢青·脉脉春心》，孟列夫译：«Китайская поэзия в переводах Льва Меньшикова»第 254 页。

十五、晁端礼

71.《一斛珠·伤春怀抱》，孟列夫译：«Китайская поэзия в переводах Льва Меньшикова»第 251～252 页。

十六、陈克

72.《谒金门·柳丝碧》，孟列夫译：«Китайская поэзия в переводах Льва Меньшикова»第 256 页。

十七、陈亮

73.《水调歌头·不见南师久》，巴斯曼诺夫译：«Голос яшмовой флейты. Из китайской классической поэзии в жанре цы»第 332～333 页。

74.《虞美人·东风荡飏轻云缕》，巴斯曼诺夫译：«Голос яшмовой флейты. Из китайской классической поэзии в жанре цы»第 334 页。

十八、陈师道

75.《菩萨蛮·行云过尽星河烂》，戈鲁别夫译：«Поэзия эпохи Сун»第 161 页。

十九、崔与之

76.《水调歌头·万里云间戍》，西佐夫译：《 Поэзия эпохи Сун 》第308～309页。

二十、范仲淹

77.《苏幕遮·碧云天》，切尔卡斯基译：《 Поэзия эпохи Сун 》第53～54页。

78.《渔家傲·塞下秋来风景异》，邦尼科夫译：《 Поэзия эпохи Сун 》第55页。

二十一、贺铸

79.《清平乐·阴晴未定》，孟列夫译：《 Китайская поэзия в переводах Льва Меньшикова 》第253～254页。

二十二、洪惠英

80.《减字木兰花·梅花似雪》，巴斯曼诺夫译：《 Голос яшмовой флейты. Из китайской классической поэзии в жанре цы 》第218页。

二十三、黄夫人

81.《鹧鸪天·先自春光似酒浓》，孟列夫译：《 Китайская поэзия в переводах Льва Меньшикова 》第261～262页。

二十四、黄庭坚

82.《清平乐·春归何处》，巴斯曼诺夫译：《 Голос яшмовой флейты. Из китайской классической поэзии в жанре цы 》第146页。

二十五、蒋捷

83.《声声慢·黄花深巷》，巴斯曼诺夫译：《Голос яшмовой флейты. Из китайской классической поэзии в жанре цы 》第 346～347 页。

84.《一剪梅·一片春愁待酒浇》，巴斯曼诺夫译：《Голос яшмовой флейты. Из китайской классической поэзии в жанре цы 》第 348～349 页。

85.《虞美人·少年听雨歌楼上》，巴斯曼诺夫译：《Голос яшмовой флейты. Из китайской классической поэзии в жанре цы 》第 350～351 页。

二十六、姜夔

86.《鹧鸪天·肥水东流无尽期》，巴斯曼诺夫译：《Голос яшмовой флейты. Из китайской классической поэзии в жанре цы 》第 335 页。

87.《鹧鸪天·巷陌风光纵赏时》，巴斯曼诺夫译：《Голос яшмовой флейты. Из китайской классической поэзии в жанре цы 》第 337 页。

88.《鹧鸪天·忆昨天街预赏时》，巴斯曼诺夫译：《Голос яшмовой флейты. Из китайской классической поэзии в жанре цы 》第 336 页。

二十七、康与之

89.《减字木兰花·杨花飘尽》，孟列夫译：《Китайская поэзия в переводах Льва Меньшикова 》第 257～258 页。

二十八、李清照

90.《点绛唇·蹴罢秋千》，巴斯曼诺夫译：《Голос яшмовой флейты. Из китайской классической поэзии в жанре цы 》第 171 页。

91.《点绛唇·红杏飘香》，巴斯曼诺夫译：《Ли Цин-чжао. Строфы из граненой яшмы 》第 24 页。（注：柯宝成《李清照合集》注为误署词，本为苏轼作）

92.《蝶恋花·暖雨晴风初破冻》，巴斯曼诺夫译：《Голос яшмовой флейты. Из китайской классической поэзии в жанре цы 》第 193 页。

93.《蝶恋花·永夜恹恹欢意少》，巴斯曼诺夫译：《Строки любви и

печали. Лирика китайских поэтесс 》第 52 页。

《凤凰台上忆吹箫·香冷金猊》的两个译本：

94. 译本一：《凤凰台上忆吹箫·香冷金猊》，戈卢布科夫译：《 Поэзия эпохи Сун 》第 176 页。

95. 译本二：《凤凰台上忆吹箫·香冷金猊》，巴斯曼诺夫译：《 Голос яшмовой флейты. Из китайской классической поэзии в жанре цы 》第 199 ~ 200 页。

96. 《孤雁儿·藤床纸帐朝眠起》，巴斯曼诺夫译：《 Строки любви и печали. Лирика китайских поэтесс 》第 63 ~ 64 页。

97. 《好事近·风定落花深》，巴斯曼诺夫译：《 Голос яшмовой флейты. Из китайской классической поэзии в жанре цы 》第 178 页。

98. 《浣溪沙·淡荡春光寒食天》，巴斯曼诺夫译：《 Голос яшмовой флейты. Из китайской классической поэзии в жанре цы 》第 173 页。

99. 《浣溪沙·髻子伤春慵更梳》，巴斯曼诺夫译：《 Голос яшмовой флейты. Из китайской классической поэзии в жанре цы 》第 175 页。

100. 《浣溪沙·楼上晴天碧四垂》，巴斯曼诺夫译：《 Голос яшмовой флейты. Из китайской классической поэзии в жанре цы 》第 174 页。（注：柯宝成《李清照全集》注为误署词，本为周邦彦作）

101. 《浣溪沙·小院闲窗春色深》，巴斯曼诺夫译：《 Голос яшмовой флейты. Из китайской классической поэзии в жанре цы 》第 172 页。

102. 《临江仙·庭院深深深几许》，巴斯曼诺夫译：《 Голос яшмовой флейты. Из китайской классической поэзии в жанре цы 》第 192 页。

103. 《满庭芳·小阁藏春》，巴斯曼诺夫译：《 Голос яшмовой флейты. Из китайской классической поэзии в жанре цы 》第 205 ~ 206 页。

104. 《南歌子·天上星河转》，巴斯曼诺夫译：《 Строки любви и печали. Лирика китайских поэтесс 》第 45 页。

105. 《念奴娇·萧条庭院》，巴斯曼诺夫译：《 Строки любви и печали. Лирика китайских поэтесс 》第 68 ~ 69 页。

106. 《菩萨蛮·风柔日薄春犹早》，巴斯曼诺夫译：《 Голос яшмовой флейты. Из китайской классической поэзии в жанре цы 》第 176 页。

107. 《菩萨蛮·归鸿声断残云碧》，巴斯曼诺夫译：《 Голос яшмовой флейты. Из китайской классической поэзии в жанре цы 》第 177 页。

《清平乐·年年雪里》的两个译本：

108. 译本一：《清平乐·年年雪里》，巴斯曼诺夫译：《 Голос яшмовой

флейты. Из китайской классической поэзии в жанре цы »第 179 页。

109. 译本二:《清平乐·年年雪里》,孟列夫译: « Китайская поэзия в переводах Льва Меньшикова »第 257 页。

110.《如梦令·常记溪亭日暮》,巴斯曼诺夫译: « Голос яшмовой флейты. Из китайской классической поэзии в жанре цы »第 169 页。

111.《如梦令·昨夜雨疏风骤》,巴斯曼诺夫译: « Голос яшмовой флейты. Из китайской классической поэзии в жанре цы »第 170 页。

112.《声声慢·寻寻觅觅》,巴斯曼诺夫译: « Голос яшмовой флейты. Из китайской классической поэзии в жанре цы »第 201 ~ 202 页。

113.《生查子·年年玉镜台》,巴斯曼诺夫译: « Голос яшмовой флейты. Из китайской классической поэзии в жанре цы »第 194 页。

114.《摊破浣溪沙·揉破黄金万点轻》,巴斯曼诺夫译: « Голос яшмовой флейты. Из китайской классической поэзии в жанре цы »第 181 页。

115.《摊破浣溪沙·病起萧萧两鬓华》,巴斯曼诺夫译: « Голос яшмовой флейты. Из китайской классической поэзии в жанре цы »第 182 页。

116.《添字采桑子·窗前谁种芭蕉树》,巴斯曼诺夫译: « Голос яшмовой флейты. Из китайской классической поэзии в жанре цы »第 183 页。

《武陵春·风住尘香花已尽》的两个译本:

117. 译本一:《武陵春·风住尘香花已尽》,戈卢布科夫译: « Поэзия эпохи Сун »第 179 页。

118. 译本二:《武陵春·风住尘香花已尽》,巴斯曼诺夫译: « Голос яшмовой флейты. Из китайской классической поэзии в жанре цы »第 184 页。

119.《小重山·春到长门春草青》,巴斯曼诺夫译: « Строки любви и печали. Лирика китайских поэтесс »第 49 页。

120.《行香子·草际鸣蛩》,巴斯曼诺夫译: « Ли Цин-чжао. Строфы из граненой яшмы »第 70 ~ 71 页。

121.《行香子·天与秋光》,巴斯曼诺夫译: « Строки любви и печали. Лирика китайских поэтесс »第 61 ~ 62 页。(注: 柯宝成《李清照全集》注为无名氏作)

《一剪梅·红藕香残玉簟秋》的两个译本:

122. 译本一:《一剪梅 · 红藕香残玉簟秋》,戈卢布科夫译: « Поэзия эпохи Сун »第 177 ~ 178 页。

123. 译本二:《一剪梅·红藕香残玉簟秋》,巴斯曼诺夫译: « Голос

яшмовой флейты. Из китайской классической поэзии в жанре цы》第 190 ~ 191 页。

124.《忆秦娥·临高阁》，巴斯曼诺夫译：《Голос яшмовой флейты. Из китайской классической поэзии в жанре цы》第 180 页。

125.《永遇乐·落日熔金》，巴斯曼诺夫译：《Голос яшмовой флейты. Из китайской классической поэзии в жанре цы》第 203 ~ 204 页。

126.《渔家傲·天接云涛连晓雾》，巴斯曼诺夫译：《Голос яшмовой флейты. Из китайской классической поэзии в жанре цы》第 195 ~ 196 页。

127.《渔家傲·雪里已知春信至》，巴斯曼诺夫译：《Строки любви и печали. Лирика китайских поэтесс》第 57 ~ 58 页。

128.《怨王孙·湖上风来波浩渺》，巴斯曼诺夫译：《Голос яшмовой флейты. Из китайской классической поэзии в жанре цы》第 187 页。

129.《鹧鸪天·暗淡轻黄体性柔》，巴斯曼诺夫译：《Голос яшмовой флейты. Из китайской классической поэзии в жанре цы》第 188 页。

130.《鹧鸪天·寒日萧萧上锁窗》，巴斯曼诺夫译：《Голос яшмовой флейты. Из китайской классической поэзии в жанре цы》第 189 页。

131.《醉花阴·薄雾浓云愁永昼》，巴斯曼诺夫译：《Голос яшмовой флейты. Из китайской классической поэзии в жанре цы》第 185 ~ 186 页。

二十九、李之仪

132.《卜算子·我住长江头》，巴斯曼诺夫译：《Голос яшмовой флейты. Из китайской классической поэзии в жанре цы》第 148 页。

三十、刘克庄

133.《卜算子·片片蝶衣轻》，巴斯曼诺夫译：《Голос яшмовой флейты. Из китайской классической поэзии в жанре цы》第 341 页。

134.《沁园春·何处相逢》，巴斯曼诺夫译：《Голос яшмовой флейты. Из китайской классической поэзии в жанре цы》第 339 ~ 340 页。

135.《清平乐·宫腰束素》，巴斯曼诺夫译：《Голос яшмовой флейты. Из китайской классической поэзии в жанре цы》第 342 页。

136.《忆秦娥·梅谢了》，巴斯曼诺夫译：《Голос яшмовой флейты. Из китайской классической поэзии в жанре цы》第 344 页。

137.《玉楼春·年年跃马长安市》，巴斯曼诺夫译：《 Голос яшмовой флейты. Из китайской классической поэзии в жанре цы 》第 345 页。

三十一、刘锜

138.《鹧鸪天·竹引牵牛花满街》，孟列夫译：《 Китайская поэзия в переводах Льва Меньшикова 》第 258 页。

三十二、柳永

139.《定风波·自春来》，巴斯曼诺夫译：《 Голос яшмовой флейты. Из китайской классической поэзии в жанре цы 》第 115 ~ 116 页。

140.《甘草子·秋暮》，巴斯曼诺夫译：《 Голос яшмовой флейты. Из китайской классической поэзии в жанре цы 》第 110 页。

141.《鹤冲天·黄金榜上》，巴斯曼诺夫译：《 Голос яшмовой флейты. Из китайской классической поэзии в жанре цы 》第 94 ~ 95 页。

142.《迷神引·一叶扁舟轻帆卷》，巴斯曼诺夫译：《 Голос яшмовой флейты. Из китайской классической поэзии в жанре цы 》第 101 ~ 102 页。

143.《戚氏·晚秋天》，巴斯曼诺夫译：《 Голос яшмовой флейты. Из китайской классической поэзии в жанре цы 》第 117 ~ 120 页。

144.《倾杯·鹜落霜洲》，巴斯曼诺夫译：《 Голос яшмовой флейты. Из китайской классической поэзии в жанре цы 》第 108 ~ 109 页。

145.《曲玉管·陇首云飞》，巴斯曼诺夫译：《 Голос яшмовой флейты. Из китайской классической поэзии в жанре цы 》第 111 ~ 112 页。

146.《少年游·长安古道马迟迟》，巴斯曼诺夫译：《 Голос яшмовой флейты. Из китайской классической поэзии в жанре цы 》第 113 ~ 114 页。

147.《望海潮·东南形胜》，巴斯曼诺夫译：《 Голос яшмовой флейты. Из китайской классической поэзии в жанре цы 》第 105 ~ 107 页。

148.《望远行·长空降瑞》，巴斯曼诺夫译：《 Голос яшмовой флейты. Из китайской классической поэзии в жанре цы 》第 103 ~ 104 页。

149.《夜半乐·冻云黯淡天气》，巴斯曼诺夫译：《 Голос яшмовой флейты. Из китайской классической поэзии в жанре цы 》第 98 ~ 100 页。

150.《雨霖铃·寒蝉凄切》，巴斯曼诺夫译：《 Голос яшмовой флейты. Из китайской классической поэзии в жанре цы 》第 96 ~ 97 页。

151.《昼夜乐·洞房记得初相遇》，阿杜耶夫斯基译：《 Поэзия эпохи Сун 》第 52 页。

三十三、陆游

152.《卜算子·驿外断桥边》，巴斯曼诺夫译：《 Голос яшмовой флейты. Из китайской классической поэзии в жанре цы 》第 222 页。

《钗头凤·红酥手》的两个译本：

153. 译本一：《钗头凤·红酥手》，戈鲁别夫译：《 Лу Ю стихи 》第 122 页。

154. 译本二：《钗头凤·红酥手》，巴斯曼诺夫译：《 Голос яшмовой флейты. Из китайской классической поэзии в жанре цы 》第 220 页。

155.《好事近·客路苦思归》，巴斯曼诺夫译：《 Голос яшмовой флейты. Из китайской классической поэзии в жанре цы 》第 224 页。

156.《好事近·岁晚喜东归》，巴斯曼诺夫译：《 Голос яшмовой флейты. Из китайской классической поэзии в жанре цы 》第 225 页。

157.《柳梢青·十载江湖》，巴斯曼诺夫译：《 Голос яшмовой флейты. Из китайской классической поэзии в жанре цы 》第 227 页。

158.《鹊桥仙·茅帘人静》，巴斯曼诺夫译：《 Голос яшмовой флейты. Из китайской классической поэзии в жанре цы 》第 228 页。

159.《鹊桥仙·一竿风月》，巴斯曼诺夫译：《 Голос яшмовой флейты. Из китайской классической поэзии в жанре цы 》第 221 页。

160.《诉衷情·当年万里觅封侯》，巴斯曼诺夫译：《 Голос яшмовой флейты. Из китайской классической поэзии в жанре цы 》第 226 页。

161.《夜游宫·雪晓清笳乱起》，巴斯曼诺夫译：《 Голос яшмовой флейты. Из китайской классической поэзии в жанре цы 》第 229 页。

162.《鹧鸪天·家住苍烟落照间》，巴斯曼诺夫译：《 Голос яшмовой флейты. Из китайской классической поэзии в жанре цы 》第 223 页。

三十四、卢祖皋

163.《谒金门·风不定》，柯尔察金译：《 Поэзия эпохи Сун 》第 314 ～ 315 页。

三十五、美奴

164.《卜算子·送我出东门》，巴斯曼诺夫译：《 Голос яшмовой флейты. Из китайской классической поэзии в жанре цы 》第 216 页。

165.《如梦令·日暮马嘶人去》，巴斯曼诺夫译：《 Голос яшмовой флейты. Из китайской классической поэзии в жанре цы 》第 215 页。

三十六、欧阳修

166.《采桑子·残霞夕照西湖好》，巴斯曼诺夫译：《 Голос яшмовой флейты. Из китайской классической поэзии в жанре цы 》第 92 ~ 93 页。

167.《采桑子·春深雨过西湖好》，巴斯曼诺夫译：《 Голос яшмовой флейты. Из китайской классической поэзии в жанре цы 》第 88 页。

168.《采桑子·荷花开后西湖好》，巴斯曼诺夫译：《 Голос яшмовой флейты. Из китайской классической поэзии в жанре цы 》第 91 页。

169.《采桑子·何人解赏西湖好》，巴斯曼诺夫译：《 Голос яшмовой флейты. Из китайской классической поэзии в жанре цы 》第 90 页。

170.《采桑子·画船载酒西湖好》，巴斯曼诺夫译：《 Голос яшмовой флейты. Из китайской классической поэзии в жанре цы 》第 89 页。

171.《采桑子·平生为爱西湖好》，巴斯曼诺夫译：《 Голос яшмовой флейты. Из китайской классической поэзии в жанре цы 》第 93 页。

172.《采桑子·清明上巳西湖好》，巴斯曼诺夫译：《 Голос яшмовой флейты. Из китайской классической поэзии в жанре цы 》第 90 ~ 91 页。

173.《采桑子·轻舟短棹西湖好》，巴斯曼诺夫译：《 Голос яшмовой флейты. Из китайской классической поэзии в жанре цы 》第 87 ~ 88 页。

174.《采桑子·群芳过后西湖好》，巴斯曼诺夫译：《 Голос яшмовой флейты. Из китайской классической поэзии в жанре цы 》第 89 ~ 90 页。

175.《采桑子·天容水色西湖好》，巴斯曼诺夫译：《 Голос яшмовой флейты. Из китайской классической поэзии в жанре цы 》第 92 页。

176.《蝶恋花·帘幕东风寒料峭》，孟列夫译：《 Китайская поэзия в переводах Льва Меньшикова 》第 239 ~ 240 页。

177.《临江仙·柳外轻雷池上雨》，雅罗斯拉夫采夫译：《 Поэзия эпохи Сун 》第 92 页。

178. 《南歌子·凤髻金泥带》，巴斯曼诺夫译：《 Голос яшмовой флейты. Из китайской классической поэзии в жанре цы 》第 86 页。

179. 《生查子·去年元夜时》，巴斯曼诺夫译：《 Голос яшмовой флейты. Из китайской классической поэзии в жанре цы 》第 84 页。

180. 《玉楼春·别后不知君远近》，巴斯曼诺夫译：《 Голос яшмовой флейты. Из китайской классической поэзии в жанре цы 》第 85 页。

181. 《玉楼春·尊前拟把归期说》，巴斯曼诺夫译：《 Голос яшмовой флейты. Из китайской классической поэзии в жанре цы 》第 82 页。

三十七、秦观

182. 《点绛唇·醉漾轻舟》，巴斯曼诺夫译：《 Голос яшмовой флейты. Из китайской классической поэзии в жанре цы 》第 151 页。

183. 《浣溪沙·漠漠清寒上小楼》，巴斯曼诺夫译：《 Голос яшмовой флейты. Из китайской классической поэзии в жанре цы 》第 152 页。

184. 《满庭芳·山抹微云》，巴斯曼诺夫译：《 Голос яшмовой флейты. Из китайской классической поэзии в жанре цы 》第 154 ~ 155 页。

185. 《如梦令·门外鸦啼杨柳》，巴斯曼诺夫译：《 Голос яшмовой флейты. Из китайской классической поэзии в жанре цы 》第 150 页。

186. 《如梦令·遥夜沈沈如水》，巴斯曼诺夫译：《 Голос яшмовой флейты. Из китайской классической поэзии в жанре цы 》第 149 页。

187. 《踏莎行·雾失楼台》，巴斯曼诺夫译：《 Голос яшмовой флейты. Из китайской классической поэзии в жанре цы 》第 153 页。

188. 《夜游宫·何事东君又去》，孟列夫译：《 Китайская поэзия в переводах Льва Меньшикова 》第 252 ~ 253 页。

三十八、司马槱

189. 《黄金缕·妾本钱塘江上住》，孟列夫译：《 Китайская поэзия в переводах Льва Меньшикова 》第 265 页。（注：该词孟列夫注为苏小妹所作，这和流传到俄罗斯的词籍版本有关）

三十九、苏轼

190.《卜算子·缺月挂疏桐》，巴斯曼诺夫译：《 Голос яшмовой флейты. Из китайской классической поэзии в жанре цы 》第 135 页。

191.《蝶恋花·花褪残红青杏小》，巴斯曼诺夫译：《 Голос яшмовой флейты. Из китайской классической поэзии в жанре цы 》第 137 页。

192.《洞仙歌·冰肌玉骨》，巴斯曼诺夫译：《 Голос яшмовой флейты. Из китайской классической поэзии в жанре цы 》第 132 ~ 133 页。

《好事近·湖上雨晴时》的两个译本：

193. 译本一：《好事近·湖上雨晴时》，戈鲁别夫译：《 Су Дун-по. Стихи. Мелодии. Поэмы 》第 165 ~ 166 页。

194. 译本二：《好事近·湖上雨晴时》，巴斯曼诺夫译：《 Голос яшмовой флейты. Из китайской классической поэзии в жанре цы 》第 136 页。

195.《贺新郎·乳燕飞华屋》，戈鲁别夫译：《 Су Дун-по. Стихи. Мелодии. Поэмы 》第 167 ~ 168 页。

196.《浣溪沙·麻叶层层苘叶光》，巴斯曼诺夫译：《 Голос яшмовой флейты. Из китайской классической поэзии в жанре цы 》第 142 ~ 143 页。

197.《浣溪沙·软草平莎过雨新》，巴斯曼诺夫译：《 Голос яшмовой флейты. Из китайской классической поэзии в жанре цы 》第 143 ~ 144 页。

《浣溪沙·山下兰芽短浸溪》的两个译本：

198. 译本一：《浣溪沙·山下兰芽短浸溪》，戈鲁别夫译：《 Су Дун-по. Стихи. Мелодии. Поэмы 》第 155 页。

199. 译本二：《浣溪沙·山下兰芽短浸溪》，巴斯曼诺夫译：《 Голос яшмовой флейты. Из китайской классической поэзии в жанре цы 》第 140 页。

200.《浣溪沙·簌簌衣襟落枣花》，巴斯曼诺夫译：《 Голос яшмовой флейты. Из китайской классической поэзии в жанре цы 》第 143 页。

《浣溪沙·旋抹红妆看使君》的两个译本：

201. 译本一：《浣溪沙·旋抹红妆看使君》，戈鲁别夫译：《 Су Дун-по. Стихи. Мелодии. Поэмы 》第 158 页。

202. 译本二：《浣溪沙·旋抹红妆看使君》，巴斯曼诺夫译：《 Голос яшмовой флейты. Из китайской классической поэзии в жанре цы 》第 142 页。

《浣溪沙·照日深红暖见鱼》的两个译本：

203．译本一：《浣溪沙·照日深红暖见鱼》，戈鲁别夫译：《 Су Дун-по. Стихи. Мелодии. Поэмы 》第 156～157 页。

204．译本二：《浣溪沙·照日深红暖见鱼》，巴斯曼诺夫译：《 Голос яшмовой флейты. Из китайской классической поэзии в жанре цы 》第 141 页。

205．《江城子·翠蛾羞黛怯人看》，戈鲁别夫译：《 Су Дун-по. Стихи. Мелодии. Поэмы 》第 161～162 页。

206．《江城子·凤凰山下雨初晴》，戈鲁别夫译：《 Су Дун-по. Стихи. Мелодии. Поэмы 》第 159～160 页。

207．《江城子·十年生死两茫茫》，戈鲁别夫译：《 Су Дун-по. Стихи. Мелодии. Поэмы 》第 163～164 页。

208．《临江仙·夜饮东坡醒复醉》，巴斯曼诺夫译：《 Голос яшмовой флейты. Из китайской классической поэзии в жанре цы 》第 134 页。

209．《临江仙·昨夜渡江何处宿》，戈鲁别夫译：《 Поэзия эпохи Сун 》第 134 页。

210．《南歌子·海上乘槎侣》，邦尼科夫译：《 Антология китайской поэзии В 4-х томах 》卷三第 47 页。

211．《如梦令·手种堂前桃李》，巴斯曼诺夫译：《 Голос яшмовой флейты. Из китайской классической поэзии в жанре цы 》第 139 页。

212．《如梦令·为向东坡传语》，巴斯曼诺夫译：《 Голос яшмовой флейты. Из китайской классической поэзии в жанре цы 》第 138 页。

213．《少年游·去年相送》，戈鲁别夫译：《 Су Дун-по. Стихи. Мелодии. Поэмы 》第 153～154 页。

214．《水调歌头·落日绣帘卷》，戈鲁别夫译：《 Су Дун-по. Стихи. Мелодии. Поэмы 》第 149～150 页。

《水调歌头·明月几时有》的五个译本：

215．译本一：《水调歌头·明月几时有》，戈鲁别夫译：1955 年版《 Речные заводи 》卷一第 443 页。

216．译本二：《水调歌头·明月几时有》，丹诺夫斯卡娅译：《 Антология китайской поэзии В 4-х томах 》卷三第 45～46 页。

217．译本三：《水调歌头·明月几时有》，戈鲁别夫译：2008 年版《 Речные заводи 》卷一第 484 页。

218．译本四：《水调歌头·明月几时有》，戈鲁别夫译：《 Су Дун-по.

Стихи. Мелодии. Поэмы 》第 147～148 页。

219．译本五：《水调歌头·明月几时有》，巴斯曼诺夫译：《 Голос яшмовой флейты. Из китайской классической поэзии в жанре цы 》第 127～128 页。

220．《水调歌头·昵昵儿女语》，戈鲁别夫译：《 Су Дун-по. Стихи. Мелодии. Поэмы 》第 151～152 页。

221．《西江月·玉骨那愁瘴雾》，戈鲁别夫译：《 Поэзия эпохи Сун 》第 135 页。

222．《西江月·照野弥弥浅浪》，巴斯曼诺夫译：《 Голос яшмовой флейты. Из китайской классической поэзии в жанре цы 》第 130～131 页。

223．《阳关曲·暮云收尽溢清寒》，巴斯曼诺夫译：《 Голос яшмовой флейты. Из китайской классической поэзии в жанре цы 》第 129 页。

224．《永遇乐·明月如霜》，戈鲁别夫译：《 Поэзия эпохи Сун 》第 154 页。（注：这首词是长调，翻译家只译了前 6 行）

225．《渔父·渔父饮》，戈鲁别夫译：《 Су Дун-по. Стихи. Мелодии. Поэмы 》第 169～171 页。

226．《渔父·渔父醉》，戈鲁别夫译：《 Су Дун-по. Стихи. Мелодии. Поэмы 》第 169～171 页。

227．《渔父·渔父醒》，戈鲁别夫译：《 Су Дун-по. Стихи. Мелодии. Поэмы 》第 169～171 页。

228．《渔父·渔父笑》，戈鲁别夫译：《 Су Дун-по. Стихи. Мелодии. Поэмы 》第 169～171 页。

229．《鹧鸪天·林断山明竹隐墙》，巴斯曼诺夫译：《 Голос яшмовой флейты. Из китайской классической поэзии в жанре цы 》第 145 页。

四十、蜀中妓

230．《鹊桥仙·说盟说誓》，巴斯曼诺夫译：《 Голос яшмовой флейты. Из китайской классической поэзии в жанре цы 》第 213 页。

四十一、孙氏

231．《忆秦娥·花深深》，巴斯曼诺夫译：《 Голос яшмовой флейты. Из китайской классической поэзии в жанре цы 》第 217 页。

四十二、唐婉

232.《钗头凤·世情薄》，巴斯曼诺夫译：《 Голос яшмовой флейты. Из китайской классической поэзии в жанре цы 》第 219 页。

四十三、王安石

《桂枝香·登临送目》的两个译本：

233. 译本一：《桂枝香·登临送目》，斯塔拉斯金译：《 Поэзия эпохи Сун 》第 114 ~ 115 页。

234. 译本二：《桂枝香·登临送目》，巴斯曼诺夫译：《 Голос яшмовой флейты. Из китайской классической поэзии в жанре цы 》第 125 ~ 126 页。

四十四、魏玩

235.《卷珠帘·记得来时春未暮》，孟列夫译：《 Китайская поэзия в переводах Льва Меньшикова 》第 242 页。

236.《菩萨蛮·红楼斜依在溪曲》，孟列夫译：《 Китайская поэзия в переводах Льва Меньшикова 》第 242 ~ 243 页。

237.《菩萨蛮·溪山掩映斜阳里》，孟列夫译：《 Китайская поэзия в переводах Льва Меньшикова 》第 242 ~ 243 页。

四十五、辛弃疾

238.《八声甘州·故将军饮罢夜归来》，巴斯曼诺夫译：《 Синь Цицзи Стихотворения 》第 44 ~ 45 页。

239.《卜算子·盗跖傥名丘》，巴斯曼诺夫译：《 Синь Цицзи Стихотворения 》第 147 页。

240.《卜算子·刚者不坚牢》，巴斯曼诺夫译：《 Голос яшмовой флейты. Из китайской классической поэзии в жанре цы 》第 279 页。

241.《卜算子·一饮动连宵》，巴斯曼诺夫译：《 Голос яшмовой флейты. Из китайской классической поэзии в жанре цы 》第 278 页。

242.《卜算子·修竹翠罗寒》，巴斯曼诺夫译：«Голос яшмовой флейты. Из китайской классической поэзии в жанре цы»第276页。

243.《卜算子·欲行且起行》，巴斯曼诺夫译：«Голос яшмовой флейты. Из китайской классической поэзии в жанре цы»第277页。

244.《丑奴儿·此生自断天休问》，巴斯曼诺夫译：«Голос яшмовой флейты. Из китайской классической поэзии в жанре цы»第300页。

245.《丑奴儿·鹅湖山下长亭路》，巴斯曼诺夫译：«Голос яшмовой флейты. Из китайской классической поэзии в жанре цы»第301页。

246.《丑奴儿·近来愁似天来大》，巴斯曼诺夫译：«Голос яшмовой флейты. Из китайской классической поэзии в жанре цы»第298页。

247.《丑奴儿·年年索尽梅花笑》，巴斯曼诺夫译：«Голос яшмовой флейты. Из китайской классической поэзии в жанре цы»第299页。

《丑奴儿·少年不识愁滋味》的两个译本：

248. 译本一：《丑奴儿·少年不识愁滋味》，艾德林译：«Китайская классическая поэзия в переводах Л. Эйдлина»第314页。

249. 译本二：《丑奴儿·少年不识愁滋味》，巴斯曼诺夫译：«Голос яшмовой флейты. Из китайской классической поэзии в жанре цы»第297页。

250.《丑奴儿·晚来云淡秋光薄》，巴斯曼诺夫译：«Голос яшмовой флейты. Из китайской классической поэзии в жанре цы»第303页。

251.《丑奴儿·寻常中酒扶头后》，巴斯曼诺夫译：«Голос яшмовой флейты. Из китайской классической поэзии в жанре цы»第302页。

252.《丑奴儿·烟芜露麦荒池柳》，巴斯曼诺夫译：«Голос яшмовой флейты. Из китайской классической поэзии в жанре цы»第296页。

253.《丑奴儿近·千峰云起》，巴斯曼诺夫译：«Голос яшмовой флейты. Из китайской классической поэзии в жанре цы»第327~328页。

254.《点绛唇·隐隐轻雷》，巴斯曼诺夫译：«Голос яшмовой флейты. Из китайской классической поэзии в жанре цы»第324页。

255.《蝶恋花·小小年华才月半》，巴斯曼诺夫译：«Голос яшмовой флейты. Из китайской классической поэзии в жанре цы»第312~313页。

256.《东坡引·玉纤弹旧怨》，巴斯曼诺夫译：«Голос яшмовой флейты. Из китайской классической поэзии в жанре цы»第326页。

257.《好事近·和泪唱阳关》，巴斯曼诺夫译：«Голос яшмовой флейты. Из китайской классической поэзии в жанре цы»第306页。

258.《好事近·医者索酬劳》，巴斯曼诺夫译:《 Голос яшмовой флейты. Из китайской классической поэзии в жанре цы 》第 307 页。

259.《浣溪沙·北陇田高踏水频》，巴斯曼诺夫译:《 Синь Цицзи Стихотворения 》第 71 页。

260.《浣溪沙·父老争言雨水均》，巴斯曼诺夫译:《 Голос яшмовой флейты. Из китайской классической поэзии в жанре цы 》第 281 页。

261.《浣溪沙·歌串如珠个个匀》，巴斯曼诺夫译:《 Голос яшмовой флейты. Из китайской классической поэзии в жанре цы 》第 284 页。

262.《浣溪沙·花向今朝粉面匀》，巴斯曼诺夫译:《 Голос яшмовой флейты. Из китайской классической поэзии в жанре цы 》第 285 页。

263.《浣溪沙·侬是嶔崎可笑人》，巴斯曼诺夫译:《 Голос яшмовой флейты. Из китайской классической поэзии в жанре цы 》第 283 页。

264.《浣溪沙·细听春山杜宇啼》，巴斯曼诺夫译:《 Синь Цицзи Стихотворения 》第 92 页。

265.《浣溪沙·新葺茅檐次第成》，巴斯曼诺夫译:《 Голос яшмовой флейты. Из китайской классической поэзии в жанре цы 》第 282 页。

266.《浣溪沙·这里裁诗话别离》，巴斯曼诺夫译:《 Синь Цицзи Стихотворения 》第 90 页。

267.《浣溪沙·总把平生入醉乡》，巴斯曼诺夫译:《 Синь Цицзи Стихотворения 》第 136 ~ 137 页。

268.《浪淘沙·身世酒杯中》，巴斯曼诺夫译:《 Голос яшмовой флейты. Из китайской классической поэзии в жанре цы 》第 317 页。

269.《恋绣衾·夜长偏冷添被儿》，巴斯曼诺夫译:《 Голос яшмовой флейты. Из китайской классической поэзии в жанре цы 》第 316 页。

270.《临江仙·六十三年无限事》，巴斯曼诺夫译:《 Голос яшмовой флейты. Из китайской классической поэзии в жанре цы 》第 331 页。

271.《满江红·倦客新丰》，巴斯曼诺夫译:《 Голос яшмовой флейты. Из китайской классической поэзии в жанре цы 》第 294 ~ 295 页。

272.《摸鱼儿·更能消几番风雨》，巴斯曼诺夫译:《 Синь Цицзи Стихотворения 》第 38 ~ 40 页。

273.《南歌子·散发披襟处》，巴斯曼诺夫译:《 Голос яшмовой флейты. Из китайской классической поэзии в жанре цы 》第 319 页。

274.《南歌子·世事从头减》，巴斯曼诺夫译:《 Голос яшмовой флейты. Из китайской классической поэзии в жанре цы 》第 318 页。

275.《南乡子·何处望神州》，巴斯曼诺夫译：《 Голос яшмовой флейты. Из китайской классической поэзии в жанре цы 》第 235~236 页。

《破阵子·醉里挑灯看剑》的两个译本：

276. 译本一：《破阵子·醉里挑灯看剑》，戈卢布科夫译：《 Антология китайской поэзии В 4-х томах 》卷三第 93~94 页。.

277. 译本二：《破阵子·醉里挑灯看剑》，巴斯曼诺夫译：《 Голос яшмовой флейты. Из китайской классической поэзии в жанре цы 》第 234 页。

278.《菩萨蛮·郁孤台下清江水》，巴斯曼诺夫译：《 Голос яшмовой флейты. Из китайской классической поэзии в жанре цы 》第 280 页。

279.《沁园春·三径初成》，巴斯曼诺夫译：《 Голос яшмовой флейты. Из китайской классической поэзии в жанре цы 》第 329~330 页。

280.《沁园春·一水西来》，巴斯曼诺夫译：《 Синь Цицзи Стихотворения 》第 153~154 页。

281.《清平乐·连云松竹》，巴斯曼诺夫译：《 Голос яшмовой флейты. Из китайской классической поэзии в жанре цы 》第 287 页。

282.《清平乐·柳边飞鞚》，巴斯曼诺夫译：《 Голос яшмовой флейты. Из китайской классической поэзии в жанре цы 》第 286 页。

283.《清平乐·茅檐低小》，巴斯曼诺夫译：《 Синь Цицзи Стихотворения 》第 74 页。

284.《清平乐·绕床饥鼠》，巴斯曼诺夫译：《 Синь Цицзи Стихотворения 》第 73 页。

《青玉案·东风夜放花千树》的两个译本：

285. 译本一：《青玉案·东风夜放花千树》，巴甫洛维奇译：《 Антология китайской поэзии В 4-х томах 》卷三第 91~92 页。

286. 译本二：《青玉案·东风夜放花千树》，巴斯曼诺夫译：《 Голос яшмовой флейты. Из китайской классической поэзии в жанре цы 》第 260~261 页。

287.《鹊桥仙·轿儿排了》，巴斯曼诺夫译：《 Голос яшмовой флейты. Из китайской классической поэзии в жанре цы 》第 310 页。

288.《鹊桥仙·松岗避暑》，巴斯曼诺夫译：《 Голос яшмовой флейты. Из китайской классической поэзии в жанре цы 》第 311 页。

289.《鹊桥仙·溪边白鹭》，巴斯曼诺夫译：《 Синь Цицзи Стихотворения 》第 129 页。

290.《如梦令·韵胜仙风缥缈》，巴斯曼诺夫译：《Голос яшмовой флейты. Из китайской классической поэзии в жанре цы》第 293 页。

291.《如梦令·燕子几曾归去》，巴斯曼诺夫译：《Синь Цицзи Стихотворения》第 113 页。

292.《祁郎归·山前灯火欲黄昏》，巴斯曼诺夫译：《Синь Цицзи Стихотворения》第 41 页。

293.《山花子·记得瓢泉快活时》，巴斯曼诺夫译：《Голос яшмовой флейты. Из китайской классической поэзии в жанре цы》第 305 页。

294.《山花子·强欲加餐竟未佳》，巴斯曼诺夫译：《Голос яшмовой флейты. Из китайской классической поэзии в жанре цы》第 304 页。

295.《生查子·百花头上开》，巴斯曼诺夫译：《Голос яшмовой флейты. Из китайской классической поэзии в жанре цы》第 264 页。

296.《生查子·高人千丈崖》，巴斯曼诺夫译：《Голос яшмовой флейты. Из китайской классической поэзии в жанре цы》第 265 页。

297.《生查子·梅子褪花时》，巴斯曼诺夫译：《Голос яшмовой флейты. Из китайской классической поэзии в жанре цы》第 266 页。

298.《生查子·青山非不佳》，巴斯曼诺夫译：《Голос яшмовой флейты. Из китайской классической поэзии в жанре цы》第 262 页。

299.《生查子·青山招不来》，巴斯曼诺夫译：《Голос яшмовой флейты. Из китайской классической поэзии в жанре цы》第 267 页。

300.《生查子·去年燕子来》，巴斯曼诺夫译：《Голос яшмовой флейты. Из китайской классической поэзии в жанре цы》第 263 页。

301.《生查子·一天霜月明》，巴斯曼诺夫译：《Синь Цицзи Стихотворения》第 63 页。

302.《生查子·悠悠万世功》，巴斯曼诺夫译：《Голос яшмовой флейты. Из китайской классической поэзии в жанре цы》第 268 页。

303.《霜天晓角·暮山层碧》，巴斯曼诺夫译：《Синь Цицзи Стихотворения》第 115 页。

304.《霜天晓角·吴头楚尾》，巴斯曼诺夫译：《Синь Цицзи Стихотворения》第 89 页。

305.《水调歌头·白日射金阙》，巴斯曼诺夫译：《Синь Цицзи Стихотворения》第 42~43 页。

306.《水龙吟·渡江天马南来》，巴斯曼诺夫译：《Синь Цицзи Стихотворения》第 29~30 页。

307. 《唐河传·春水》，巴斯曼诺夫译：《Голос яшмовой флейты. Из китайской классической поэзии в жанре цы》第 320～321 页。

308. 《太常引·一轮秋影转金波》，巴斯曼诺夫译：《Голос яшмовой флейты. Из китайской классической поэзии в жанре цы》第 269 页。

309. 《武陵春·桃李风前多妩媚》，巴斯曼诺夫译：《Синь Цицзи Стихотворения》第 120 页。

310. 《武陵春·走去走来三百里》，巴斯曼诺夫译：《Синь Цицзи Стихотворения》第 88 页。

311. 《乌夜啼·晚花露叶风条》，巴斯曼诺夫译：《Голос яшмовой флейты. Из китайской классической поэзии в жанре цы》第 325 页。

312. 《西江月·明月别枝惊鹊》，巴斯曼诺夫译：《Голос яшмовой флейты. Из китайской классической поэзии в жанре цы》第 272 页。

313. 《西江月·千丈悬崖削翠》，巴斯曼诺夫译：《Голос яшмовой флейты. Из китайской классической поэзии в жанре цы》第 274 页。

314. 《西江月·万事云烟忽过》，巴斯曼诺夫译：《Голос яшмовой флейты. Из китайской классической поэзии в жанре цы》第 275 页。

315. 《西江月·贪数明朝重九》，巴斯曼诺夫译：《Синь Цицзи Стихотворения》第 126 页。

316. 《西江月·醉里且贪欢笑》，巴斯曼诺夫译：《Голос яшмовой флейты. Из китайской классической поэзии в жанре цы》第 273 页。

317. 《行香子·归去来兮》，巴斯曼诺夫译：《Голос яшмовой флейты. Из китайской классической поэзии в жанре цы》第 270～271 页。

318. 《行香子·好雨当春》，巴斯曼诺夫译：《Синь Цицзи Стихотворения》第 136～137 页。

319. 《眼儿媚·烟花丛里不宜他》，巴斯曼诺夫译：《Голос яшмовой флейты. Из китайской классической поэзии в жанре цы》第 322 页。

320. 《夜游宫·几个相知可喜》，巴斯曼诺夫译：《Голос яшмовой флейты. Из китайской классической поэзии в жанре цы》第 288～290 页。

321. 《一剪梅·尘洒衣裾客路长》，巴斯曼诺夫译：《Синь Цицзи Стихотворения》第 110 页。

322. 《一剪梅·独立苍茫醉不归》，巴斯曼诺夫译：《Синь Цицзи Стихотворения》第 93 页。

323. 《一剪梅·歌罢樽空月坠西》，巴斯曼诺夫译：《Синь Цицзи Стихотворения》第 109 页。

324.《一剪梅·记得同烧此夜香》，巴斯曼诺夫译：«Синь Цицзи Стихотворения »第 108 页。

325.《一剪梅·忆对中秋丹桂丛》，巴斯曼诺夫译：« Голос яшмовой флейты. Из китайской классической поэзии в жанре цы»第 308 ~ 309 页。

326.《忆王孙·登山临水送将归》，巴斯曼诺夫译：« Голос яшмовой флейты. Из китайской классической поэзии в жанре цы»第 323 页。

327.《永遇乐·千古江山》，巴斯曼诺夫译：« Синь Цицзи Стихотворения »第 31 ~ 32 页。

328.《虞美人·群花泣尽朝来露》，巴斯曼诺夫译：« Голос яшмовой флейты. Из китайской классической поэзии в жанре цы»第 314 ~ 315 页。

329.《玉楼春·江头一带斜阳树》，巴斯曼诺夫译：« Синь Цицзи Стихотворения »第 87 页。

330.《鹧鸪天·唱彻阳关泪未干》，巴斯曼诺夫译：« Голос яшмовой флейты. Из китайской классической поэзии в жанре цы»第 253 页。

331.《鹧鸪天·翠木千寻上薜萝》，巴斯曼诺夫译：« Голос яшмовой флейты. Из китайской классической поэзии в жанре цы»第 255 页。

332.《鹧鸪天·发底青青无限春》，巴斯曼诺夫译：« Голос яшмовой флейты. Из китайской классической поэзии в жанре цы»第 238 页。

333.《鹧鸪天·鸡鸭成群晚来收》，巴斯曼诺夫译：« Голос яшмовой флейты. Из китайской классической поэзии в жанре цы»第 249 页。

334.《鹧鸪天·句里春风正剪裁》，巴斯曼诺夫译：« Голос яшмовой флейты. Из китайской классической поэзии в жанре цы»第 244 页。

335.《鹧鸪天·老病哪堪岁月侵》，巴斯曼诺夫译：« Голос яшмовой флейты. Из китайской классической поэзии в жанре цы»第 258 页。

336.《鹧鸪天·莫避春阴上马迟》，巴斯曼诺夫译：« Голос яшмовой флейты. Из китайской классической поэзии в жанре цы»第 250 页。

337.《鹧鸪天·陌上柔桑破嫩芽》，巴斯曼诺夫译：« Синь Цицзи Стихотворения »第 65 页。

338.《鹧鸪天·莫殢春光花下游》，巴斯曼诺夫译：« Голос яшмовой флейты. Из китайской классической поэзии в жанре цы»第 256 页。

339.《鹧鸪天·木落山高一夜霜》，巴斯曼诺夫译：« Голос яшмовой флейты. Из китайской классической поэзии в жанре цы»第 254 页。

340.《鹧鸪天·扑面征尘去路遥》，巴斯曼诺夫译：« Голос яшмовой флейты. Из китайской классической поэзии в жанре цы»第 242 页。

341.《鹧鸪天·千丈冰溪百步雷》，巴斯曼诺夫译：《 Голос яшмовой флейты. Из китайской классической поэзии в жанре цы 》第 245 页。

342.《鹧鸪天·泉上长吟我独清》，巴斯曼诺夫译：《 Синь Цицзи Стихотворения 》第 33 页。

343.《鹧鸪天·山上飞泉万斛珠》，巴斯曼诺夫译：《 Голос яшмовой флейты. Из китайской классической поэзии в жанре цы 》第 251 页。

344.《鹧鸪天·石壁虚云积渐高》，巴斯曼诺夫译：《 Голос яшмовой флейты. Из китайской классической поэзии в жанре цы 》第 248 页。

345.《鹧鸪天·是处移花是处开》，巴斯曼诺夫译：《 Голос яшмовой флейты. Из китайской классической поэзии в жанре цы 》第 247 页。

346.《鹧鸪天·水荇参差动绿波》，巴斯曼诺夫译：《 Голос яшмовой флейты. Из китайской классической поэзии в жанре цы 》第 241 页。

347.《鹧鸪天·晚岁躬耕不怨贫》，巴斯曼诺夫译：《 Голос яшмовой флейты. Из китайской классической поэзии в жанре цы 》第 240 页。

348.《鹧鸪天·掩鼻人间臭腐场》，巴斯曼诺夫译：《 Голос яшмовой флейты. Из китайской классической поэзии в жанре цы 》第 239 页。

349.《鹧鸪天·欲上高楼去避愁》，巴斯曼诺夫译：《 Голос яшмовой флейты. Из китайской классической поэзии в жанре цы 》第 252 页。

350.《鹧鸪天·枕簟溪堂冷欲秋》，巴斯曼诺夫译：《 Голос яшмовой флейты. Из китайской классической поэзии в жанре цы 》第 257 页。

351.《鹧鸪天·壮岁旌旗拥万夫》，巴斯曼诺夫译：《 Синь Цицзи Стихотворения 》第 26 页。

352.《鹧鸪天·着意寻春懒便回》，巴斯曼诺夫译：《 Голос яшмовой флейты. Из китайской классической поэзии в жанре цы 》第 246 页。

353.《祝英台近·宝钗分》，巴斯曼诺夫译：《 Синь Цицзи Стихотворения 》第 101 ~ 102 页。

四十六、延安李氏

354.《浣溪沙·无力蔷薇带雨低》，孟列夫译：《 Китайская поэзия в переводах Льва Меньшикова 》第 261 页。

四十七、晏几道

355.《临江仙·梦后楼台高锁》，巴斯曼诺夫译：《 Голос яшмовой флейты. Из китайской классической поэзии в жанре цы 》第 121 页。

356.《生查子·关山魂梦长》，巴斯曼诺夫译：《 Голос яшмовой флейты. Из китайской классической поэзии в жанре цы 》第 122 页。

357.《生查子·坠雨已辞云》，巴斯曼诺夫译：《 Голос яшмовой флейты. Из китайской классической поэзии в жанре цы 》第 123 页。

358.《鹧鸪天·彩袖殷勤捧玉钟》，巴斯曼诺夫译：《 Голос яшмовой флейты. Из китайской классической поэзии в жанре цы 》第 124 页。

359.《虞美人·飞花自有牵情处》，孟列夫译：《 Китайская поэзия в переводах Льва Меньшикова 》第 241 页。

四十八、严蕊

360.《卜算子·不是爱风尘》，巴斯曼诺夫译：《 Голос яшмовой флейты. Из китайской классической поэзии в жанре цы 》第 161 页。

四十九、晏殊

361.《采桑子·时光只解催人老》，巴斯曼诺夫译：《 Голос яшмовой флейты. Из китайской классической поэзии в жанре цы 》第 73 页。

362.《滴滴金·梅花漏泄春消息》，孟列夫译：《 Китайская поэзия в переводах Льва Меньшикова 》第 238 页。

363.《撼庭秋·别来音信千里》，巴斯曼诺夫译：《 Голос яшмовой флейты. Из китайской классической поэзии в жанре цы 》第 74 页。

364.《浣溪沙·一曲新词酒一杯》，巴斯曼诺夫译：《 Голос яшмовой флейты. Из китайской классической поэзии в жанре цы 》第 78 页。

365.《诉衷情·芙蓉金菊斗馨香》，巴斯曼诺夫译：《 Голос яшмовой флейты. Из китайской классической поэзии в жанре цы 》第 75 页。

366.《踏莎行·小径红稀》，巴斯曼诺夫译：《 Голос яшмовой флейты. Из китайской классической поэзии в жанре цы 》第 76～77 页。

五十、幼卿

367.《浪淘沙·目送楚云空》，巴斯曼诺夫译：《 Голос яшмовой флейты. Из китайской классической поэзии в жанре цы 》第 214 页。

五十一、岳飞

《满江红·怒发冲冠》的两个译本：

368. 译本一：《满江红·怒发冲冠》，阿尔戈译：《 Антология китайской поэзии В 4-х томах 》卷三第 58 ~ 59 页。

369. 译本二：《满江红·怒发冲冠》，巴斯曼诺夫译：《 Голос яшмовой флейты. Из китайской классической поэзии в жанре цы 》第 210 ~ 212 页。

五十二、张辑

370.《乌夜啼·江头又见新秋》，柯尔察金译：《 Поэзия эпохи Сун 》第 316 ~ 317 页。

五十三、张先

371.《菩萨蛮·牡丹含露真珠颗》，巴斯曼诺夫译：《 Голос яшмовой флейты. Из китайской классической поэзии в жанре цы 》第 81 页。（注：该汉语词作和前面无名氏作品只有最后两句不同，译本却是完全不同的两个版本）

372.《青门引·乍暖还轻冷》，戈鲁别夫译：《 Поэзия эпохи Сун 》第 56 ~ 57 页。

《天仙子·水调数声持酒听》的两个译本：

373. 译本一：《天仙子·水调数声持酒听》，巴甫洛维奇译：《 Поэзия эпохи Сун 》第 59 页。

374. 译本二：《天仙子·水调数声持酒听》，巴斯曼诺夫译：《 Голос яшмовой флейты. Из китайской классической поэзии в жанре цы 》第 79 ~ 80 页。

五十四、张孝祥

375.《鹧鸪天·日日青楼醉梦中》，宋代，孟列夫译：《 Китайская поэзия в переводах Льва Меньшикова 》第 267 页。

376.《六州歌头·长淮望断》，巴斯曼诺夫译：《 Голос яшмовой флейты. Из китайской классической поэзии в жанре цы 》第 230～233 页。

五十五、曾纡

377.《念奴娇·江城春晚》，孟列夫译：《 Китайская поэзия в переводах Льва Меньшикова 》第 255 页。

五十六、郑义娘

378.《好事近·往事谁与论》，巴斯曼诺夫译：《 Строки любви и печали 》第 77 页。

五十七、周邦彦

379.《玉楼春·桃溪不作从容住》，巴斯曼诺夫译：《 Голос яшмовой флейты. Из китайской классической поэзии в жанре цы 》第 156 页。

380.《夜游宫·叶下斜阳照水》，巴斯曼诺夫译：《 Голос яшмовой флейты. Из китайской классической поэзии в жанре цы 》第 157 页。

381.《关河令·秋阴时晴渐向暝》，巴斯曼诺夫译：《 Голос яшмовой флейты. Из китайской классической поэзии в жанре цы 》第 158 页。

382.《兰陵王·柳阴直》，巴斯曼诺夫译：《 Голос яшмовой флейты. Из китайской классической поэзии в жанре цы 》第 159～160 页。

五十八、朱敦儒

383.《好事近·摇首出红尘》，巴斯曼诺夫译：《 Голос яшмовой флейты. Из китайской классической поэзии в жанре цы 》第 162 页。

384.《好事近·短棹钓船轻》，巴斯曼诺夫译：《 Голос яшмовой флейты.

Из китайской классической поэзии в жанре цы》第 162～164 页。

385.《卜算子·古涧一枝梅》，巴斯曼诺夫译：《 Голос яшмовой флейты. Из китайской классической поэзии в жанре цы》第 165 页。

386.《卜算子·旅雁向南飞》，巴斯曼诺夫译：《 Голос яшмовой флейты. Из китайской классической поэзии в жанре цы》第 166 页。

387.《相见欢·金陵城上西楼》，巴斯曼诺夫译：《 Голос яшмовой флейты. Из китайской классической поэзии в жанре цы》第 167 页。

388.《朝中措·先生筇杖是生涯》，巴斯曼诺夫译：《 Голос яшмовой флейты. Из китайской классической поэзии в жанре цы》第 168 页。

五十九、朱秋娘

389.《菩萨蛮·湿云不渡溪桥冷》，巴斯曼诺夫译：《 Голос яшмовой флейты. Из китайской классической поэзии в жанре цы》第 338 页。

六十、朱淑真

390.《菩萨蛮·山亭水榭秋方半》，西佐夫译：《 Поэзия эпохи Сун》第 306 页。

391.《减字木兰花·独行独坐》，西佐夫译：《 Поэзия эпохи Сун》第 307 页。

392.《谒金门·春已半》，巴斯曼诺夫译：《 Голос яшмовой флейты. Из китайской классической поэзии в жанре цы》第 207 页。

393.《蝶恋花·楼外垂杨千万缕》，巴斯曼诺夫译：《 Голос яшмовой флейты. Из китайской классической поэзии в жанре цы》第 208 页。

394.《菩萨蛮·秋声乍起梧桐落》，巴斯曼诺夫译：《 Голос яшмовой флейты. Из китайской классической поэзии в жанре цы》第 209 页。

元代

六十一、管仲姬

395.《清词·你侬我侬》，巴斯曼诺夫译：《 Голос яшмовой флейты. Из китайской классической поэзии в жанре цы 》第 352 页。

396.《渔父·南望吴兴路四千》，巴斯曼诺夫译：《 Голос яшмовой флейты. Из китайской классической поэзии в жанре цы 》第 353 ~ 354 页。

397.《渔父·人生贵极是王侯》，巴斯曼诺夫译：《 Голос яшмовой флейты. Из китайской классической поэзии в жанре цы 》第 354 页。

398.《渔父·身在燕山近帝居》，巴斯曼诺夫译：《 Голос яшмовой флейты. Из китайской классической поэзии в жанре цы 》第 354 页。

399.《渔父·遥想山堂数树梅》，巴斯曼诺夫译：《 Голос яшмовой флейты. Из китайской классической поэзии в жанре цы 》第 353 页。

六十二、贾云华

400.《踏莎行·水随落花》，巴斯曼诺夫译：《 Строки любви и печали. Лирика китайских поэтесс 》第 86 页。

明代

六十三、王凤娴

401.《长相思·桃花飘》，巴斯曼诺夫译：《 Голос яшмовой флейты. Из китайской классической поэзии в жанре цы 》第 359 页。

402.《临江仙·珠帘不卷银蟾透》，巴斯曼诺夫译：《 Голос яшмовой флейты. Из китайской классической поэзии в жанре цы 》第 358 页。

403.《忆秦娥·长歌咽》，巴斯曼诺夫译：《 Голос яшмовой флейты.

Из китайской классической поэзии в жанре цы》第 357 页。

404.《忆秦娥·牵裙别》，巴斯曼诺夫译：《 Голос яшмовой флейты. Из китайской классической поэзии в жанре цы》第 356 页。

六十四、沈宜修

405.《长相思·风萧萧》，巴斯曼诺夫译：《 Строки любви и печали. Лирика китайских поэтесс》第 95 页。

406.《长相思·路漫漫》，巴斯曼诺夫译：《 Строки любви и печали. Лирика китайских поэтесс》第 96 页。

六十五、杨慎

407.《临江仙·滚滚长江东逝水》，帕纳秀克译：1954 版《 Троецарствие 》卷首词。

六十六、罗贯中

408.《浣溪沙·原是昭阳宫里人》，帕纳秀克译：1954 版《 Троецарствие 》卷一第 109 页。

六十七、吴承恩

409.《蝶恋花·烟波万里扁舟小》，阿达利思、戈鲁别夫译：《 Путешествие на запад 》卷一第 174 页。

410.《蝶恋花·云林一段松花满》，阿达利思、戈鲁别夫译：《 Путешествие на запад 》卷一第 174 页。

411.《临江仙·潮落旋移孤艇去》，阿达利思、戈鲁别夫译：《 Путешествие на запад 》卷一第 177 ~ 178 页。

412.《临江仙·苍径秋高拽斧去》，阿达利思、戈鲁别夫译：《 Путешествие на запад 》卷一第 178 页。

413.《满庭芳·观棋柯烂》，阿达利思、戈鲁别夫译：《 Путешествие на запад 》卷一第 33 ~ 34 页。

414.《南柯子·心地频频扫》，阿达利思、戈鲁别夫译：《 Путешествие на

запад 》卷二第 424 页。

　　415.《秋波媚·轻风吹柳绿如丝》,阿达利思、戈鲁别夫译:《 Путешествие на запад 》卷二第 104 ~ 105 页。

　　416.《天仙子·茅舍数椽山下盖》,阿达利思、戈鲁别夫译:《 Путешествие на запад 》卷一第 176 页。

　　417.《天仙子·数村木落芦花碎》,阿达利思、戈鲁别夫译:《 Путешествие на запад 》卷一第 245 页。

　　418.《天仙子·霜凋红叶千林瘦》,阿达利思、戈鲁别夫译:《 Путешествие на запад 》卷一第 268 页。

　　419.《天仙子·一叶小舟随所寓》,阿达利思、戈鲁别夫译:《 Путешествие на запад 》卷一第 175 页。

　　420.《西江月·红蓼花繁映月》,阿达利思、戈鲁别夫译:《 Путешествие на запад 》卷一第 176 ~ 177 页。

　　421.《西江月·败叶枯藤满路》,阿达利思、戈鲁别夫译:《 Путешествие на запад 》卷一第 177 页。

　　422.《西江月·焰焰斜晖返照》,阿达利思、戈鲁别夫译:《 Путешествие на запад 》卷一第 265 页。

　　423.《西江月·彩画雕栏狼狈》,阿达利思、戈鲁别夫译:《 Путешествие на запад 》卷二第 220 页。

　　424.《西江月·巧石山峰俱倒》,阿达利思、戈鲁别夫译:《 Путешествие на запад 》卷二第 220 页。

　　425.《西江月·善恶一时忘念》,阿达利思、戈鲁别夫译:《 Путешествие на запад 》卷二第 262 页。

　　426.《西江月·磕额金睛幌亮》,阿达利思、戈鲁别夫译:《 Путешествие на запад 》卷二第 326 页。

　　427.《西江月·德行要修八百》,阿达利思、戈鲁别夫译:《 Путешествие на запад 》卷三第 44 页。

　　428.《西江月·头裹团花手帕》,阿达利思、戈鲁别夫译:《 Путешествие на запад 》卷三第 164 页。

　　429.《鹧鸪天·仙乡水云足生涯》,阿达利思、戈鲁别夫译:《 Путешествие на запад 》卷一第 174 ~ 175 页。

　　430.《鹧鸪天·崔巍峻岭接天涯》,阿达利思、戈鲁别夫译:《 Путешествие на запад 》卷一第 175 页。

清代

六十八、贺双卿

431.《凤凰台上忆吹箫·紫陌红尘》，巴斯曼诺夫译：《 Голос яшмовой флейты. Из китайской классической поэзии в жанре цы 》第 362 ~ 363 页。

432.《浣溪沙·暖雨无晴漏几丝》，巴斯曼诺夫译：《 Голос яшмовой флейты. Из китайской классической поэзии в жанре цы 》第 360 页。

433.《湿罗衣·世间难吐只幽情》，巴斯曼诺夫译：《 Голос яшмовой флейты. Из китайской классической поэзии в жанре цы 》第 361 页。

六十九、吴湘

434.《采桑子·谁家玉笛声呜咽》，巴斯曼诺夫译：《 Голос яшмовой флейты. Из китайской классической поэзии в жанре цы 》第 364 页。

七十、赵我佩

435.《长相思·芦花边》，巴斯曼诺夫译：《 Строки любви и печали. Лирика китайских поэтесс 》第 106 页。

436.《忆江南·人去短长亭》，巴斯曼诺夫译：《 Голос яшмовой флейты. Из китайской классической поэзии в жанре цы 》第 365 页。（注：赵我佩这五首《忆江南》的第一句都是"人去也"，故以词牌后接第二句来区分）

437.《忆江南·人去几时归》，巴斯曼诺夫译：《 Голос яшмовой флейты. Из китайской классической поэзии в жанре цы 》第 366 ~ 367 页。

438.《忆江南·人去梦难成》，巴斯曼诺夫译：《 Голос яшмовой флейты. Из китайской классической поэзии в жанре цы 》第 365 ~ 366 页。

439.《忆江南·人去太无聊》，巴斯曼诺夫译：《 Голос яшмовой флейты. Из китайской классической поэзии в жанре цы 》第 366 页。

440.《忆江南·人去掩重门》，巴斯曼诺夫译：《 Голос яшмовой флейты. Из китайской классической поэзии в жанре цы 》第 366 页。

七十一、吴藻

441．《浣溪沙·一卷离骚一卷经》，巴斯曼诺夫译：《 Голос яшмовой флейты. Из китайской классической поэзии в жанре цы 》第 370 页。

442．《酷相思·一样黄香深院宇》，巴斯曼诺夫译：《 Голос яшмовой флейты. Из китайской классической поэзии в жанре цы 》第 375 ~ 376 页。

443．《浪淘沙·帘外一重窗》，巴斯曼诺夫译：《 Голос яшмовой флейты. Из китайской классической поэзии в жанре цы 》第 369 页。

444．《满江红·半壁江山》，巴斯曼诺夫译：《 Голос яшмовой флейты. Из китайской классической поэзии в жанре цы 》第 380 页。

445．《十六字令·青》，巴斯曼诺夫译：《 Голос яшмовой флейты. Из китайской классической поэзии в жанре цы 》第 371 页。

446．《十六字令·才》，巴斯曼诺夫译：《 Голос яшмовой флейты. Из китайской классической поэзии в жанре цы 》第 372 页。

447．《调笑令·花径》，巴斯曼诺夫译：《 Голос яшмовой флейты. Из китайской классической поэзии в жанре цы 》第 368 页。

448．《惜分钗·闲庭宇》，巴斯曼诺夫译：《 Голос яшмовой флейты. Из китайской классической поэзии в жанре цы 》第 374 页。

449．《行香子·长夜迢迢》，巴斯曼诺夫译：《 Голос яшмовой флейты. Из китайской классической поэзии в жанре цы 》第 377 页。

450．《忆江南·最忆碧城招》，巴斯曼诺夫译：《 Голос яшмовой флейты. Из китайской классической поэзии в жанре цы 》第 384 ~ 385 页。（注：吴藻这八首《忆江南》的第一句都是"江南忆"，故以词牌后接第二句来区分）

451．《忆江南·最忆好才华》，巴斯曼诺夫译：《 Голос яшмовой флейты. Из китайской классической поэзии в жанре цы 》第 382 页。

452．《忆江南·最忆饯春筵》，巴斯曼诺夫译：《 Голос яшмовой флейты. Из китайской классической поэзии в жанре цы 》第 384 页。

453．《忆江南·最忆绿阴浓》，巴斯曼诺夫译：《 Голос яшмовой флейты. Из китайской классической поэзии в жанре цы 》第 384 页。

454．《忆江南·最忆绮筵开》，巴斯曼诺夫译：《 Голос яшмовой флейты. Из китайской классической поэзии в жанре цы 》第 381 ~ 382 页。

455．《忆江南·最忆试归帆》，巴斯曼诺夫译：《 Голос яшмовой флейты. Из китайской классической поэзии в жанре цы 》第 385 页。

456.《忆江南·最忆识君时》，巴斯曼诺夫译：《 Голос яшмовой флейты. Из китайской классической поэзии в жанре цы 》第 381 页。

457.《忆江南·最忆夜连床》，巴斯曼诺夫译：《 Голос яшмовой флейты. Из китайской классической поэзии в жанре цы 》第 382 页。

七十二、张妙静

458.《竹枝·忆把明珠买妾时》，巴斯曼诺夫译：《 Строки любви и печали. Лирика китайских поэтесс 》第 87 页。

七十三、赵文素

459.《长相思·花有情》，巴斯曼诺夫译：《 Строки любви и печали. Лирика китайских поэтесс 》第 103 页。

七十四、钱斐仲

460.《相见欢·卧听檐铁丁东》，巴斯曼诺夫译：《 Строки любви и печали. Лирика китайских поэтесс 》第 107 页。

七十五、顾春

461.《如梦令·昨日送春归了》，巴斯曼诺夫译：《 Строки любви и печали. Лирика китайских поэтесс 》第 108 页。

七十六、叶静宜

462.《采桑子·啼鹃唤了春归去》，巴斯曼诺夫译：《 Строки любви и печали. Лирика китайских поэтесс 》第 109 页。

七十七、孙云凤

463.《如梦令·睡起卷帘无力》，巴斯曼诺夫译：《 Строки любви и печали. Лирика китайских поэтесс 》第 110 页。

464.《如梦令·帘卷绿窗风定》，巴斯曼诺夫译：《Строки любви и печали. Лирика китайских поэтесс》第 111 页。

七十八、曹雪芹

《西江月·无故寻愁觅恨》的两个译本：

465.译本一：《西江月·无故寻愁觅恨》，孟列夫译：2014 年版《Сон в красном тереме》卷一第 81～82 页。

466.译本二：《西江月·无故寻愁觅恨》，戈鲁别夫译：1995 年版《Сон в красном тереме》卷一第 56～58 页。

《西江月·富贵不知乐业》的两个译本：

467.译本一：《西江月·富贵不知乐业》，孟列夫译：2014 年版《Сон в красном тереме》卷一第 82 页。

468.译本二：《西江月·富贵不知乐业》，戈鲁别夫译：1995 年版《Сон в красном тереме》卷一第 58 页。

《临江仙·白玉堂前春解舞》的两个译本：

469.译本一：《临江仙·白玉堂前春解舞》，孟列夫译：2014 年版《Сон в красном тереме》卷二第 178～181 页。

470.译本二：《临江仙·白玉堂前春解舞》，戈鲁别夫译：1995 年版《Сон в красном тереме》卷二第 451～455 页。

《南柯子·空挂纤纤缕》的两个译本：

471.译本一：《南柯子·空挂纤纤缕》，孟列夫译：2014 年版《Сон в красном тереме》卷二第 178～181 页。

472.译本二：《南柯子·空挂纤纤缕》，戈鲁别夫译：1995 年版《Сон в красном тереме》卷二第 451～455 页。

《如梦令·岂是绣绒才吐》的两个译本：

473.译本一：《如梦令·岂是绣绒才吐》，孟列夫译：2014 年版《Сон в красном тереме》卷二第 178～181 页。

474.译本二：《如梦令·岂是绣绒才吐》，戈鲁别夫译：1995 年版《Сон в красном тереме》卷二第 451～455 页。

《唐多令·粉堕百花洲》的两个译本：

475.译本一：《唐多令·粉堕百花洲》，孟列夫译：2014 年版《Сон в красном тереме》卷二第 178～181 页。

476.译本二：《唐多令·粉堕百花洲》，戈鲁别夫译：1995 年版《Сон

в красном тереме》卷二第 451～455 页。

《望江南·东逝水》的两个译本：

477. 译本一：《望江南·东逝水》，孟列夫译：2014 年版《Сон в красном тереме》卷二第 512～513 页。

478. 译本二：《望江南·东逝水》，戈鲁别夫译：1995 年版《Сон в красном тереме》卷三第 125～126 页。

《望江南·随身伴》的两个译本：

479. 译本一：《望江南·随身伴》，孟列夫译：2014 年版《Сон в красном тереме》卷二第 512～513 页。

480. 译本二：《望江南·随身伴》，戈鲁别夫译：1995 年版《Сон в красном тереме》卷三第 125～126 页。

七十九、秋瑾

481. 《浪淘沙·窗外落梧声》，巴斯曼诺夫译：《Строки любви и печали. Лирика китайских поэтесс》第 126 页。

482. 《满江红·小住京华》，巴斯曼诺夫译：《Строки любви и печали. Лирика китайских поэтесс》第 128 页。

483. 《如此江山·萧斋谢女吟〈愁赋〉》，巴斯曼诺夫译：《Строки любви и печали. Лирика китайских поэтесс》第 129～130 页。

484. 《望海潮·惜别多思》，巴斯曼诺夫译：《Строки любви и печали. Лирика китайских поэтесс》第 131～132 页。

485. 《昭君怨·恨煞回天无力》，巴斯曼诺夫译：《Строки любви и печали. Лирика китайских поэтесс》第 127 页。

486. 《鹧鸪天·祖国沉沦感不禁》，巴斯曼诺夫译：《Строки любви и печали. Лирика китайских поэтесс》第 125 页。

现代

八十、毛泽东

487. 《卜算子·风雨送春归》，潘佐夫译：《Мао Цзэдун. Облака в

снегу. Стихотаорения 》第 87 页。

488.《采桑子·人生易老天难老》，潘佐夫译：《 Мао Цзэдун. Облака в снегу. Стихотаорения 》第 29 页。

489.《蝶恋花·六月天兵征腐恶》，潘佐夫译：《 Мао Цзэдун. Облака в снегу. Стихотаорения 》第 35 页。

490.《蝶恋花·我失骄杨君失柳》，潘佐夫译：《 Мао Цзэдун. Облака в снегу. Стихотаорения 》第 68 页。

491.《贺新郎·挥手从兹去》，潘佐夫译：《 Мао Цзэдун. Облака в снегу. Стихотаорения 》第 45 页。

492.《贺新郎·人猿相揖别》，潘佐夫译：《 Мао Цзэдун. Облака в снегу. Стихотаорения 》第 94~95 页。

493.《浣溪沙·长夜难明赤县天》，潘佐夫译：《 Мао Цзэдун. Облака в снегу. Стихотаорения 》第 63 页。

494.《减字木兰花·漫天皆白》，潘佐夫译：《 Мао Цзэдун. Облака в снегу. Стихотаорения 》第 33 页。

495.《浪淘沙·大雨落幽燕》，潘佐夫译：《 Мао Цзэдун. Облака в снегу. Стихотаорения 》第 65 页。

496.《满江红·小小寰球》，潘佐夫译：《 Мао Цзэдун. Облака в снегу. Стихотаорения 》第 90 页。

497.《念奴娇·横空出世》，潘佐夫译：《 Мао Цзэдун. Облака в снегу. Стихотаорения 》第 50 页。

498.《念奴娇·鲲鹏展翅》，潘佐夫译：《 Мао Цзэдун. Облака в снегу. Стихотаорения 》第 99 页。

499.《菩萨蛮·赤橙黄绿青蓝紫》，潘佐夫译：《 Мао Цзэдун. Облака в снегу. Стихотаорения 》第 41 页。

500.《菩萨蛮·茫茫九派流中国》，潘佐夫译：《 Мао Цзэдун. Облака в снегу. Стихотаорения 》第 20 页。

501.《沁园春·北国风光》，潘佐夫译：《 Мао Цзэдун. Облака в снегу. Стихотаорения 》第 54 页。

502.《沁园春·独立寒秋》，潘佐夫译：《 Мао Цзэдун. Облака в снегу. Стихотаорения 》第 16~19 页。

503.《清平乐·东方欲晓》，潘佐夫译：《 Мао Цзэдун. Облака в снегу. Стихотаорения 》第 43 页。

504.《清平乐·风云突变》，潘佐夫译：《 Мао Цзэдун. Облака в снегу.

Стихотаорения 》第 26~27 页。

505.《清平乐·天高云淡》，潘佐夫译：《 Мао Цзэдун. Облака в снегу. Стихотаорения 》第 53 页。

506.《十六字令·快马加鞭未下鞍》，潘佐夫译：《 Мао Цзэдун. Облака в снегу. Стихотаорения 》第 45 页。

507.《十六字令·倒海翻江卷巨澜》，潘佐夫译：《 Мао Цзэдун. Облака в снегу. Стихотаорения 》第 45 页。

508.《十六字令·刺破青天锷未残》，潘佐夫译：《 Мао Цзэдун. Облака в снегу. Стихотаорения 》第 45 页。

509.《水调歌头·才饮长沙水》，潘佐夫译：《 Мао Цзэдун. Облака в снегу. Стихотаорения 》第 66 页。

510.《水调歌头·久有凌云志》，潘佐夫译：《 Мао Цзэдун. Облака в снегу. Стихотаорения 》第 97 页。

511.《西江月·军叫工农革命》，潘佐夫译：《 Мао Цзэдун. Облака в снегу. Стихотаорения 》第 23 页。

512.《西江月·山下旌旗在望》，潘佐夫译：《 Мао Цзэдун. Облака в снегу. Стихотаорения 》第 25 页。

513.《忆秦娥·西风烈》，潘佐夫译：《 Мао Цзэдун. Облака в снегу. Стихотаорения 》第 47 页。

514.《渔家傲·白云山头云欲立》，潘佐夫译：《 Мао Цзэдун. Облака в снегу. Стихотаорения 》第 39 页。

515.《渔家傲·万木霜天红烂漫》，潘佐夫译：《 Мао Цзэдун. Облака в снегу. Стихотаорения 》第 36 页。

此外，有接近 10 首无名氏或僧侣诗人的词作，由于汉语古籍散失，现在很难找到俄罗斯汉学家们所译的原词。就像《红楼梦》的列藏版一样，俄罗斯可能存在一些中国已经失传的古代词籍，未有确实依据暂不列入索引。有部分词作俄罗斯翻译家并未整首翻译，情况已在索引中注明。

参考文献

俄语文献：

1. Алексеев В. М. Труды по китайской литературе. Кн. 2 ［М］. Москва：Восточная литература РАН，2003.

2. Алимов И. А.，Кравцова М. Е. История китайской классической литературы с древности и до ⅩⅢ века：поэзия，проза ［М］. Санкт-Петербург：Петербургское Востоковедение，2014.

3. Баевский В. С. История русской поэзии ［М］. Москва：Едиториал УРСС，2013.

4. Балашова Е. А.，Каргашин И. А. Анализ лирического стихотворения ［М］. Москва：Флинта. Наука，2011.

5. Бархударов Л. С. Язык и перевод. Вопросы общей и частной теории перевода ［М］. Москва：ЛКИ，2007.

6. Басманов М. И. Встречи и расставания. Лирика китайских поэтесс 1 – 20 вв ［М］. Москва：Художественная литература，1993.

7. Басманов М. И. Голос яшмовой флейты. Из китайской классической поэзии в жанре цы ［М］. Москва：Художественная литуратура，1988.

8. Басманов М. И. Жемчужная нить. Китайская классическая поэзия ［М］. Москва：Эксмо，2008.

9. Басманов М. И. Китайская классическая поэзия в переводах Михаила Басманова（Золотая серияпоэзии）［М］. Москва：Эксмо，2004.

10. Басманов М. И. Китайская классическая поэзия в переводах Михаила Басманова（самое лучшее, самое любимое-в книгах этой серии）［М］. Москва：Эксмо，2004.

11. Басманов М. И. Китайская лирика ［М］. Санкт-Петербург：Северо-запад Пресс，2003.

12. Басманов М. И. Михаил Басманов. Избранное стихи ［М］. Москва：

Московский писатель, 2004.

13. Басманов М. И. Синь Цицзи Стихи ［ М ］. Москва: Художественная литература, 1961.

14. Басманов М. И. Синь Цицзи Стихотворения ［ М ］. Москва: Художественна ялитература, 1985.

15. Басманов М. И. Строки любви и печали. Лирика китайских поэтесс ［ М ］. Москва: Наука, 1986.

16. Басманов М. И. Ли Цин-чжао Строфы из граненной яшмы ［ М ］. Москва: Художественная литература, 1970.

17. Басманов М. И. Ли Цин-чжао Строфы из граненной яшмы ［ М ］. Москва: Художественная литература, 1974.

18. Басманов М. И. Цветет мэйхуа. Классическая поэзия Китая в жанре цы ［ М ］. Москва: Художественная литература, 1979.

19. Бахтин М. М. Литературно-критические статьи ［ М ］. Москва: Художественная литература, 1986.

20. Большой российский энциклопедический словарь ［ М ］. Москва: Научное издательство, 2009.

21. Глаголева И. К. Китайская классическая литература-Библиографический указатель русских переводов и критической литературы на русском языке ［ М ］. Москва: ВГБИЛ, 1986.

22. Голубев И. С. Лу Ю стихи ［ М ］. Москва: Художественная литература, 1960.

23. Голубев И. С.   Су Дон-по. Стихи. мелодии.   Поэмы ［ М ］. Москва: Художественная литература, 1975.

24. Голыгина К. И. Теория изящной словесности в Китае XIX-начала XX в ［ М ］. Москва: Наука, 1971.

25. Го Мо-жо, Фёдоренко Н. Т. Антология китайской поэзии. В 4-х томах Т. 3. ［ М ］. Москва: Художественная литература, 1957.

26. Есенин С. А. Я, Есенин Сергей: Поэзия и проза ［ М ］. Москва: ЭКСМО-Пресс, 2000.

27. Калачева С. В. Стих и ритм ［ М ］. Москва: Знание, 1978.

28. Кривцов В. А. Поэзия эпохи Сун ［ М ］. Москва: Художественная литература, 1959.

29. Лисевич И. С. Китайская пейзажная лирика ［ М ］. Москва:

Муравей-Гайд, 1999.

30. Лотман Ю. М. О поэтах и поэзии ［М］. Санкт-Петербург: Искусство-СПБ, 2011.

31. Меньшиков Л. Н. Китайская поэзия в переводах Льва Меньшикова ［М］. Санкт-Петербург: Петербургское Востоковедение, 2007.

32. Никанорова Е. Б. Русский романс ［М］. Санкт-Петербург: Лениздат, 1993.

33. Ожегов С. И. Словарь русского языка ［М］. Москва: ОНИКС; Мир и образование, 2008.

34. Панасюк В. А. , Голубев. И. С. Сон в красном тереме ［М］. Москва: Ладомир и Художественная литература, 1995.

35. Панасюк В. А. , Меньшиков Л. Н. Сон в красном тереме ［М］. Москва: Художественная литература, 1958.

36. Панасюк В. А. , Меньшиков Л. Н. Сон в красном тереме Т. 1. ［М］. Санкт-Петербург: Наука, 2014.

37. Панасюк В. А. Троецарствие ［М］. Москва: Краснопролетарий, 1954.

38. Панасюк В. А. Троецарствие ［М］. Москва: Художественная литература, 1984.

39. Панцов А. В. Мао Цзэдун. Облака в снегу. Стихотворения ［М］. Москва: Вече, 2010.

40. Рецкер Я. И. Теория перевода и переводческая практика ［М］. Москва: Международные отношения, 1974.

41. Рогачев А. П. , Колоколов В. С, Адалис А. Е. , Голубев И. С. Путешествие на запад Т. 1. ［М］. Москва: Художественная литература, 1959.

42. Рогачев А. П. Речные заводи Т. 1. ［М］. Москва: Художественная литература, 1955.

43. Рогачев А. П. Речные заводи Т. 2. ［М］. Москва: Эннеагон Пресс, 2008.

44. Семанов В. И. Китайская пейзажная лирика Ⅲ-XIV вв ［М］. Москва: Московский университет, 1984.

45. Серебряков Е. А. Китайская поэзия X-XI веков（жанры ши и цы）［М］. Ленинград: Ленинградский университет, 1979.

46. Серебряков Е. А. Поэтические произведения Ван Аньши（1021 –

1086）в жанре цы［J］. Ленинград： Востоковедение, 1980 （7）.

47. Серебряков Е. А. , Ярославцев Г. Б. Печали и радости. Двенадцать поэтовэпохи Сун［М］. Москва： Летопись-М, 2000.

48. Смирнов И. С. Китайская поэзия в исследованиях, заметках, переводах, толкованиях［М］. Москва： Издательский центрРГГУ, 2014.

49. Смирнов И. С. Облачная обитель. Поэзия эпохи Сун （X-XⅢ вв）［М］. Санкт-Петербург： Петербургское Востоковедение, 2000.

50. Соболева Г. Г. Русский советский романс［М］. Москва： Знание, 1985.

51. Соловьев В. С. Стихотворения. Эстетика. Литератураная критика［М］. Москва： Книга, 1990.

52. Тамарченко Н. Д. Теория литертурных жанров［М］. Москва： Академия, 2011.

53. Титаренко М. Л. Духовная культура Китая： энциклопедия в пяти томах［М］. Москва： Восточная литература Ран, 2008.

54. Топер П. М. Перевод в системе сравнительного литературоведения［М］. Москва： Наследие, 2001.

55. Фарберова Л. И. Поэзия-дело седых. Антология русской поэзии от Тредиаковского до наших дней［М］. Москва： Арт Хаус медиа, 2011.

56. Федоров А. В. Основы общей теории перевода （лингвистические проблемы）［М］. Санкт-Петербург： Филология три, 2002.

57. Фёдоренко Н. Т. Китайская классическая поэзия［М］. Мослва： Художественная литература, 1956.

58. Филотов Г. Н. Ветви ивы： Китайская классика［М］. Москва： Летопись-М, 2000.

59. Швейцер А. Д. Теория перевода： статус, проблемы, аспекты. Москва： Наука, 1988.

60. Эйдлин Л. З. Китайская классическая поэзия［М］. Москва： художественная литература, 1975.

61. Эйдлин Л. З. Поэзия эпохи Тан［М］. Москва： художественная литература, 1987.

62. Эткинд Е. Г. Поэзия и перевод［М］. Ленинград： Советский Писатель. ленинградское отдление, 1963.

汉语文献：

1. 巴赫金. 巴赫金全集：第四卷［M］. 钱中文，译. 石家庄：河北教育出版社，2009.

2. 冰心. 冰心文集：第五卷［M］. 上海：上海文艺出版社，1990.

3. 蔡毅，段京华. 苏联翻译理论［M］. 武汉：湖北教育出版社，2000.

4. 蔡义江. 红楼梦诗词曲赋全解［M］. 上海：复旦大学出版社，2014.

5. 曹威凤. 谈中国古代诗词的俄译问题［J］. 四川外国语学院学报，1991（3）.

6. 曹雪芹，高鹗. 红楼梦［M］. 脂砚斋，王希廉，点评. 北京：中华书局，2009.

7. 陈望道. 修辞学发凡［M］. 上海：复旦大学出版社，2012.

8. 邓红梅. 女性词史［M］. 济南：山东教育出版社，2000.

9. 高名凯. 语言论［M］. 北京：商务印书馆，1995.

10. 辜正坤. 中西诗比较鉴赏与翻译理论［M］. 北京：清华大学出版社，2010.

11. 郭天相. 俄罗斯诗学研究［M］. 郑州：河南大学出版社，1999.

12. 海岸. 中西诗歌翻译百年论集［M］. 上海：上海外语教育出版社，2007.

13. 寒素君. 中国历代女诗人诗词作品［M］. 香港：天马出版有限公司，2005.

14. 华东师范大学中文系古典文学研究室. 词学研究论文集（1911—1949）［M］. 上海：上海古籍出版社，1988.

15. 华东师范大学中文系古典文学研究室. 词学研究论文集（1949—1979）［M］. 上海：上海古籍出版社，1982.

16. 黄伯荣，等. 现代汉语：上［M］. 北京：高等教育出版社，2011.

17. 贾福云. 中国古典诗词的痴情者——记俄罗斯汉学家米哈伊尔·巴斯曼诺夫［J］. 中外文化交流杂志，1995（6）.

18. 姜夔. 姜夔词集［M］. 上海：上海古籍出版社，2010.

19. 柯宝成. 李清照全集［M］. 武汉：崇文书局，2010.

20. 李华，牛蕊．文化空缺和中国古典诗词俄译［J］．大连大学学报，2014（5）.

21. 李磊荣．论民族文化的可译性——兼论《红楼梦》的翻译［D］．上海：上海外国语大学，2004.

22. 李明滨．中国文学俄罗斯传播史［M］．北京：学苑出版社，2010.

23. 李新魁．汉语音韵学［M］．北京：北京出版社，1986.

24. 郦青．李清照词英译对比研究［D］．上海：华东师范大学，2005.

25. 李清照．李清照词选［M］．许渊冲，译．石家庄：河北人民出版社，2006.

26. 李煜．李煜词集［M］．上海：上海古籍出版社，2014.

27. 刘明东．毛泽东诗词翻译研究综述［J］．湖南第一师范学院学报，2011（2）.

28. 柳永．柳永词集［M］．上海：上海古籍出版社，2014.

29. 龙榆生．龙榆生词学论文集［M］．上海：上海古籍出版社，2009.

30. 龙榆生．唐宋词格律［M］．上海：上海古籍出版社，2010.

31. 龙榆生．中国韵文史［M］．上海：上海古籍出版社，2010.

32. 鲁迅．汉文学史纲要［M］．上海：上海古籍出版社，2011.

33. 陆游．陆游词集［M］．上海：上海古籍出版社，2011.

34. 罗常培．罗常培语言学论文集［M］．北京：商务印书馆，2004.

35. 罗常培．中国音韵学导论［M］．太原：山西人民出版社，2015.

36. 罗贯中．三国演义［M］．毛纶，毛宗岗，点评．北京：中华书局，2009.

37. 马兴荣，等．中国词学大辞典［M］．杭州：浙江教育出版社，1996.

38. 茅于美．中西诗歌比较研究［M］．北京：中国人民大学出版社，2012.

39. 毛泽东．许渊冲英译毛泽东诗词选［M］．许渊冲，译．北京：中国对外翻译出版社，2015.

40. 欧阳修．欧阳修词集［M］．上海：上海古籍出版社，2010.

41. 普希金．普希金诗选［M］．刘文飞，译．北京：中国宇航出版社，2014.

42. 秦观．秦观词集［M］．上海：上海古籍出版社，2010.

43. 施耐庵．水浒传［M］．金圣叹，评．上海：上海古籍出版社，2015.

44. 施晓静．西游记诗词赏析［M］．合肥：安徽人民出版社，2015.

45. 苏轼．苏轼词集［M］．上海：上海古籍出版社，2014.

46. 孙康宜．词与文类研究［M］．李爽学，译．北京：北京大学出版社，2004.

47. 谭林．俄语语言国情学［M］．长春：吉林大学出版社，1997.

48. 唐圭璋．宋词四考［M］．南京：江苏文艺出版社，1959.

49. 唐圭璋，等．唐宋词鉴赏辞典·唐五代北宋卷［M］．上海：上海辞书出版社，2011.

50. 唐圭璋，等．唐宋词鉴赏辞典·南宋辽金卷［M］．上海：上海辞书出版社，2011.

51. 童丹，白文昌．中国古典诗词俄译文本的探析——以意象转换为视角［J］．外语学刊，2012（4）.

52. 童丹，王利众．中国古典诗词的俄译视角——意象转换［J］．哈尔滨工业大学学报（社会科学版），2011（3）.

53. 童丹，熊友奇．译者的完形活动与诗词俄译［J］．解放军外国语学院学报，2012（3）.

54. 童丹．中国古典诗词俄译时的意象转换［D］．上海：上海外国语大学，2009.

55. 宛敏灏．词学概论［M］．北京：中华书局，2009.

56. 王力．汉语诗律学：上［M］．北京：中华书局，2015.

57. 王力．汉语诗律学：下［M］．北京：中华书局，2015.

58. 王力．汉语音韵·音韵学初步［M］．北京：中华书局，2014.

59. 王力．汉语音韵学［M］．北京：中华书局，2014.

60. 王力．汉语语音史［M］．北京：中华书局，2014.

61. 王力．诗词格律［M］．北京：中华书局，2012.

62. 王力．诗词格律概要·诗词格律十讲［M］．北京：北京联合出版公司，2013.

63. 王文俐．欧洲艺术歌曲及其钢琴伴奏［M］．北京：中国社会科学出版社，2012.

64. 王易．中国词曲史［M］．北京：团结出版社，2005.

65. 温庭筠，韦庄．温庭筠词集·韦庄词集［M］．上海：上海古籍出版社，2010.

66. 吴承恩．西游记［M］．张书绅，评．上海：上海古籍出版社，2014.

67. 吴珺如．论词之意境以及在翻译中的重构［D］．上海：上海外国语大学，2009.

68. 吴克礼．俄苏翻译理论流派述评［M］．上海：上海外语教育出版社，2006.

69. 吴梅．词学通论曲学通论［M］．上海：上海古籍出版社，2013.

70. 巫晓静．《诗经》赏读及其翻译手法试析［D］．广州：广东外语外贸大学，2015.

71. 吴熊和．唐宋词通论［M］．上海：上海古籍出版社，2010.

72. 吴丈蜀．词学概说［M］．北京：中华书局，2009.

73. 夏承焘．唐宋词欣赏［M］．北京：北京出版社，2011.

74. 夏承焘，吴熊和．读词常识［M］．北京：中华书局，2009.

75. 夏承焘．月轮山词论集［M］．北京：中华书局，1979.

76. 夏志义．论中国古典诗词的俄译［J］．北京师范大学学报，1984（6）.

77. 谢桃坊．中国词学史［M］．成都：巴蜀书社，2002.

78. 辛弃疾．辛弃疾词集［M］．上海：上海古籍出版社，2010.

79. 许均．文学翻译批评研究［M］．南京：译林出版社，2012.

80. 许渊冲．任尔东南西北风——许渊冲中外经典译著前言后语集锦［M］．北京：清华大学出版社，2014.

81. 许渊冲．如何翻译诗词——《唐宋词选》英法译本代序［J］．外国语，1982（4）.

82. 许渊冲．诗词·翻译·文化［J］．北京大学学报，1990（5）.

83. 许渊冲．宋词三百首［M］．北京：五洲传播出版社，2012.

84. 许渊冲．唐五代词选［M］．北京：五洲传播出版社，2012.

85. 许渊冲．西风落叶［M］．北京：外语教学与研究出版社，2015.

86. 许泽夫．水浒传诗词赏析［M］．合肥：安徽人民出版社，2015.

87. 徐稚芳．俄罗斯诗歌史［M］．北京：北京大学出版社，2002.

88. 杨剑桥．汉语音韵学讲义［M］．上海：复旦大学出版社，2005.

89. 杨丽华．林纾翻译研究［D］．长沙：湖南师范大学，2012.

90. 杨慎．二十五史弹词辑注［M］．孙德威，辑注．北京：中国华侨出版社，2015.

91. 叶嘉莹．词之美感特质的形成与演进［M］．北京：北京大学出版社，2007.

92. 叶嘉莹．词学新诠［M］．北京：北京大学出版社，2008.

93. 叶嘉莹．唐宋词名家论稿［M］．北京：北京大学出版社，2008.

94. 伊碪．花间词人研究［M］．上海：元新书局，1936.

95. 殷涵．莱蒙托夫诗文选［M］．北京：商务印书馆，1983.

96. 郁沅．二十四诗品导读［M］．北京：北京大学出版社，2012.

97. 詹德华．词的非等值现象研究［M］．香港：开益出版社，2003.

98. 詹德华．也谈俄译好了歌［J］．红楼梦学刊，2011（6）.

99. 詹德华．以俄译本《红楼梦》为例谈译诗应为诗［J］．广东外语外贸大学学报，2011（6）.

100. 张建华．叶赛宁诗选［M］．顾蕴璞，译．北京：外语教学与研究出版社，2006.

101. 赵诚．中国古代韵书［M］．北京：中华书局，2003.

102. 赵彦春．论中国古典诗词英译［J］．现代外语，1996（2）.

103. 张淑娟．中国古典诗歌俄传史论［D］．天津：南开大学，2013.

104. 张淑娟．巴斯曼诺夫对宋词的翻译［J］．俄罗斯文艺，2016（1）.

105. 张双棣，殷国光．古代汉语词典［M］．北京：商务印书馆，2014.

106. 张学增．俄语诗律浅说［M］．北京：商务印书馆，1986.

107. 郑海凌．文学翻译学［M］．郑州：文心出版社，2000.

108. 郑海凌．译理浅说［M］．郑州：文心出版社，2005.

109. 郑铁生．三国演义诗词鉴赏［M］．北京：新华出版社，2013.

110. 中国对外翻译出版公司．翻译理论与翻译技巧论文集［M］．北京：中国对外翻译出版公司，1985.

111.《中国翻译》编辑部．诗词翻译的艺术［M］．北京：中国对外翻译出版公司，1986.

112. 中国社会科学院语言研究所词典编辑室．现代汉语词典［M］．6版．北京：商务印书馆，2012.

113. 朱光潜．诗论［M］．上海：上海古籍出版社，2001.

电子文献：

1. https：//ru. wikipedia. org/wiki/Меньшиков，_ Лев _ Николаевич（2016 – 05 – 27）.

2. http：//www. vekperevoda. com/1930/golubev_cin. htm （2016 –05 –27）.

4. http：//www. famous-scientists. ru/7615 （2016 –05 –28）.

4. http：//alimov. pvost. org/wp/？p =2319 （2016 –05 –28）.

5. http：//www. wikiwand. com/ru （2016 –08 –16）.

后 记

我和俄语有着不解之缘。高考时因误报志愿被调剂进入俄语系学习。大学毕业后在军队所属的单位工作。后转读对外汉语专业，几经辗转，又被命运推回到俄语上来，大概是因为我在俄语方面还有任务没完成。

七年前，在云溪畔遇到我的导师詹德华教授和师母何小为老师，詹老师告诉我俄语系有博士点了。这句话恰如春草，在我内心深处蔓延滋长。在陈楚祥教授和贾益民教授的推荐下，我回到广外读博，与俄语再续前缘。

我对汉语特有文体词的俄译研究有着极大的兴趣。我的祖母是我的第一位启蒙老师，她是清末进士的女儿，自幼寄养在其外祖母家——临川王氏的大夫第中，接受了良好的传统教育。受她的读书经验的引导，童蒙时代，我最早接触到的是繁体字和文言文，在我的内心深处，古代文学有着天然的美好。

在莫斯科大学访学期间，詹老师的好友——中国驻俄罗斯使馆教育处赵国成公参给予我很大的帮助。在他的安排下，我有幸见到了俄中友协副会长、中国诗歌典籍的翻译家卢基亚诺夫院士及一批诗歌翻译领域的年轻汉学家。在俄罗斯科学院远东研究所，我们就选题进行了两次座谈，俄罗斯汉学家给我提供了很多研究线索、建议和资料。座谈会后，卢基亚诺夫院士请我们喝下午茶，我还应邀愉快地清唱了苏轼的《水调歌头·明月几时有》和温庭筠的《菩萨蛮·小山重叠金明灭》，以展示汉语词的协乐性。

巴斯曼诺夫先生的女儿塔季亚娜·米哈伊洛芙娜和女婿弗拉基米尔·阿纳托利耶维奇通过俄罗斯驻广州总领事馆副领事阿列克谢·米·杰姆琴科转交了一批文献给我。正是这批独家的资料，帮助我找到了研究的重点。

莫斯科大学外语和区域学学院院长斯维特兰娜·捷尔明娜索娃教授一直鼓励我，她送给我她的先生——俄罗斯文学理论家、文化学家、诗人瓦连京·伊万诺维奇·法究先科教授的作品集和诗歌吟诵的光盘，还多次就俄语诗的韵律为我进行讲解。

在莫斯科我还获得了俄罗斯图书馆专家们的帮助，她们是莫斯科大学中心图书馆的加琳娜·巴甫洛芙娜·库金娜及其同事，莫斯科大学亚非学院图书馆的伊琳娜·弗拉基米罗夫娜·马什科娃和伊琳娜·弗拉基米罗夫娜·诺杰依。

文献的缺失可能导致研究不足，但是文献的极大丰富所造成的迷失更加令人生畏。加之词学研究在国内已是一门硕学，有着浩如烟海的典籍。此外，在雷永立教授等广外图书馆专家的帮助下我还搜集到多部翻译理论方面的俄语原文书籍。所以首先面对的是第一手资料的多方翻译问题，不仅面临俄语和现代汉语之间的翻译，还有现代汉语和古代汉语之间的翻译，更有古代汉语向俄语的翻译。每一种翻译的进行都基于大量文献的研读。

阅读汉俄语典籍的过程犹如行走在原始森林之中，时时面临无数歧途，而且有些问题犹如潘多拉的盒子，打开之后所面对的黑洞深不可测。比如巴斯曼诺夫的词译本采用的新韵式，这样的韵式和传统俄语诗的韵式明显不同，兼容了俄语诗和汉语词谱中的韵式，但理据在哪里？巴斯曼诺夫为什么要这样处理？费德林为什么用"天赋的极限"来形容巴斯曼诺夫的词译本？为什么费德林引用俄罗斯著名歌唱家马杜索夫斯基的话"巴斯曼诺夫的词译本同时转达了汉语诗的灵敏性和适唱性"，用意何在？对于这些问题，现在的俄罗斯汉学家们也很困惑，回答这些问题从汉语或俄语任何一个单一角度都不可行。我对巴斯曼诺夫采用的韵式高度认同，认为这种韵式是有根据的，只不过这些根据散落在文献的丛林中和某些小众的技艺里。之后我继续研读罗常培先生的《中国音韵学导论》、王力先生的《汉语语音史》等著作，并且开始学习古琴弹唱，古琴是伴奏词的主要乐器。罗常培曾列有"声母发音异名表"，里面有声母和"宫商角徵羽"的对应，李清照的《词论》中有"五音七律"的讲究。汉俄语在文字上是各异的，然而从声音角度，在音乐上是有统一符号的。希望有一天，我背着古琴再去拜访俄罗斯的汉学家们，凭借李清照留下的线索，沿着罗常培、王力先生开辟的道路，能够给出一个理据充分的回答。

感谢陈楚祥教授及其夫人陈志钧老师多年来的关爱和教诲。陈老师把李锡胤教授赠送给他的诗歌译本集《俄罗斯抒情诗百首》转赠给我，鼓励我在诗歌翻译的道路上探索。感谢我的硕导贾益民教授和师母赵兰英老师对我的帮助，他们常常关心我的学业，给我鼓励和支持。感谢孙文铄教授，他赠送给我很多古代汉语典籍并帮我校对了本书有关古汉语的部分。感谢彭小川教授、王辛夷教授、刘娟教授的鼓励和修改建议。感谢读博期间李德祥教授、杨可教授、王树春教授、萧净宇教授、刘丽芬教授等诸多老师的关心和帮助。

　　感谢我的父母，他们是我动力的源泉。感谢我的家人，他们的理解和支持让我从容遨游知识的海洋。感谢我的亲友，特别是邱秀贤博士和曹春生教授，在我犹豫退缩的时刻，他们告诉我读书任何时候都不晚。感谢广东外语外贸大学南国商学院对本书出版的支持。

　　感谢我的导师詹德华教授和师母何小为老师，没有云溪畔的相遇，与本书相关的很多事情都不会开始，本书在我的博士论文的基础上整理修改而成。

　　在周莉、杨柳婷、周玉宏等老师的帮助下，本书才获得了出版的机会。在本书的编辑过程中，俄语字符与汉俄语诗歌编校工作十分不易，姚晓莉老师付出了辛勤的劳动。对她们及暨南大学出版社的支持一并感谢！

　　今年是伟大的俄罗斯词翻译家巴斯曼诺夫先生诞辰 100 周年，谨以本书向他致敬！

　　春风秋雨，花开花落，盈虚有数，天道无穷。愿今后的岁月安静读书，踏实做事，真情相守，铭记感恩！

　　限于写作水平，书中错误和遗漏之处在所难免，期待读者和方家的批评指正！

罗颖
2018 年 5 月 10 日
于暨南花园竹本斋